Tourenübersicht

1. Das Tor zu den Ardennen: Namur
2. Stadt an zwei Flüssen: Huy
3. Die glühende Stadt Liège
4. Von Hamoir nach Bomal
5. Stadt der Blumen: Durbuy
6. Hünengräber und Hinkelsteine: Rund um Wéris
7. Am Ninglinspo entlang
8. Spa, die Perle der Ardennen
9. Durch das Hohe Venn
10. Trappistenbier und eine alte Treppe: Chimay
11. Ein steiniger Weg: Neuville im Hennegau
12. Römische Fallgruben: Fondry des Chiens bei Nismes
13. Das Tal der Molignée
14. Durch die Gärten von Annevoie
15. Phönix aus der Asche: Dinant
16. Entlang der Lesse
17. Über das Condroz-Plateau
18. Durch das Tal der Houille
19. Die Tropfsteinhöhlen von Han
20. Das Bücherdorf Redu
21. Zum Hochofen Fourneau St-Michel
22. Rund um La-Roche-en-Ardenne
23. Entlang der Ourthe bei Nadrin
24. Von trickreichen Raubrittern
25. Die Stadt mit den drei Namen
26. Eine Märtyrerstadt und eine Stadt im Loch
27. Zur größten Burganlage Luxemburgs: Bourscheid
28. Vianden an der Our
29. Durch die Schluchten bei Berdorf
30. Zu einem außergewöhnlichen Kraftwerk
31. Das Waldmuseum bei Renwez
32. Charleville und Mézières
33. Monthermé und seine Felsen
34. Vresse-sur-Semois
35. Die Burganlage von Bouillon
36. An den Mäandern der Semois
37. Orval und sein Kloster
38. Etalle, das alte Stabulum
39. Durch das Eischtal
40. Die Stadt Luxemburg

Renate Matzke-Karasz / Michael Karasz

Wanderungen in den Ardennen

40 Touren
in einer Kultur- und Naturlandschaft ohne Grenzen

Mit 92 Fotos in Farbe,
38 Kartenskizzen
und einer Übersichtskarte

Bruckmann

Einband-Vorderseite:
Ein schönes Beispiel für die ungezählten Festungen in den Ardennen ist die Burg hoch über Vianden. (Tour 28)

Einband-Rückseite:
Die besten Logenplätze mit Blick auf den markanten Rocher Bayard bei Dinant bieten die hübschen Ausflugsschiffe auf der Maas. (Tour 15)

Seite2/3:
Aufgrund seiner seltenen Fauna und Flora ist das Hochmoor des Hohen Venns ein Naturschutzgebiet, das nur auf ausgewiesenen Wegen betreten werden darf.

Eine Produktion des **Bruckmann**-Teams, München

Umschlaggestaltung: Uwe Richter
Lektorat: Jutta Hemminger
Produktion und Layout:
Verlagsservice G. Pfeifer
Herstellung: Peter Schneider

Alle Angaben dieses Werkes wurden von den Autoren sorgfältig recherchiert und auf den aktuellen Stand gebracht sowie vom Verlag auf Stimmigkeit geprüft. Für die Richtigkeit der Angaben kann jedoch keine Haftung übernommen werden. Für Hinweise und Anregungen sind wir jederzeit dankbar. Bitte richten Sie diese an den Bruckmann Verlag, Lektorat, Nymphenburger Straße 86, 80636 München.

Gedruckt auf chlorarm gebleichtem Papier

Die Deutsche Bibliothek –
CIP-Einheitsaufnahme

Matzke-Karasz, Renate:
Wanderungen in den Ardennen : 40 Touren in einer Kultur- und Naturlandschaft ohne Grenzen / Renate Matzke-Karasz/ Michael Karasz. - München : Bruckmann, 1996
(Erlebnis Wandern)
ISBN 3-7654-2826-4
NE: Karasz, Michael :

Gesamtherstellung: Bruckmann, München
Druck: Gerber + Bruckmann, München
Printed in Germany
ISBN 3-7654-2826-4

Inhalt

Ein unentdecktes Paradies

Sind Sie schon einmal mit dem Auto von Aachen nach Paris gefahren? Dann kennen Sie die Autobahn über Lüttich, Namur und Charleroi nach Valenciennes. Dann kennen Sie diese schier endlose Transitautobahn zwischen Deutschland und Frankreich, an der man höchstens mal anhält, um den Tank zu füllen. Die Abraumhalden in den Kohleabbaugebieten rund um Lüttich, Namur und Charleroi, verfallene Gehöfte neben der Autobahn und die schrill-bunten Reklamen der Gewerbezentren, die sich an den Autobahnausfahrten breitmachen, laden nicht unbedingt zu einem längeren Aufenthalt ein.

Doch wer es wagt, diese Autobahn zu verlassen und ein paar Kilometer nach Süden zu fahren, wird reich belohnt! Denn schon bald findet er sich in den Ardennen wieder, einer ungeahnt abwechslungsreichen Mittelgebirgslandschaft, die nicht nur aus den schon sprichwörtlich gewordenen dunklen Wäldern besteht, sondern auch malerische Flußtäler, schroffe Felsen, geheimnisvolle Höhlen, weite Ebenen und nicht zuletzt lebendige Städte zu bieten hat.

Nachdem wir dieses Wagnis erstmals eingegangen waren, wurde uns klar, welch attraktives und von den Deutschen bisher wenig entdecktes Fleckchen Erde dort, beinahe vor den Toren unserer Heimatstadt Köln, liegt. Auf zahlreichen Touren machten wir uns mit den Schönheiten dieser Landschaft vertraut, erwanderten die reizvollen Wanderwege und lernten die geschichtsträchtigen, attraktiven Städte kennen. Unsere Entdeckungsreisen führten uns dabei auch in Gegenden wie die Gaume oder die Luxemburgische Schweiz, die an sich nicht mehr zu den Ardennen gehören, wie sie von Geologen und Geographen definiert werden.

Da wir von der Vielfalt und Schönheit der Ardennen fasziniert waren, wollten wir durch das Schreiben eines Wanderführers auch anderen den Entschluß zum Besuch dieses Mittelgebirges erleichtern. Die ausgearbeiteten Touren laden nicht nur zu den schönsten Stellen ein und entwerfen zugleich ein repräsentatives Bild der Ardennen, sondern regen sicher so manchen auch an, abseits der Touren die Region selbst zu erkunden und lieben zu lernen.

Renate Matzke-Karasz
Michael Karasz

Die Ardennen – ein Mittelgebirge der Vielfalt

Geologie

Geologisch betrachtet ist die Mittelgebirgslandschaft der Ardennen sicherlich eine der interessantesten Regionen Westeuropas. Als Teil des sogenannten *Rhenoherzynikums* sind hier Gesteine aufgeschlossen, die während des Paläozoikums abgelagert wurden. Während der *variszischen Faltungsphase* wurden diese Gesteine zum Gebirge »aufgefaltet«.

Legte man einen Schnitt von Norden nach Süden quer durch die Ardennen, so könnte man am nördlichen Rand das **Becken von Namur** mit seinen devonischen und vor allem karbonischen Gesteinen sehen, wie es sich bildlich an das wesentlich ältere **Brabanter Massiv** anschmiegt. Nach Süden hin wird das Namurer Becken durch die Überschiebungszone der **Faille du Midi** vom **Becken von Dinant** mit seinen ebenfalls devonischen und karbonischen Gesteinen getrennt. Wandert man weiter nach Süden, so überquert man die kambro-ordovizischen *Massive von Rocroi, Serpont* beziehungsweise *Stavelot* im Osten, bevor man das **Becken von Neufchâteau** erreicht, welches durch das kambro-ordovizische **Massiv von Givonne** vom *Pariser Becken* getrennt ist, das seinerseits mit mesozoischen und tertiären Gesteinen gefüllt ist.

Insbesondere die devonischen und karbonischen Gesteine sind so gut aufgeschlossen, daß viele Ardennenorte als sogenannte **Typlokalität** für geologische Epochen gelten (siehe auch *Wanderung 18*). Auch die gut erhaltenen Fossilien in vielen Aufschlüssen sind seit jeher Grund für viele Geologen und Paläontologen, die Ardennen zu bereisen.

Klima

Das Klima in den Ardennen wird durch die vorherrschenden ozeanischen Luftmassen bestimmt. Verantwortlich für die überwiegend westlichen Winde sind die im Jahresmittel sehr beständigen Systeme des *Islandtiefs* und des *Azorenhochs*.

Für die über das belgische Flachland streichenden feuchten Luftmassen stellen die Ardennen eine Barriere dar, an denen sie zum Aufsteigen gezwungen werden. Mit dem Aufsteigen ist eine Abkühlung von ca. 1 Grad Celsius auf 100 Meter Höhe verbunden. Da kalte Luft weniger Feuchtigkeit halten kann als warme, wird die Feuchtigkeit, sobald der Sättigungspunkt überschritten ist, in Form von Niederschlag freigesetzt (*Steigungsregen*). Kühle und trockene kontinentale Luftmassen bestimmen die Wetterlage in den Ardennen (wie in ganz Westeuropa) nur selten, so daß man sagen kann, die Ardennen sind durch kühle, feuchte Sommer und durchschnittlich schnee- und frostreiche Winter gekennzeichnet.

Die Jahresmitteltemperatur beträgt nur 6,5 bis 7 Grad Celsius, die Zahl der Frosttage liegt bei ca. 120, wobei in der Zeit von September bis Mai Fröste auftreten können. An ca. 35 Tagen im Jahr ist mit Schneefall zu rechnen, die durchschnittlichen Niederschlagsmengen betragen 1000 bis 1400 Millimeter pro Jahr. Aufgrund der bereits erwähnten vorherrschenden Westwinde sind die westlichen Ardennen niederschlagsreicher (Luvseite) als die östlichen, wo der atlantische Einfluß schon stark abgeschwächt ist (Leeseite). Die geringsten Niederschlagsmengen fallen im Frühjahr, weil sich in dieser Zeit die relativ seltenen kontinentalen Luftmassen aus dem Norden gelegentlich durchsetzen können.

Fauna und Flora

Die Ardennen – das ist freilich nicht nur der große Wald, das ist vielfältige Natur, das sind unterschiedlichste Landschaftsformen!

Da gibt es natürlich den »tiefen, dunklen Wald« – so vor allem in den Nieder- und Mittelardennen, in denen allerdings der alte Eichen- und Buchenbestand fortschreitend

Die in Westeuropa einmalige Hochmoorlandschaft des Hohen Venns ist im Sommer ein beliebtes Wandergebiet. Im Winter ist es vor allem für Skilangläufer attraktiv.

Sonnentau: eine der vielen seltenen Pflanzen, denen das Hochmoor des Hohen Venns eine Heimat bietet.

den schnell wachsenden Fichten weichen muß. Diese Waldgebiete sind die Heimat des in den Ardennen so hochgeschätzten jagdbaren Wildes, wobei nach Ausrottung der natürlichen Feinde Wolf und Bär das Schwarz- und Rotwild wegen der großen Verbißschäden sogar gejagt werden *muß*. Es ist mithin keine Seltenheit, daß dem Wanderer in den Wäldern hier und da ein Reh über den Pfad springt oder sich ein Fuchs am Waldesrand ausruht. Der Wildreichtum läßt sich auch auf den Speisekarten der zahlreichen Restaurants in den Ardennenstädtchen ablesen.

Da gibt es zum Beispiel auch die **Gaume** mit dem luxemburgischen **Gutland** am Südrand der Ardennen. Es grenzt an den nordöstlichen Ausläufer des Pariser Beckens und hat den Charakter einer weichen Hügellandschaft. Nach Norden vom Gebirge geschützt, herrscht hier ein ausgesprochen mildes Klima. Daher wundert es nicht, daß in dieser Gegend Wein und Tabak gedeihen und auch die Kleintierwelt einige Besonderheiten zu bieten hat (zum Beispiel Mauereidechsen). Gemischte Eichen- / Hainbuchenwälder sind hier typisch.

Und dann das **Hohe Venn** an der Grenze zu Deutschland. Dieses Hochmoor, einzigartig in Mitteleuropa, lockt uns mit einer sehr speziellen Floren- und Faunengemeinschaft. Seltene Pflanzen wie Europäischer Beinbrech, Berglungenkraut, Sumpfläusekraut, Wollgras und sogar der fleischfressende Sonnentau haben hier ihr Refugium. Dachs und Wildkatze streunen noch durch diese Gegend, in der im übrigen der Ornithologe ganz besonders ins Schwärmen gerät.

Neben solchen großräumigen Landschaften existiert eine Anzahl eng begrenzter Standorte mit einer wegen ihrer Seltenheit schützenswerten Flora und Fauna.

Hier seien als Beispiele erwähnt: der Kalkmagerrasen bei Fondry des Chiens, das Felsental der Ourthe, das Wald- und Heidegebiet bei Wéris, das Tal des Viroin bei Pétigny und das Semoistal bei Herbeumont.

Dem aufmerksamen Wanderer wird sich unterwegs auf jeden Fall eine Fülle von Natur erschließen, die in Folge des Zugriffs der Menschen leider schon allzuoft als »Naturdenkmal« ausgewiesen werden muß. Der Interessierte wird sowieso das Fernglas und das eine oder andere Bestimmungsbuch in seinem Wandergepäck haben. Auch wer sich nur an der Schönheit seiner Umgebung erfreuen möchte, sollte öfter mal genauer hinschauen, wenn ihm unbekannte Blüten am Wegesrand begegnen, wenn der Eisvo-

Die Anbetung der Heiligen Drei Könige aus dem berühmten Bethlehem-Portal in Huy (14. Jahrhundert).

gel über dem Fluß hin und her jagt oder in der Dämmerung die Fledermäuse dicht über der Erde ihren Flattertanz aufführen.

Geschichte

Warum soll sich der Wanderer, der die einzigartigen Landschaften der Ardennen auf seinen Wanderungen erkunden möchte, auch noch mit der regionalen Kulturgeschichte befassen? Reicht es nicht, sich dem Erlebnis »Natur« hinzugeben und mal so richtig abzuschalten? Natürlich sei dies dem Wanderer freigestellt, doch wäre es einfach schade, an den Spuren vergangener Tage, die in den Ardennen allenthalben zu finden sind, achtlos vorbeizumarschieren. Da findet man sich plötzlich vor einer steinzeitlichen Grabkonstruktion wieder, da beschreitet man – vielleicht ohne es zu wissen – eine alte Römerstraße, da erhebt sich eine bedeutende mittelalterliche Burgruine über dem Flußtal – soll man da nicht neugierig werden auf die Geschichte(n) unserer Vorfahren?

In den Einführungstexten zu den einzelnen Wanderungen finden sich deshalb auch Erläuterungen zu den Sehenswürdigkeiten, die am Wegesrand des Wanderers Aufmerksamkeit verdienen. Um für diese Detailbetrachtungen einen Rahmen zu schaffen, wird an dieser Stelle ein kurzer Abriß der Geschichte der Menschen im »Naturraum Ardennen« gegeben.

Neolithikum, 5000 bis 1800 v. Chr.: Bis in die Jungsteinzeit reicht die dokumentierbare Siedlungsgeschichte zurück. Galeriegräber und Menhire in der Gegend um Wéris, einzigartig restauriert und sehr gut zugänglich, sind Zeugen der sogenannten Seine-Oise-Marne-Kultur (2400 bis 1600 v. Chr.).

Bronzezeit, ca. 2000 v. Chr. bis 8. Jahrhundert v. Chr.: Bronzezeitliche Stämme fanden die Gallier vor, als sie im 6. Jahrhundert v. Chr. an die Maas kamen, doch erst im 2. Jahrhundert v. Chr. begannen die Belgier, hier größere, befestigte Siedlungen anzulegen, so z.B. Bebrona, das heutige Fosses-la-Ville. Diese Treverer, Eburonen, Nevierer, Condrusier, Atuacer und Menapier wurden jedoch Mitte des letzten vorchristlichen Jahrhunderts von Cäsars Legionen in die Knie gezwungen, wenn auch nach harten Kämpfen.

Römische Besatzung, 2. Jahrhundert v. Chr. bis 3. Jahrhundert n. Chr.: Während der *pax romana,* die in den Ardennen immerhin mehr als viereinhalb Jahrhunderte herrschte, erlebte das Land durch die Errungenschaften der Besatzer, die das Leben merklich erleichterten, einen unerwarteten Aufschwung. Doch schon bald überzogen neue Kriege diese Gegend, als Germanen und Franken einfielen und die romanisierte Bevölkerung vertrieben oder unterdrückten.

Ihr merowingischer König Chlodwig bekannte sich im 5. Jahrhundert zum christlichen Glauben, woraufhin die Christianisierung allmählich auch im Ardennenraum fortschritt. Ihm folgten die Karolinger, so genannt nach Karl dem Großen, auf den Thron: Karl Martell, Pipin der Kurze, Karl der Große. In dieser Zeit erfolgten viele Klostergründungen wie die in St-Hubert und Echternach.

Im 9. Jahrhundert wurde nach dem Tod Karls des Großen das Reich zwischen seinen Söhnen aufgeteilt. Die Ardennen gehörten zum Mittelreich Lothars (Lotharingien). Nach dem Tod seines Sohnes fielen sie an das ostfränkische Reich Ludwigs des Deutschen.

Reichsdeutsche Hoheit, 880 bis ca. 1400 n. Chr.: Unter der reichsdeutschen Hoheit blieb der Ardennenraum bis auf eine kurze Zugehörigkeit zu Frankreich für annähernd 500 Jahre. In dieser Zeit entstanden immer mehr Grafschaften, wie die von Namur, Luxemburg oder Huy. Zugleich reifte mit dem Fürstbistum Lüttich (Liège) eine starke politische Macht heran, die vor allem durch Bischof Notker im 10. Jahrhundert an Einfluß gewann. Neben Lüttich schwang sich Namur unter Heinrich dem Blinden im 12. Jahrhundert zu einer raumgreifenden Autorität auf.

Das burgundische Reich, 1400 bis 1477: Anfang des 15. Jahrhunderts fielen die Grafschaften Namur, Hennegau und Luxemburg an Philipp den Guten, Herzog von Burgund. Während der Regentschaft seines Sohnes, Karl des Kühnen, kam auch das Fürstbistum Lüttich zeitweise zum Burgundischen Reich. Aber schon nach dem Tod Karls zerfiel das große Reich, Lüttich wurde wieder selbständig. Der Ardennenraum, der nicht zum

Eine architektonische Kostbarkeit ist die Place Ducale in Charleville-Mézières. Der vollkommen geometrisch gestaltete Platz wurde Anfang des 17. Jahrhunderts geschaffen.

Territorium Lüttichs gehörte, blieb Teil eines Reichs, welches zunächst durch die Heirat der Tochter Karls an das Haus der Habsburger gelangte, im 16. Jahrhundert dann unter Karl V. zur spanischen Krone gehörte.

Die Habsburger, 1713 bis 1795: Eine Erbschaft ließ das südliche Belgien (damals die »spanischen Niederlande«) für die Zeit von 1713 bis 1795 an die Österreicher fallen. Unter der Regentschaft Josephs II. gipfelte das aufkeimende Unabhängigkeitsbestreben der Provinzen in die Ausrufung der Republik »Vereinigte belgische Staaten« im Jahre 1790. Vier Jahre später wurden die Österreicher endgültig aus Belgien vertrieben, die französischen Revolutionstruppen machten sich dieses Territorium zu eigen. Es wurde in neun Départements dem französischen Reich angegliedert und erst nach Napoleons Untergang 1815 auf dem Wiener Kongreß unter Wilhelm von Oranien-Nassau mit Holland vereinigt. Luxemburg wurde als souveränes Großherzogtum seiner Krone unterstellt.

Die Unabhängigkeit von den Niederlanden: Die fortwährende Unterdrückung der französischsprachigen Gebiete der Niederlande führte schließlich zu einer Revolte, die in Brüssel ihren Anfang nahm, aber schnell auf das Umland übergriff. Anfängliche Verhandlungen mit der Krone zeigten nicht den gewünschten Erfolg, im Gegenteil: das holländische Königshaus entsandte Truppen nach Brüssel. Nach viertägiger Schlacht (600 Tote) konnten sich die Brüsseler Bürger als Sieger feiern, die »Septemberrevolution« war erfolgreich gewesen. Auf einer Konferenz der Nachbarstaaten in London wurde nach Konfliktlösungen gesucht. Die Kontrahenten willigten ein, den südlichen Niederlanden als Königreich Belgien die Unabhängigkeit zu gewähren. Leopold von Sachsen-Coburg wurde 1831 erster belgischer König.

Königreich Belgien, seit 1831: Das neu geschaffene Königreich erlebte, begünstigt durch die Kontinentalsperre, einen wirtschaftlichen Aufschwung, der mit einer fortschreitenden Demokratisierung und Liberalisierung einherging. Dies galt jedoch nicht für die Kolonie Kongo, die Belgien zwischen 1881 und 1885 eroberte: Hier lebte Leopold II. wahrlich seine Macht aus. Seine Sklavenschinderei und seine Greueltaten wurden von verschiedenen europäischen Regierungen gerügt. 1908 ging der Kongostaat an den belgischen Staat über. Er erreichte erst 1960 seine Unabhängigkeit.

Luxemburg wird selbständig: Luxemburg wurde 1866 durch Auflösung des Deutschen Bundes unabhängig, seine Neutralität durch den Londoner Vertrag 1867 garantiert, schließlich wurde 1890 auch die Personalunion mit den Niederlanden aufgehoben.

Einigung über die Zweisprachigkeit: Durch die aufstrebende Industrie des Königreiches gewannen gegen Ende des 19. Jahrhunderts die Großindustriellen zunehmend politischen Einfluß, aber auch die Arbeiter, in Gewerkschaften organisiert, erhielten Zugang zur politischen Bühne. Für die Zweisprachigkeit des Landes wurde 1898 ein wichtiges Jahr: Die offizielle Gleichberechtigung der beiden Sprachen (flämisch und wallonisch) wurde besiegelt. Diese Sprachgrenze geht übrigens auf die Völkerwanderung zurück, als sich salische Franken im Norden der *provincia belgica* niederließen.

Der Erste Weltkrieg, 1914–1918: Trotz der garantierten Neutralität besetzten 1914 deutsche Truppen das Königreich Belgien und das Großherzogtum Luxemburg. Doch die als »Spaziergang nach Paris« geplante Eroberung gipfelte, vor allem im flandrischen Teil Belgiens, in einer unglaublich blutigen Schlacht.

Durch den Versailler Vertrag kamen die Landkreise Eupen, Malmédy und St-Vith zum Königreich Belgien. Unter König Albert II. wurde 1921 in Belgien das allgemeine Wahlrecht eingeführt, seit 1932 arbeiteten alle zentralen Verwaltungen des Staates zweisprachig. Nach König Alberts Tod 1934 durch einen Unfall folgte sein Sohn Leopold III. auf den Thron.

In Luxemburg herrschte Großherzogin Charlotte, Nachfolgerin ihrer Schwester Marie-Adelheid, von 1919 bis 1964 über das unabhängige Land. Auch sie führte das allgemeine Wahlrecht ein und installierte mit Belgien 1921 eine Zoll- und Handelsunion.

Der Zweite Weltkrieg, 1939–1945: Im Zweiten Weltkrieg wurde erneut die Neutralität Belgiens und Luxemburgs verletzt, als deutsche Soldaten einmarschierten. Eupen, Malmédy und St-Vith wurden 1940 als zu Deutschland gehörend erklärt, Luxemburg von Hitler zum Gau Moselland ernannt. Nach brutalem Regime vor allem in Luxemburg, wo die Jugend zur Wehrmacht eingezogen wurde (eine Revolte dagegen wurde blutig niedergeschlagen), erlebten die Ardennen schließlich im Winter 1944 die schwere Schlacht, in der über 100 000 Soldaten ihr Leben lassen mußten. Die sogenannte Ardennenoffensive konzentrierte sich dabei auf die Stadt Bastogne und ihre Umgebung, wo die verheerenden Waffen alles in Schutt und Asche legten. In vielen Ardennenorten wird heute mit Museen und Ausstellungen dieser schrecklichen Zeit gedacht.

Seit dem Zweiten Weltkrieg gehören die sogenannten Ostkantone Eupen, St-Vith und Malmédy wieder zu Belgien. Ein großer Teil der Bevölkerung pflegt hier die deutsche Sprache und Kultur.

Wirtschaft und Verwaltung

Heute gehören die Ardennen politisch betrachtet zu den drei Gründungsmitgliedern der **Europäischen Union:** Belgien, Luxemburg und Frankreich.

Innerhalb Belgiens liegen die Ardennen in den drei Provinzen **Liège** (Hauptstadt Liège), **Namur** (Hauptstadt Namur) und **Luxemburg (Luxembourg,** Hauptstadt Arlon). In diesen drei Provinzen lebten 1988 auf knapp 12 000 Quadratkilometern etwa 1,64 Millionen Menschen. Dies entspricht einer Bevölkerungsdichte von 137 Menschen pro Quadratkilometer (Durchschnitt für Belgien: 325 Menschen pro Quadratkilometer). Die Wirtschaftskraft dieser drei Provinzen ist unterschiedlich. So liegt beispielsweise die Arbeitslosenquote in Luxemburg recht niedrig, was unter anderem darauf zurückzuführen ist, daß hier viele Pendler leben, die im Staat Luxemburg arbeiten. In der Provinz Liège hingegen, wo der Anteil des indus-

Die leckeren Couques von Dinant sind ein beliebtes Mitbringsel.

triellen Sektors am Bruttoinlandsprodukt vergleichsweise hoch ist, erweist sich die Arbeitslosenquote aufgrund der Stahlkrise als nahezu doppelt so hoch wie in der Provinz Luxemburg.

Die **französischen Ardennen** liegen im Département *08 Ardennes* mit seiner Hauptstadt Charleville-Mézières. Dieses Département gehört seinerseits zur Region *Champagne-Ardenne*. Im Département Ardennes leben knapp 300 000 Menschen auf 5219 Quadratkilometer (57 Menschen pro Quadratkilometer; Frankreich: 102 Menschen pro Quadratkilometer). Die Wirtschaftskraft der Region bewegt sich ungefähr im französischen Landesdurchschnitt. Stützen der Wirtschaft sind unter anderem der Tourismus und die Energiewirtschaft.

Luxemburg, das nur einen kleinen Anteil an den Ardennen hat, ist verwaltungstechnisch in drei Distrikte mit insgesamt zwölf Kantonen eingeteilt. Etwa 375 000 Menschen teilen sich die 2586,4 Quadratkilometer des Landes, das heißt 144 Menschen leben statistisch auf einem Quadratkilometer. Von allen Ardennenstaaten ist in Luxemburg das Pro-Kopf-Bruttoinlandsprodukt am höchsten, was vor allem auf die Rolle Luxemburgs als internationales Finanzzentrum zurückzuführen ist. Aber auch der Tourismus ist ein wichtiger Wirtschaftsfaktor.

Sprache

Wenn man das Thema oberflächlich angeht, möchte man behaupten, in den Ardennen spräche man drei Sprachen: französisch, deutsch und luxemburgisch. Doch genau betrachtet liegen die Dinge etwas komplizierter.

Belgien teilt sich zunächst in zwei große Sprachräume: im Norden das *flämische*, im Süden das *wallonische* Sprachgebiet. Die Ardennen liegen im wallonischen Teilgebiet, das sich seine Verwandtschaft mit der französischen Sprache seit der Zugehörigkeit zu Frankreich bewahrt hat. Genaugenommen faßt man alle französischen Dialekte, die in der Wallonie gesprochen werden, unter der Sammelbezeichnung »wallonisch« zusammen.

In den östlichen Ardennen, einem Teil der *Ostkantone* Belgiens um die Orte Eupen und St-Vith, spricht man bis heute die deutsche Sprache.

Eine dritte Sprachregion innerhalb der belgischen Ardennen stellt die Provinz Luxemburg dar, in der wie im benachbarten Staat Luxemburg die *lëtzebuergesche Sprache* eine weite Verbreitung hat.

Die bewegte Geschichte Luxemburgs hat zu einem Nebeneinander von drei Sprachen geführt, und seit 1983 ist neben Deutsch und Französisch das Lëtzebuergesch als amtliche Arbeitssprache anerkannt. Dieser Dialekt westfränkischen Ursprungs wurde durch die salischen Franken eingeführt, als sie sich im 6. Jahrhundert, aus Nordfrankreich kommend, hier im Moselgebiet niederließen. Die offizielle Amtssprache des kleinen Landes ist allerdings Französisch.

Daß in dem in Frankreich gelegenen Teil der Ardennen Französisch gesprochen wird, versteht sich von selbst.

Folklore

Belgien ist ein Land, in dem die alten Feste und Traditionen (wieder) einen festen Platz im Leben der Bevölkerung gefunden haben.

Auch in den Städten und Dörfern der Ardennen werden Jahr für Jahr alte Volksfeste gefeiert, die häufig mit der Verehrung heimischer Patrone einhergehen, aber auch bei einem profanen Anlaß den Spaß am fröhlichen Beisammensein verdeutlichen. Mit dem Einsetzen der Industrialisierung verschwanden viele alte Bräuche, die erst nach dem Zweiten Weltkrieg, nicht selten durch den Tourismus, neu belebt wurden.

So ging es zum Beispiel bis auf wenige Ausnahmen dem berühmten **Karneval** dieser Region, dessen Masken es in den Bildern von James Ensor zu Weltruhm brachten. In zahlreichen Ardennenorten wird der ausgelassene *Carnaval* gefeiert, der je nach Ortschaft seine ganz eigene lokale Ausprägung gefunden hat. Uralte Bräuche werden jedes Jahr mit viel Enthusiasmus neu durchlebt, und groteske, grellbunte, makabre, freundliche oder auch lächerliche Figuren feiern ihre Wiederauferstehung.

Ein Zeichen dafür, daß man in Lüttich das Leben zu genießen weiß, sind die urgemütlichen Kneipen inmitten der Stadt.

In Ebert-Emael (Provinz Liège) laufen sogenannte Hoûres (Mischung aus Hure und schmutziger Megäre) in kaputten Mönchskutten mit aufgeblasenen Schweinsblasen durch die Straßen und schauen sich nach Opfern um, denen sie das Gesicht schwärzen können.

Berühmt sind auch die **Gilles** von Binche, die in ihren farbenprächtigen Kostümen mit einem Kopfschmuck aus acht langen, weißen Straußenfedern am Karnevalsdienstag 24 Stunden zu Trommelrhythmen tanzen und Apfelsinen verteilen. Nach einer Legende geht dieser Brauch auf das Jahr 1549 zurück, als Maria von Ungarn, die in Binche Karl V. und seinen Sohn Philippe II. traf, eine Gotteserscheinung in Person eines Wilden hatte, der die Bevölkerung von Amerika darstellen sollte. Diese schöne Legende ist leider falsch, denn die Gilles sind nicht älter als 100 Jahre. Sie treiben mit ihren Masken die Dämonen aus, damit das Jahr gute Ernten und keine Not bringt. Die Gilles tanzen nur diesen einen Tag und sind – genau wie die ihnen folgenden **Mamzels** – eine reine Männergesellschaft!

In Malmédy wird der Karneval, der **Cwarmé,** schon an den vier Donnerstagen vor Rosenmontag gefeiert, an denen maskierte Figuren, die **Haguètes,** versuchen, die Zuschauer zu foppen. Ein Umzug findet am Karnevalssonntag statt, am Dienstag wird der Haguète verbrannt. In Malmédy kann man sich im Museum für Karneval und Volkskunst (Haus Cavens) über diese Bräuche informieren.

Eupen zeigt im Karneval seine Nähe zum Rheinland: Prinz Karneval ist der Herrscher über die vielen Narren, die mit Büttenreden für Unterhaltung sorgen und die am Rosenmontag einen bemerkenswerten Umzug gestalten, der durch zahlreiche Musikgruppen an Attraktivität gewinnt.

Im belgischen Karneval ist an Aschermittwoch noch längst nicht alles vorbei: Stavelot wird am Sonntag Laetare von den **Blanc Moussis,** weißgekleideten Figuren mit weißem Zipfelmützenumhang, einer Maske und einer langen roten Nase, bevölkert.

Doch nicht nur der Karneval gibt Anlaß zu großen Festen. Eine Tradition, die wohl in das 16. Jahrhundert zurückreicht, sind die berühmten **Märsche der Sambre-Maas-Furche,** also dem Gebiet zwischen Charleroi und Philippeville. Wohl ursprünglich als militärischer Begleitschutz heiliger Reliquien marschieren noch heute prachtvolle Regimenter von Grenadieren, Fusilieren, Pionieren und berittenen Offizieren, von Marschkapellen und Marktweibern begleitet, durch die Ortschaften. Besonders eindrucksvoll ist der Marsch von Jumet, die **Magdalenenprozession**, die zu Ehren der Burgherrin aus Anlaß ihrer Heilung von der Pest begangen wird. Aber auch die Märsche von Ham-sur-Meuse, Thuin, Walcourt, Gerpinnes und Fosses-la-Ville sind berühmt. Insgesamt zählt man rund 50 Orte, in denen solche Märsche veranstaltet werden. Einen jährlichen Veranstaltungska-

Das Theaterfestival vor dem Schloß von Wiltz.

lender kann man beim Verein der Märsche der Sambre-Maas-Furche erhalten (Association des Marches Folkloriques de l'Entre-Sambre-et-Meuse, c/o Lucien Sainthuile, rue Prince de Liège 25, B-6280 Villers-Poterie/Gerpinnes).

Natürlich dürfen wir nicht die zahlreichen Prozessionen vergessen, bei denen Reliquien der Patrone durch die Straße getragen werden. Oft werden solche Patronatsfeste mit großer Kirmes gefeiert, und schon der wallonische Name für Kirmes, *ducasse*, weist uns auf diese Verbindung hin: er kommt von *dédicace*, was soviel wie »Widmung« heißt.

Die berühmteste Prozession finden wir in Luxemburg. Zu Ehren des heiligen Willibrord findet in **Echternach** am Pfingstdienstag eine Springprozession statt. Sie hat ihren Namen von dem Brauch erhalten, daß sich Männer, Frauen und Kinder, die sich gegenseitig an Taschentüchern festhalten, zu einer einfachen Melodie springend fortbewegen. Beliebt sind in den Ardennen auch die großen Feuer, die zu verschiedensten Anlässen angezündet werden. Hier und da wird in einem solchen Feuer eine Puppe verbrannt, die mit allem erdenklich Schlechten beladen ist. Sie wird beschuldigt und verurteilt. Ihr Flammentod wird von maskierten Wesen gefeiert.

Nicht zuletzt wird vielerorts auch die Tradition der **Martinsfeuer** gepflegt. Zu St-Martin werden die Kinder mit Spielzeug und Süßigkeiten beschenkt.

Kulinarisches

Die belgische Küche hat mit der französischen viele Gemeinsamkeiten – hier wie dort weiß man ein gepflegtes, mehrgängiges Menü sehr zu schätzen. Doch manch ein traditionelles französisches Gericht wird mit den regionaltypischen Zutaten zu einer ungeahnten Gaumenfreude. Gerne verwendet man hier das belgische Getränk schlechthin, das Bier, als Kochbeigabe und bietet so köstlich anmutende Gerichte an wie das **Kaninchen in Biersauce.**

Das Wild spielt im Land der Wälder natürlich auch eine große Rolle auf dem Speiseplan. Besonders in den ländlichen Gasthöfen kann man sich an außerordentlich schmackhaften Wildschwein-, Hasen-, Kaninchen- oder Damwildgerichten laben. Manch ein Restaurant hat sich das Wildschwein zum Namenspatron gewählt.

Forelle und Hecht finden sich wiederum häufig im Angebot der Gaststuben an den Ufern der Ardennenflüsse – auch dies ein ausgesprochener Genuß.

Allerorten begegnet dem Reisenden die Metzgerei, die den guten **Ardenner Schinken** feilbietet, eine Spezialität, die den Namen des Gebirges über alle Grenzen hinweg berühmt gemacht hat. Dieser sorgfältig luftgetrocknete oder mild geräucherte Schinken entstammt nach den offiziellen Bestimmungen nur Tieren, die in artgerechter Haltung auf Bauernhöfen im Ardennengebiet aufgewachsen sind. Eine Köstlichkeit, die sich auch gut als Reisesouvenir eignet.

Die im Ardennerland vorzugsweise gehaltene Rinderrasse *Blanc Bleu Belge* liefert die Milch zu ganz vorzüglichen Käsesorten, die oft in den Käsereien der aktiven Mönchsgemeinschaften im Lande heranreifen.

Ebenso aus klösterlicher Produktion stammen die Trappistenbiere **Chimay, Orval und Rochefort,** hochprozentige, süßliche Biere mit samtigem Schaum. Sie machen zusammen mit anderen Klosterbieren (*Maredsous, Leffe* etc.) nur einen Bruchteil der Gesamtbierproduktion Belgiens aus. Bier ist auch in den Ardennen das »Hausgetränk«, Sorten gibt es mehr als genug. Wein spielt eine etwas untergeordnete Rolle, da man meist auf französische Produkte zurückgreift. Im Ardennengebiet wird nur in einem kleinen Areal bei Huy und in der Gaume Wein angebaut. Ein äußerst wichtiger Getränkeproduzent ist nach wie vor die Stadt Spa, die ihre **Mineralwässer** in alle Welt exportiert.

Zuletzt sei noch auf die zahlreichen lokalen Spezialitäten hingewiesen, die hier gar nicht alle aufgelistet werden können. So bietet Dinant mit seinen *Couques* ein lebkuchenartiges Gebäck an, in Vianden erhält man auf dem herbstlichen Nußmarkt den köstlichen *Nußschnaps,* und in Malmédy kann man sich mit feinen *Baisers* verwöhnen.

1 Das Tor zu den Ardennen

Die Festung Namur

Tourencharakter: Leichte Stadtwanderung; Wege gut ausgebaut.
Beste Jahreszeit: Das ganze Jahr über.
Reine Gehzeit / Weglänge: 2 1/2 Std. / 7 km.
Orientierung / Markierungen: Einfach. / Straßenschilder.

Schreiten wir also durch das »Tor zu den Ardennen«, dort wo die Sambre mit der Maas zusammentrifft. Hier hat sich im Mündungsdreieck eine Stadt ausgebreitet, nach der heute die ganze Provinz benannt ist: **Namur**.

Sie nahm ihren Anfang in einer kleinen Siedlung der Jungsteinzeit oben auf der »Champeau« genannten Höhe zwischen den beiden Flüssen. Nur zögernd wurden auch die Gebiete an den Flußufern besiedelt, da die Lage auf dem Höhenzug angesichts der drohenden Angriffe fremder Heere die strategisch günstigere war. Im 7. Jahrhundert wird der Name »Namur« erstmals erwähnt. Als Namur Anfang des 10. Jahrhunderts Hauptstadt einer Grafschaft wurde, nahm die Bevölkerung rasch zu. Auch das Terrain stromaufwärts an der Maas wurde im 14. / 15. Jahrhundert besiedelt. So entstand am linken Ufer der Maas Neuveville, wo allerdings der Fürstbischof von Lüttich bestimmte. So existierten zwei Siedlungen mit zwei Herren nebeneinander, bis im 12. Jahrhundert auch Neuveville in den Besitz der Namurer Grafen überging.

Im 12. Jahrhundert erhielt die kleine Stadt eine Schutzmauer, die jedoch gegen Angriffe wenig Schutz gewährte und oft erneuert werden mußte. Trotzdem erblühte Namur im Mittelalter zu einer reichen Handelsstadt; die Lage an zwei schiffbaren Flüssen war dabei gewiß von Vorteil. Erst in der zweiten Hälfte des 19. Jahrhunderts breitete sich das Gemeinwesen über die Stadtmauer hinweg aus, die bis auf wenige Reste geschleift wurde (1893 Aufhebung

Von der Seilbahn hat man einen Blick auf die Maas mit ihrer Brücke Pont de Jambes.

der Zitadelle). Man baute neue Forts außerhalb der Stadt, und die »Festung Namur« entstand.

Als wichtiger Teil der belgischen Maaslinie war Namur in beiden Weltkriegen Schauplatz erbitterter Kämpfe, denen zahlreiche historische Gebäude zum Opfer fielen. Trotzdem lohnt sich noch heute ein Rundgang durch das »Tor zu den Ardennen«, wie Namur gerne genannt wird, denn noch so manches Haus kann uns von den alten Zeiten erzählen.

Stadtrundgang

Am Parkplatz an der Zitadelle wollen wir unseren Rundgang durch die Stadt Namur beginnen. So haben wir am Anfang oder am Ende die Möglichkeit, die weitläufige Anlage der Zitadelle zu besichtigen. Ehemals Residenz der Namurer Grafen, erhielt sie durch die Jahrhunderte hindurch immer stärkere Befestigungsanlagen. Wie in so vielen Ardennenstädten wirkte auch in Namur der berühmte Militärbaumeister Lud-

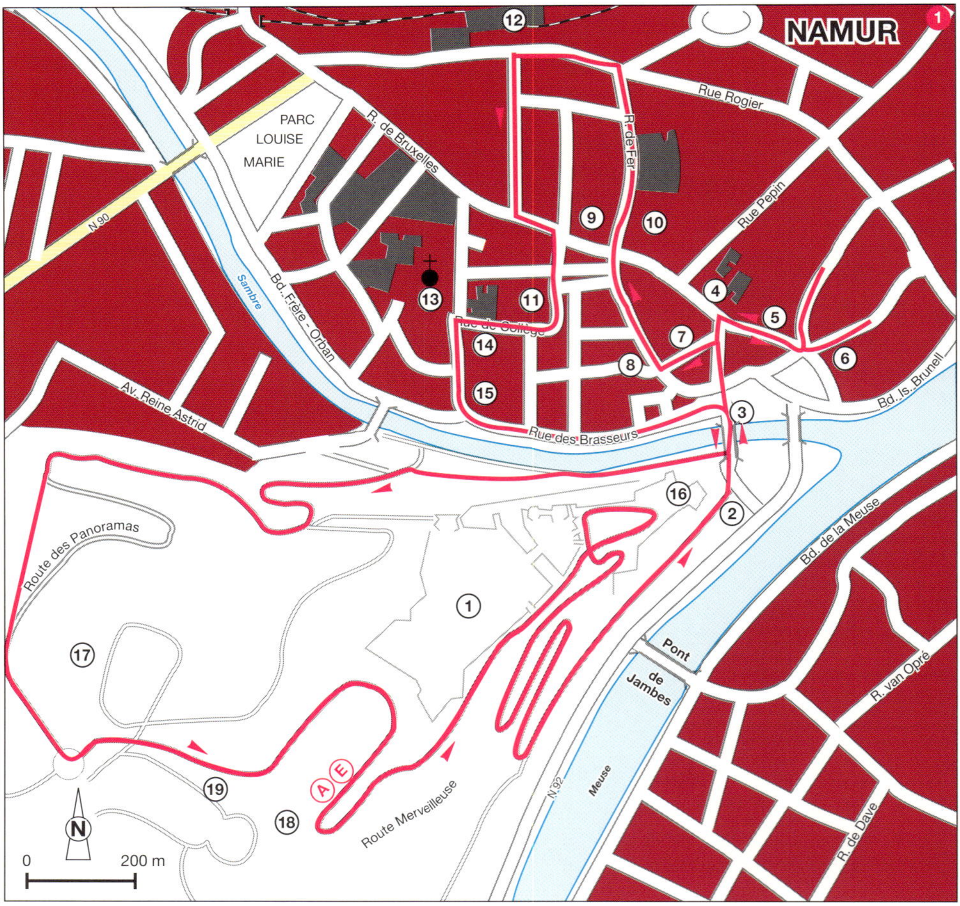

① Zitadelle mit Museum für Waffen und Militärgeschichte, ② Hospiz St-Gilles, ③ Fleischhalle mit Archäologiemuseum, ④ Theater, ⑤ Institut und Kloster »Soeurs Notre-Dame«, ⑥ Hospiz d'Harscamp und Kirche Notre-Dame, ⑦ Belfried, ⑧ Kiche St-Jean-Baptiste, ⑨ Kirche St-Joseph, ⑩ Hôtel de Gaffier d'Hestroy (Museum der alten Künste), ⑪ Kirche St-Loup, ⑫ Bahnhof, ⑬ Kirche St-Aubain mit Diözesanmuseum, ⑭ Provinzgouvernement (ehem. Bischofsresidenz), ⑮ Museum Groesbeek de Croix (Kunsthandwerk), ⑯ Seilbahn, ⑰ Fort d'Orange, ⑱ Freilichttheater, ⑲ Waldmuseum

wigs XIV., Sébastian le Prestre de Vauban, der die Festung im 17. Jahrhundert ausbaute. Bis ins 18. Jahrhundert galt Namur als die größte Befestigung Europas.

Auf dem ungefähr 80 Hektar großen Gelände sind heute Bauteile aus verschiedenen Epochen zu besichtigen. Dem Besucher wird die Zitadelle nach allen Regeln der Fremdenverkehrskunst nahegebracht: Ein kleiner Zug tuckert durch den Park, eine vertonte Diavorstellung führt ihn in die Geschichte ein, ja sogar eine Besichtigung unterirdischer Gewölbe mit Fackeln ist möglich. Auf dem Gelände befindet sich zudem ein **Museum für Waffen und Militärgeschichte.**

Vom Parkplatz aus gehen wir nun die **Route Merveilleuse** hinab in die Stadt. Sie windet sich in Serpentinen den Berg entlang und gibt immer wieder überraschende Aussichten auf die Stadt und auf die Zitadelle frei. Auf diesem Weg gelangen wir schließlich ins Tal und stehen direkt neben dem Casino. Wir wenden uns nach links und flanieren maasabwärts auf der *Avenue Baron L. Huart* in Richtung Stadtzentrum, halten uns hinter dem großen Komplex des **Hospice St-Gilles** (16./17. Jahrhundert) links und sehen schon schräg rechts die Brücke über die Sambre, die wir nun überqueren. Von hier können wir den Blick auf die *Fleischhalle* genießen. Dieses Gebäude (1588–1590) ist ein Beispiel für die maasländische Architektur der Renaissance und beherbergt heute das **Archäologiemuseum** mit einer Sammlung von Funden aus der Region.

Weiter geht es nun auf der *Rue du Pont* bis zur **Place d'Armes,** wo unser Blick auf das Gebäude der Börse fällt. Wenn wir rechts von der Börse die *Rue de Bavière* nehmen, laufen wir geradewegs auf das *Theater* der Stadt zu. Rechts von uns befindet sich nun die *Rue de la Tour,* so genannt nach der **Tour Marie Spilar,** einem Rest der alten Stadtmauer.

Unser Weg führt uns jedoch in die zweite Straße auf der rechten Seite, die *Rue Julie Billiart.* Auf der linken Straßenseite erblicken wir die Rückseite des *Institut Notre-Dame,* Teil des Klosters der *Sœurs de Notre-Dame,* dessen Vorderseite wir wenig später entdecken werden. An der *Rue de Gravière* angekommen, gehen wir links zur *Place l'Ilon* mit dem **Hospice d'Harscamp** (ehemaliges Franziskanerkloster) und der Pfarrkirche **Notre-Dame.** Sie beherbergt in der Krypta die Grabmäler der beiden Namurer Grafen Wilhelm I. und Wilhelm II.

Von hier aus gehen wir bis zur *Rue Lombard,* die uns an der Vorderfront des Klosters der **Sœurs de Notre-Dame** vorbeiführt. In diesem Kloster wird das bedeutendste Kunstwerk Namurs aufbewahrt, eines der »Weltwunder Belgiens«: Es handelt sich um den kostbaren Goldschmiedeschatz, der im 13. Jahrhundert von Meister Hugo aus Oignies gefertigt wurde.

Wir kommen zurück zur *Place d'Armes* und wählen die **Rue de la Monnaie,** die schon zur Fußgängerzone gehört. Doch zuvor sollten wir noch die wenigen Schritte in die *Rue du Beffroi* tun, direkt neben der Börse, um uns den **Belfried** anzusehen. Er steht auf den Fundamenten des Jakobsturms, der im 14. Jahrhundert Teil der Stadtmauer war und erst 1733 sein heutiges Aussehen erhielt. Zur Zeit befindet sich in dem Turm ein Informationszentrum für Jugendliche.

Die *Rue de la Monnaie* gehen wir dann bis zur **Rue de l'Ange,** eine der Hauptachsen der Stadt. Nun machen wir einen kleinen Abstecher zur Kirche *St-Jean Baptiste,* indem wir die Rue de l'Ange überqueren und geradeaus bis zur **Place du Marché aux Légumes** durchgehen. Auf diesem Platz, der von einer Pumpe von 1778 geschmückt wird, stehen auch heute noch die Marktstände mit Obst und Gemüse. Die Kirche ist der einzige erhaltene Gotikbau Namurs, auch wenn ihr Zwiebelturm und der größte Teil der Innenausstattung Werke des Barock sind.

Wir gehen zurück zur *Rue de l'Ange* und wenden uns auf dieser befahrenen Einkaufsstraße nach links, heben dabei immer wieder den Blick die Fassaden hinauf: manch ein schönes, altes Haus wird uns begegnen! Besonders auf der **Place de l'Ange** fällt uns die schöne Bebauung auf. Von hier aus gehen wiederum kleine Einkaufsgäßchen ab, die für den Autoverkehr gesperrt sind.

Aus der *Rue de l'Ange* wird die *Rue de Fer.* Hier achten wir auf der linken Straßenseite auf die Kirche *St-Joseph,* die uns ihre

Von rechten Sambreufer aus hat man einen schönen Blick auf die Fleischhalle, einen Bau im maasländischen Renaissancestil.

hochbarocke Westfassade präsentiert (leider wenig gepflegt). Genau gegenüber, auf der anderen Straßenseite, lädt uns das **Musée des Arts Anciens du Namurois** ein. In diesem Patrizierhaus des 18. Jahrhunderts (Hôtel de Gaffier d'Hestroy) im Rokokostil gibt es Kunstwerke des Mittelalters und der Renaissance (auch Dinanderien, Messingkunsthandwerk aus Dinant) zu sehen.

Am Ende der *Rue de Fer* biegen wir nach links in die *Avenue de la Gare*. Gegenüber dem Haupteingang des Bahnhofs nehmen wir dann links die *Rue Godefroid*, gehen diese bis zur *Rue de Bruxelles*, dann links bis kurz vor die Kirche *St-Joseph*. An dieser Stelle biegt rechts die **Rue de l'Ouvrage** ab, die wieder Teil der Fußgängerzone ist. Wir spazieren auf dieser Straße bis zur *Rue de Collège*, in die wir rechts abbiegen. An dieser Ecke überrascht uns die wunderschöne Fassade der Barockkirche **St-Loup,** deren prachtvolle Innenausstattung zur Zeit restauriert wird. Sie gehörte zum Jesuitenkolleg (heute *Athenée Royale*), das sich nach Westen hin anschließt.

Die *Rue de Collège* gehen wir nun weiter, bis sich die **Place St-Aubain** vor uns öffnet, genannt nach der klassizistischen Bischofskirche von Namur, die den Mittelpunkt der als Parkplatz mißbrauchten Freifläche bildet. Sie wurde zwischen 1751 und 1767 erbaut, im Glockenturm sind aber Teile von Vorgängerkirchen (die erste soll schon 262 n. Chr. hier gestanden haben) eingemauert. Das angeschlossene **Diözesanmuseum** bewahrt einen wertvollen hausförmigen Goldschrein der Merowingerzeit auf.

Schräg gegenüber der Kathedrale hat das *Gouvernement Provinciale* in der ehemaligen Bischofsresidenz (1726–1740 erbaut) seinen Platz gefunden. Wir gehen daran vorbei und folgen der *Rue Joseph Saintraint* Richtung Sambreufer. Dabei kommen wir am **Musée de Groesbeek de Croix** vorbei, das in der ehemaligen Stadtresidenz der Äbte von Villers (18. Jahrhundert) untergebracht ist. Dieses Museum der regionalen Stadtgeschichte stellt vor allem altes Kunsthandwerk hiesiger Provenienz aus. Die schöne Gartenanlage ist sehenswert.

Noch vor Erreichen des Sambreufers biegen wir links in die *Rue des Brasseurs* ein, in der wir noch etliche Häuschen aus dem 17. und 18. Jahrhundert entdecken, damals im maasländischen Stil für die weniger Betuchten gebaut. So erreichen wir wieder die *Rue du Pont* und überqueren die Sambre.

Nun stehen wir vor der Entscheidung: Entweder wir gehen zur Talstation der Seilbahn, die wir schon von hier aus sehen können, lösen ein Ticket und lassen uns die gut 2 Kilometer hinauftragen zu unserem Ausgangspunkt, oder wir nehmen den Fußweg über die **Route des Panoramas,** die in einem ausladenden Schlenker zur Zitadelle führt.

Für die Wanderer mit Ausdauer sei dieser Weg kurz beschrieben: Wir schwenken nach rechts, wandern sambreaufwärts auf der **Rue Bord de l'Eaux** bis zum Abzweig der *Route des Panoramas* auf der linken Straßenseite. Auf dem langen Weg zum Ausgangspunkt haben wir noch die Gelegenheit, das **Fort d'Orange** sowie das **Musée de la Fôret** (Waldmuseum) zu besichtigen.

Nützliche Informationen i

Ausgangsort und Zufahrt: *Namur* (83 m) liegt an der A 4 / E 411 (169 km von Köln, 376 km von Frankfurt/M). Zufahrt mit Pkw: von Köln: A 4, A 44 bis Grenze, A 3 / E 40 bis Liège, A 15 / E 42 bis Kreuz Dassoulx, A 4 / E 411 bis Ausfahrt 13, N 91 nach Namur. Von Frankfurt: A 66, A 3, A 48 über Koblenz, A 61 bis Kreuz Kerpen, A 4, A 44 bis zur Grenze. Zufahrt mit öffentlichen Verkehrsmitteln: direkte Zugverbindung von Köln.
Ausgangspunkt: Parkplatz vor der Zitadelle.
Gehzeiten: Insgesamt 2 $^1/_2$ Std.
Unterkunft und Verpflegung: Eine Reihe von Hotels und Restaurants in *Namur*. Jugendherberge: Auberge de Jeunesse de Namur »Félicien Rops«, Avenue Félicien Rops 8, B-5000 Namur, Tel. (0 81) 22 36 88. Campingplatz in *Malonne*: Les Trieux, Rue des Trîs 99, Tel. (0 81) 44 55 83.
Einkehr unterwegs: Im *Stadtkern* und an der *Zitadelle*.
Auskunft: Syndicat d'Initiative, Square Léopold, B-5000 Namur, Tel. (0 81) 22 28 59.
Wanderkarte: Topographische Karte des IGN 1:50 000, Blatt 47 Namur. Stadtpläne im Verkehrsamt erhältlich.

2 Stadt an zwei Flüssen: Huy

Durch Reichtum zur Freiheit

Tourencharakter: Leichte Stadtwanderung; Wege gut ausgebaut.
Beste Jahreszeit: Das ganze Jahr über.
Reine Gehzeit / Weglänge: Wegverlauf bleibt dem Wanderer überlassen.
Orientierung / Markierungen: Einfach. / Straßenschilder.

Ein bemerkenswertes Städtchen entstand dort, wo der Fluß Hoyoux in die Maas eintritt. Schon im ersten Jahrtausend (erste urkundliche Erwähnung 636 n. Chr.) entwickelte sich an dieser Stelle ein Handelszentrum, dessen Bürger soviel Freiheitswillen und Selbständigkeit an den Tag legten, daß sie zu Vorkämpfern wurden auf dem Weg zur modernen, freien Stadt.

Bereits 1066 erkauften sie sich mit der Hälfte ihrer unbeweglichen Güter von dem Lütticher Fürstbischof Theoduin eine Charta mit damals erstaunlichen Privilegien, die viele Neider auf den Plan riefen.

Der Reichtum **Huys** gründete sich auf den regen Handel von Dinant nach Maastricht und zurück, aber auch auf heimische Manufakturen: Besonders die Kupfer- und Zinnverarbeitung, aber auch die Töpferei, der Weinbau (der süße Briolet) und später das Tuchgewerbe trugen zum damaligen Wohlstand bei.

Der wirtschaftliche Verfall des Ortes begann mit dem Ausklingen des Mittelalters, hauptsächlich bedingt durch die aufstrebende Konkurrenz in der Umgebung. Aber auch die zerstörerischen Kriege taten das ihre. Um so erstaunlicher ist es, mit wie vielen kunsthistorischen Leckerbissen dieses kleine Städtchen noch heute Besucher aus aller Welt fasziniert. Angeschmiegt an den Felsen, auf dem hoch oben die **Zitadelle** als Nachfolgerin einer stark befestigten Burg des 17. Jahrhunderts thront, und überragt von der gewaltigen gotischen **Kirche Notre-Dame** erwarten die hübschen Gäßchen unseren Rundgang.

Das reichlich verzweigte Netz an Straßen und Plätzen im Ortskern läßt eine geführte Wanderung wenig sinnvoll erscheinen. Statt dessen empfehlen wir, sich ein wenig treiben zu lassen und die Stimmung zu genießen. Damit auf dieser Tour aber keine Kostbarkeiten übersehen werden, erklärt die folgende Aufstellung die wichtigsten Sehenswürdigkeiten.

Stadtrundgang

1. Notre-Dame: Auf romanischen Grundmauern steht diese gotische Kirche, mit deren Bau im Jahre 1311 begonnen, die aber erst 1536 vollendet wurde. Zeuge der romanischen Vorgängerin ist die noch erhaltene Krypta aus dem 11. Jahrhundert unter dem rechten Seitenschiff, die erst 1906 wiederentdeckt wurde.

Ein ganz besonderes Schmuckstück ist die große Glasrosette *»Li Rondia«* (9 Meter Außendurchmesser) in der Westfassade mit Fenstern im Stil der Glaskunst des 14. Jahrhunderts (1973 eingesetzt). Lohnenswert ist auch der Blick nach oben auf das Gewölbe (16. Jahrhundert), das durch das gemalte Laubwerk auf hellem Tuffstein eine besonnere Leichtigkeit erhält. Hinter dem Lettner

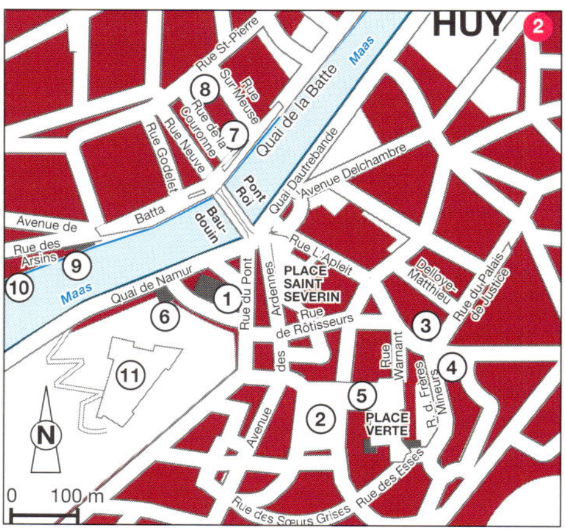

① *Kirche Notre-Dame,* ② *Grand Place,* ③ *Tour d'Oultremont,* ④ *Konvent der Minderbrüder (Frères Mineurs),* ⑤ *Rathaus,* ⑥ *Altes Hospiz d' Oultremont,* ⑦ *Hôtel de la Cloche,* ⑧ *Kirche St-Pierre,* ⑨ *Maison de Batta,* ⑩ *Seilbahn,* ⑪ *Zitadelle*

(1728) befindet sich der Eingang zur Schatzkammer, in der man vier Reliquienschreine (12. und 13. Jahrhundert) und etliche andere religiöse Schätze besichtigen kann.

Verläßt man die Kirche Notre-Dame zur *Rue des Cloîtres*, erreicht man in Gehrichtung *Rue du Pont* das berühmte Bethlehem-Portal mit seinem vollplastischen Fries aus der Mitte des 14. Jahrhunderts (die beiden kleineren Bögen rechts und links oben wurden 1890 hinzugefügt). Die Szenen stellen den Kindermord in Bethlehem, die Geburt Christi und die Anbetung durch die Hirten dar.

2. Grand Place: Der Marktplatz als Herzstück der Stadt ist auch die Adresse des Rathauses, eines Gebäudes von 1766 mit Fassade und Doppelfreitreppe im Stile Louis XV. Innen ist eine Gemäldesammlung aus dem 19. und 20. Jahrhundert zu besichtigen. Mitten auf dem Platz sehen wir einen außergewöhnlichen Brunnen, *»Li Bassinia«,* dessen ältester Teil, ein bronzenes Becken mit Aufbau, aus dem Jahre 1406 stammt. Die kleine, hornblasende Gestalt, die oben auf dem Aufbau thront, ist Cwerneu, der heimische Wachposten. Der österreichische Doppeladler auf seinem schmiedeeisernen Filigranwerk entstammt dem frühen 18. Jahrhundert.

Der rechteckige Platz lag inmitten der Handwerksstraßen und war durch den heute fast völlig abgedeckten Hoyoux bestens auch für Lastkähne erreichbar, also ein idealer Marktplatz. Doch auch politische Versammlungen wurden hier abgehalten und nicht zuletzt Hinrichtungen durchgeführt.

3. Tour d'Oultremont: Dieser achteckige Turm von 1559 ist ein Beispiel für den Mischstil aus gotischen und Renaissance-Elementen im 16. Jahrhundert. Man beachte die schönen hochgotischen Bogenfenster.

4. Couvent des Frères Mineurs: Schon der Eingang zu diesem ehemaligen Kloster, ein Louis-XIII.-Portal, ist sehenswert. Zwar ist von dem ursprünglichen Kloster von 1244 nur ein Teil der Kirche erhalten geblieben, doch kann sich der »Neubau« von 1662 im Maas-Renaissance-Stil durchaus sehen lassen. Das durch die französischen Besetzer

Einen monumentalen Anblick bietet die Zitadelle hoch über der Stadt Huy.

Ende des 18. Jahrhunderts säkularisierte Gebäude beherbergt heute das Staatsarchiv, das Friedensgericht und das Stadtmuseum. In diesem Museum werden viele Bereiche des regionalen Alltags in den verschiedenen Epochen angesprochen und zahlreiche Kunstschätze der Stadt aufbewahrt.

5. Rue des Frères Mineurs: Sehr sehenswert ist diese hohle Gasse zwischen den hohen Mauern des »Maison du Gouverneur« (1535) und des »Couvent des Frères Mineurs«. Sie wird überbrückt von einer überdachten Passage aus dem 16. Jahrhundert, die die beiden Anwesen miteinander verbindet. Einige Schritte weiter kommen wir an dem Haus »Maison dite la Tour« vorbei, einem Bürgerhaus mit gotischer Architektur, dem ältesten Haus Huys.

6. Ancien Hospice d'Oultremont: Ein weiteres Beispiel für den Gotik-Renaissance-Mischstil ist das imposante Ancien Hospice d'Oultremont am Quai de Namur, in dem sich das Touristeninformationsbüro befindet. Gebaut im 16. Jahrhundert von dem Domherren Gérard d'Oultremont, fällt es durch seinen runden Turm mit pyramidenförmigem Dach ins Auge.

7. Hôtel de la Cloche: Ein Gebäude im Maas-Renaissance-Stil mit feingegliederter Fensterfront.

8. Kirche St-Pierre: Hier ist das Taufbecken aus dem 12. Jahrhundert sehenswert.

9. Maison de Batta: Die frühere Heimat der Val-Saint-Lambert-Abtei (1585–1645).

10. Seilbahn: Geht man am linken Maasufer flußaufwärts, gelangt man zur Talstation der Seilbahn, die Besucher hoch zur Zitadelle und weiter auf die Sarte-Ebene, ein Naherholungsgebiet, befördert.

11. Zitadelle: Auch die Zitadelle hoch oben über der Stadt lohnt einen Besuch. Bevor sie 1818 von den damaligen holländischen Herrschern erbaut wurde, war der Felsen ein gutes Jahrhundert ohne Festung. Davor, von 890 bis 1715, stand an dieser exponierten Stelle eine stark befestigte Burg, die oft genug Anlaß für kriegerische Auseinandersetzungen war. Sie wurde 1715 gesprengt. Die Festung, die wir heute besuchen können, hat eine bewegte Geschichte:

Auf der Rue des Frères Mineurs fühlt man sich in das Mittelalter zurückversetzt.

sie war natürlich militärische Bastion, aber auch Staatsgefängnis, Straflager der Deutschen im Ersten Weltkrieg, Militärschule, dann Gefängnis der Nationalsozialisten. Nach dem Zweiten Weltkrieg war sie kurze Zeit Gefängnis für Kollaborateure und wurde 1946 zur Gedenkstätte. Den Besucher erwarten neben den militärischen Einrichtungen und bedrückenden Zeugnissen der Nazivergangenheit auch Informationen über Huy und seine Umgebung.

Nützliche Informationen

Ausgangsort und Zufahrt: *Huy* (70 m) liegt an der N 90 (146 km von Köln, 353 km von Frankfurt/M). Zufahrt mit Pkw: von Köln: A 4, A 44 bis Grenze, A 3 / E 40 bis Liège, A 15 / E 42 bis Ausfahrt 7, N 64 nach Huy. Von Frankfurt: A 66, A 3, A 48 über Koblenz, A 61 bis Kreuz Kerpen, A 4, A 44 bis zur Grenze. Zufahrt mit öffentlichen Verkehrsmitteln: Zugverbindung von Köln über Liège-Guillemins.
Parkplätze: Eine Vielzahl von Parkplätzen am Maasufer.
Gehzeiten: Wegverlauf bleibt dem Wanderer überlassen.
Unterkunft und Verpflegung: Eine Reihe von Hotels und Restaurants in *Huy*. Jugendherberge: Auberge de Jeunesse de Huy, Rue de la Paix 3, B-4500 Huy, Tel. (0 85) 33 83 86. Campingplatz: Camping Mosan, Rue de la Paix 3, Tel. (0 85) 23 46 39.
Einkehr unterwegs: Eine Vielzahl von Möglichkeiten in *Huy*.
Auskunft: Office du Tourisme, Quai de Namur 1, B-5200 Huy, Tel. (0 85) 21 29 15.
Öffnungszeiten: Stadtmuseum: 1.4. bis 20.10.: Montag bis Samstag 14.00 bis 18.00 Uhr, Sonn- und Feiertage 10.00 bis 12.00 und 14.00 bis 18.00 Uhr.
Sehenswürdigkeiten in der Umgebung:
• *Jehay:* Etwa 11 km nordöstlich von Huy befindet sich Jehay mit seinem **Wasserschloß** aus dem 16. Jahrhundert. Dieses pittoreske, im Schachbrettmuster gemauerte Schloß ist schon von außen eine wahre Augenweide. Im Innern erwarten den Besucher neben wertvollem Mobiliar auch archäologische und speläologische Sammlungen. • *Villers-le-Temple:* Etwa 12 km östlich von Huy finden wir den Ort Villers-le-Temple, Teil einer Anlage, die einst dem Templerorden als Niederlassung diente. Nach dessen Zerschlagung Anfang des 14. Jahrhunderts übernahmen die Malteser die Gebäude. In der Kirche **St-Pierre,** Mitte des 18. Jahrhunderts im Rokokostil ausgeschmückt, finden sich noch viele Spuren der beiden Ritterorden.
• *Modave:* Etwa 12 km südöstlich von Huy liegt inmitten eines bedeutenden Naturschutzgebietes das **Schloß von Modave.** Dieses seit seinem Umbau Mitte des 17. Jahrhunderts vorwiegend im klassizistischen Stil gehaltene Gebäude hoch über dem klaren Wasser des Hoyoux wurde schon Anfang des 13. Jahrhunderts gegründet. Heute beeindruckt es seine Besucher vor allem mit prachtvollen Stukkaturen. Mit Hilfe einer ausgeklügelten Pumpe, erbaut durch den Zimmermann Rennequin Sualem, konnte schon im 17. Jahrhundert dem Anwesen fließendes Wasser aus dem Hoyoux zugeführt werden. Auf denselben Architekten wird auch das Bewässerungssystem der Gärten von Versailles zurückgeführt.
Wanderkarte: Topographische Karte des IGN 1:50 000, Blatt 48 Huy. Stadtpläne im Verkehrsamt erhältlich.

3 Die glühende Stadt Liège

Wohlstand durch das schwarze Gold

Tourencharakter: Längere Stadtwanderung; Wege gut ausgebaut.
Beste Jahreszeit: Das ganze Jahr über.
Reine Gehzeit / Weglänge:
3 Std. / 9 km.
Orientierung / Markierungen:
Einfach. / Straßenschilder.

»La ville ardente« – die glühende Stadt, das ist **Lüttich** heute in einer Beziehung bestimmt nicht mehr. Das Glühen und Lodern der Hochöfen, die einst der Stadt so viel Reichtum brachten, ist verblaßt, nur wenige Feuer der großen Stahlwerke werden noch in Gang gehalten. Und die fast sechzig Kohlezechen rund um Lüttich -- Ruinen, schwarze Gerippe, zum Teil zurückerobert von mutigen Pionieren der heimischen Flora.

Doch wie begann das große Zeitalter der industriellen Revolution in dieser selbstbewußten Stadt?

Lassen wir uns zurückversetzen in das 13. Jahrhundert. Spätestens zu dieser Zeit begann man um Lüttich mit der Kohleförderung. Noch brauchte man nicht tief zu graben, um an das schwarze Gold zu kommen. Lüttich war mit Borinage (im westlichen Hennegau) das älteste Zentrum der Kohleförderung in Europa.

Doch in diesem Karbon-Becken gab es nicht nur Kohle, sondern auch Eisenerz, und schon seit vorgeschichtlicher Zeit spielte die Metallverarbeitung eine große Rolle in der Gegend um Lüttich. Die mit Holzkohle befeuerten Hochöfen standen allerdings ungefähr 40 Kilometer von Lüttich entfernt in den Ardennen, da hier die schnellen Gebirgsbäche die Energie für die Eisenverarbeitung lieferten. Ihre Bedeutung nahm zu, als der Bedarf an Schußwaffen und Kanonenkugeln stieg, doch Ende des 18. Jahrhunderts ging die Roheisenproduktion zurück, da dieses Material nun aus den Erzlagerstätten des Sambre-Maas-Gebiets und Luxemburgs importiert wurde.

Dies war der Vorabend der industriellen Revolution, die, von England kommend, in Wallonien ihre erste kontinentale Saat säte. Nach Lüttich kam sie 1799 in Gestalt des Engländers William Cockerill (1759–1832), eines Maschinenbauers, der sich unweit der Stadt, in Verviers, niederließ und dort mit seinen modernen Spinnmaschinen der traditionsreichen Tuchindustrie zur Blüte verhalf. 1807 eröffnete er in Lüttich eine metallverarbeitende Fabrik, die 1812 bereits 2000 Arbeiter beschäftigte. Andere wagemutige Unternehmer folgten ihm nach. Um 1813 wurden Dampfmaschinen produziert, die insbesondere im Bergbau eine Produktionssteigerung erlaubten. Waren es 1812 noch 55 Tonnen Kohle, die ein Arbeiter im Jahr fördern konnte, so waren es 1835 bereits 85 Tonnen und 1847 sogar 95 Tonnen. Der Bergbau lag nun nicht mehr wie im 18. Jahrhundert in den Händen der Bergbaugewerkschaft, sondern wurde mehr und mehr von Adligen, reichen Kohlehändlern oder hohen Beamten finanziert. In der Zeit der Zugehörigkeit Belgiens zu Frankreich (1794–1814) gab dann der Staat größeren Gesellschaften als Zechenbesitzer den Vorzug.

Immer mehr Unternehmen wurden in Aktiengesellschaften umgewandelt, so auch das Cockerill'sche Unternehmen im Jahre 1842. 1850 war es ein Unternehmen mit 4200 Arbeitern und beschäftigte ein Drittel aller Lütticher Arbeiter der Schwerindustrie.

Die Kumpels in den Zechen arbeiteten in immer größeren Tiefen, die Hochöfen liefen auf Hochtouren, die Walzwerke, Gießereien und Maschinenfabriken boomten, Lüttich »glühte«.

Und heute? Die allgemeine Krise der europäischen Montanindustrie hat auch Lüttich hart getroffen. Die Wirtschaftskraft sank derart ab, daß die Stadt Lüttich Anfang der achtziger Jahre Schlagzeilen machte, weil sie ihren Bediensteten keine Gehälter mehr zahlen konnte.

Dem Besucher der Stadt fällt allerdings auf, daß viele Gebäude den Mantel aus schwarzem Ruß bis heute noch nicht abgelegt haben.

Die 408 Stufen des Montagne de Bueren führen in das Herz der Stadt Lüttich. Die Häuser, die die Treppe säumen, haben keinen anderen Zugang.

Stadtrundgang

Damit wir einen Überblick und den richtigen Appetit auf die Tour bekommen, beginnen wir diese Wanderung hoch oben über der Stadt, an der **Zitadelle.** Ein *Aussichtspunkt* bietet einen schönen Rundblick auf das, was es zu erwandern gilt.

Von hier aus führen Treppen hinab, dann geht es die *Rue du Pery* weiter bergab, bis links vor uns die 408 Stufen des **Montagne de Bueren** liegen. Wir steigen hinab und machen direkt am Fuße der Treppe unseren ersten Abstecher nach rechts, in die *Rue des Ursulines.* Wir folgen der kleinen Gasse zum *Architekturmuseum* im ehemaligen **Beginenkloster** des 17. Jahrhunderts mit einem sehr malerischen Innenhof.

Anschließend streunen wir ein wenig in den kleinen Treppengäßchen dieser Gegend umher, um uns an den alten Häusern mit ihren romantischen Gärten zu erfreuen.

Sind wir zur großen Treppe zurückgekommen, folgen wir der *Montagne de Bueren* noch bis zur Straße *En Hors Château* nach rechts, gehen hier wieder nach rechts und verlassen sie ca. 50 Meter weiter ebenfalls nach rechts in den *Cour des Mineurs.* Wir stehen nunmehr neben der Kirche *St-Antoine* mit ihrer wunderschönen, hochbarocken Westfassade und blicken auf das **Musée d'Art Réligieux et d'Art Mosan** mit seinen bedeutenden sakralen Kunstschätzen.

Wenige Schritte weiter, ebenfalls in dem sehr gelungen restaurierten ehemaligen Minoritenkloster, sehen wir das *Musée de la Vie Wallonne* mit dem *Théâtre des Marionettes.* Hier können wir einiges über das Leben in dieser Region lernen und an den regelmäßig stattfindenden Marionettenspielen unseren Spaß haben, eine Kunst, mit der sich die Lütticher gerne ihre großen und kleinen Probleme »von der Seele spielen«.

Wir gehen um das Gebäude herum und kommen auf die *Rue Moray,* die uns geradeaus auf die **Place du Marché** führt. Dieser zentrale Platz mit seinen schönen Patrizierhäusern aus dem 17. und 18. Jahrhundert wird in der Mitte von einem besonderen Brunnen geschmückt, dessen säulenartiger Aufbau tatsächlich das Wahrzeichen der Stadt und ihrer demokratischen Freiheit darstellt: der *Perron,* unter dem früher Recht gesprochen und vollzogen wurde. Er steht direkt vor dem **Rathaus** der Stadt, einem Gebäude, das 1714 bis 1718 erbaut wurde und durch seine doppelläufige Treppe ins

Auge fällt. Von den Lüttichern wird es liebevoll »La Violette«, das Veilchen genannt, ein Name, der auf ein Rathausgebäude des 13. Jahrhunderts zurückgeht.

Unser Weg führt uns nun über die belebten Plätze *St-Lambert* und *Place de la République Française* geradewegs auf das dem Pariser Odeon nachempfundene Opernhaus

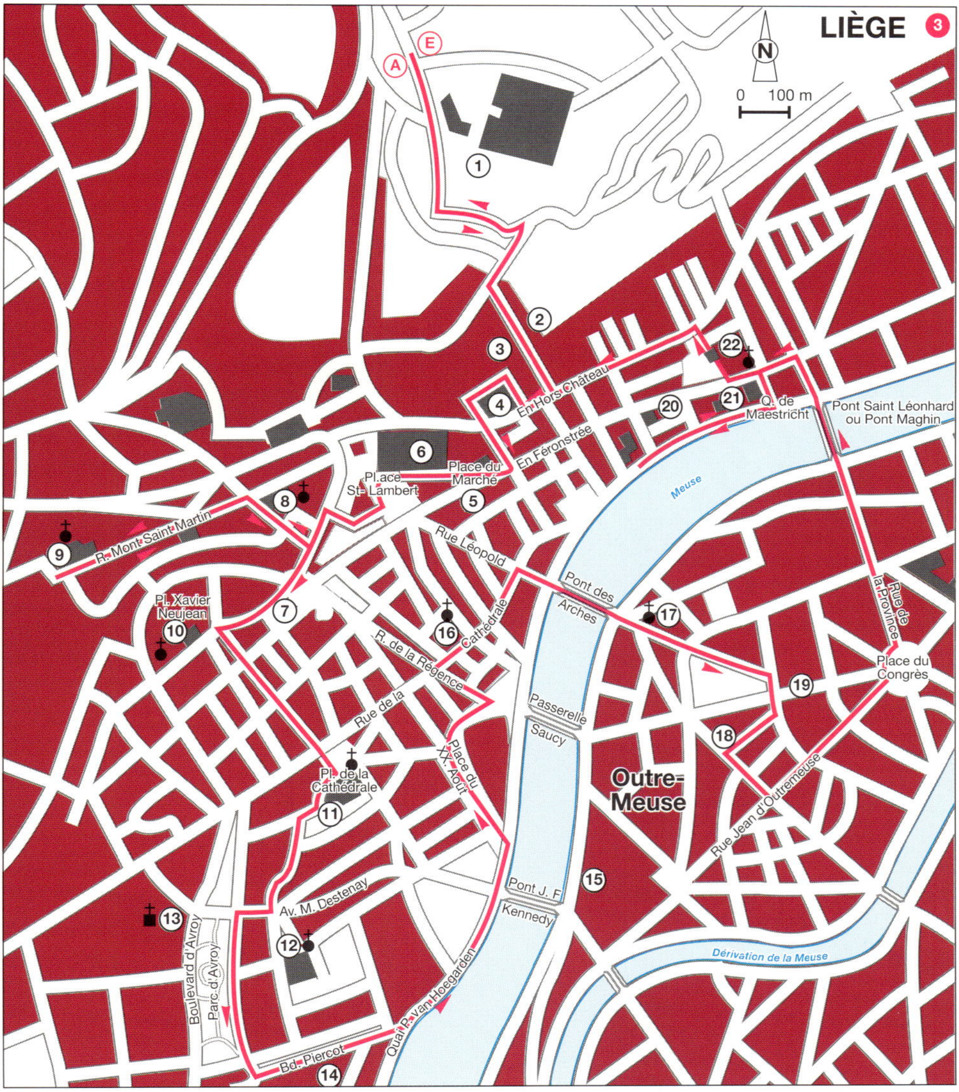

① Zitadelle, ② Treppe »Montagne de Bueren«, ③ Architekturmuseum, ④ Museum für religiöse Kunst und Kunst des Maaslandes; Museum des wallonischen Lebens mit Marionettenmuseum, ⑤ Rathaus und Perron, ⑥ Bischofspalast, ⑦ Königliches Theater, ⑧ Kirche Ste-Croix, ⑨ Kirche St-Martin, ⑩ Kirche St-Jean, ⑪ Kirche St-Paul, ⑫ Kirche St-Jacques, ⑬ Abtei Bénédictine de la Paix, ⑭ Königliches Musikkonservatorium, ⑮ Zoologisches Museum und Aquarium, ⑯ Kirche St-Denis, ⑰ Kirche St-Pholien, ⑱ Grétry-Museum, ⑲ Rue Georges Simenon, ⑳ Hôtel d'Ansembourg (Museum für Ausstattungskunst des 18. Jahrhunderts), ㉑ Curtius-Haus (Museum für Archäologie und Kunsthandwerk) und Waffenmuseum, ㉒ Kirche St-Barthélemy

Auch in der lebendigen Universitätsstadt Lüttich finden sich hier und da Oasen der Ruhe.

Théâtre Royale zu. Wer möchte, kann nun den zweiten Abstecher zu den Kirchen *Ste-Croix* und *St-Martin* auf dem *Publémont* unternehmen: durch die *Rue Haute Sauvignières*, vorbei am *Maison de la Presse* mit seinem bildschön gepflegten Garten, bis hinauf zur nächsten Kreuzung. Hier stehen wir neben der 979 von Bischof Notker gegründeten Kirche **Ste-Croix,** die trotz häufiger Umbauten ihren romanischen Westchor (ca. 1175) und ihren gotischen Ostchor erhalten konnte. Ihr Langhaus datiert ins 14. Jahrhundert. Der im benachbarten Kloster wohnende Schatzmeister zeigt dem interessierten Besucher gerne den bedeutenden Kirchenschatz, zu dem ein 1300 Jahre alter, bronzener »Petrusschlüssel« des Heiligen Hubertus gehört.

Zur Kirche **St-Martin** gehen wir noch etwa 500 Meter durch die *Rue St-Hubert* und die *Rue Mont St-Martin*. Diese Basilika wurde zwar im 13. Jahrhundert geweiht, doch stehen wir heute vor einem Neubau des 16. Jahrhunderts. Der Originalbau wurde in einem Straßenkampf zwischen Zunftbrüdern und Adligen in Brand gesteckt. An die 200 Menschen verbrannten, nachdem sich der Adel im Gotteshaus verschanzt hatte. In dem spätgotischen Gebäude können wir heute kunstvolle Glasgemälde aus der Zeit von 1526 bis 1536 und interessante Marmormedaillons von Jean Delcourt in der Sakramentskapelle bewundern.

Zurück am Theater, nehmen wir die Straße rechts daneben und gelangen zur *Place Xavier Neujean*. Wir kümmern uns nicht um das ausgesprochen häßliche Schwimmbadgebäude, sondern wenden uns der Kirche **St-Jean** zu. Auch sie ist ein Geschenk Bischof Notkers, wurde 980 geweiht, jedoch von 1754 bis 1757 fast völlig erneuert. Der Turm, dessen 38 Glocken unverwechselbar zum Gottesdienst rufen, datiert allerdings noch ins 12. Jahrhundert. Nach Ansicht der Kunsthistoriker wurde diese Basilika nach dem Vorbild des Aachener Doms konstruiert. Sehenswert ist auch der spätgotische Kreuzgang westlich des Kirchengebäudes.

Im Anschluß an die Besichtigung machen wir uns nun auf den Weg in die Fußgängerzone, indem wir in die **Rue la Ruelle** einbiegen. Sie ist Teil der Altstadt, die mit ihren hübschen, kleinen Häusern die Einkaufszone Lüttichs bildet. Über die *Rue St-Lambert* gelangen wir auf die **Place de la Cathédrale,** so genannt nach der bedeutenden Kirche **St-Paul,** die diesen Platz dominiert. Es ist ein offener Platz mit gepflegter Bepflanzung und vielen Bänken, umgeben von Geschäftshäusern, zahlreichen Cafés und Restaurants, die ihre Gäste auch gerne unter freiem Himmel bewirten.

Die vom Atem der Kohlenstadt arg geschwärzte Kirche geht auf eine Gründung von Bischof Heraclius (971) zurück, wurde

aber im 13. und 14. Jahrhundert im Stil der Maasgotik umgebaut und erst im 16. Jahrhundert völlig fertiggestellt. Seit Beginn des 19. Jahrhunderts ist sie die bischöfliche Kathedrale als Nachfolgerin der Kirche St-Lambert, die völlig zerstört wurde. Deshalb zählen zum hiesigen Kirchenschatz auch die beiden Reliquiare des heiligen Lambertus. Die fünfschiffige Basilika beeindruckt mit einer äußerst kunstvoll gestalteten neogotischen Kanzel, an der zehn Jahre gearbeitet wurde, bevor man sie 1848 aufgestellte. Auf jeden Fall sehenswert sind außerdem das Westportal im Gotik-Renaissance-Mischstil und der Kreuzgang aus dem 15. und 16. Jahrhundert (erreichbar über die *Rue Bonne Fortune*).

Vor der Kathedrale biegen wir nun nach rechts ab, gehen ein Stück um sie herum und stehen dann auf der *Place St-Paul* mit ihrem kleinen Park. Quer über den Platz hinweg geht es nun in die *Rue St-Rémy*, die uns zur *Avenue M. Destenay* bringt. Auf der gegenüberliegenden Seite erblicken wir schon die Kirche **St-Jaques,** die »Bürgerkirche«, denn hier mußten frisch gewählte Stadtherren ihren Amtseid ablegen. Auch dieses Gotteshaus wurde im Mittelalter gegründet (1050), dann aber im 16. Jahrhundert einer gravierenden Umgestaltung zu einem spätgotischen Prachtbau unterzogen. In der weiten Kirchenhalle ist besonders der Blick nach oben beeindruckend: Ein überaus fein ziseliertes Kreuzgewölbe ist der Grund dafür, daß diese Kirche als die schönste Lüttichs angesehen wird. Wir sollten aber nicht versäumen, auch das Renaissanceportal am nördlichen Seitenschiff zu bewundern.

Wir wenden uns nun nach Westen und sind nach wenigen Schritten auf dem *Boulevard d'Avroy.* Genau in Gehrichtung sehen wir schon die **Abbaye Bénédictine de la Paix,** zu der die eben besuchte Kirche St-Jaques ehemals gehörte. Unser Weg führt uns nun weiter den *Boulevard d'Avroy* in südliche Richtung entlang, bis ihn der *Boulevard Piercot* kreuzt. Hier bietet sich die Möglichkeit zu einem dritten Abstecher: der **Parc d'Avroy** lädt zu einem Spaziergang im Grünen ein. In dieser kleinen Oase, angelegt auf einem ehemaligen, zugeschütteten Hafen eines alten Maasarmes, mit dem kleinen Teich, dem Musikpavillon und dem Restaurant können wir uns ein wenig von den bisherigen Strapazen ausruhen.

Nach diesem Abstecher nehmen wir den *Boulevard Piercot* in östliche Richtung, gehen am *Königlichen Musikkonservatorium* (rechte Straßenseite) vorbei und stehen am Ende der Straße vor der Maas. Von unserem Fußweg direkt am Ufer trennt uns jedoch noch der breite *Quai P. van Hoegarden,* den wir überqueren müssen. Sodann wenden wir uns nach links, sehen nun auf der gegenüberliegenden Maasseite das *Zoologische Museum und Aquarium* liegen und schwenken kurz hinter dem *Pont J. F. Kennedy* nach links zur **Place du XX Août.** Dieses Datum bezieht sich auf das Jahr 1914, als hier deutsche Soldaten grundlos 20 Häuser anzündeten und 17 Bürger erschossen. Auf der rechten Seite passieren wir ein Gebäude der 1817 gegründeten *Universität von Lüttich,* außerdem weist dieser Platz einige Gebäude mit der typischen Architektur der fünfziger Jahre unseres Jahrhunderts auf. Nach schräg rechts geht nun unser Weg zur **Place Cockerill.** Das schöne neugotische Postgebäude sollten wir uns genauer ansehen. Danach geht es weiter über die *Rue de la Régence* bis zur *Rue de la Cathédrale,* in die wir rechts einbiegen. Wir kommen an der Kirche **St-Denis** vorbei, eine 987 ebenfalls von Bischof Notker gegründete Kirche, die im 15. und im 18. Jahrhundert jeweils eine Umgestaltung erfahren hat. Als Besonderheit ist neben der Orgel von 1589 vor allem der wunderschöne flandrische Schnitzaltar von ca. 1510 hervorzuheben.

Wenn wir der *Rue de la Cathédrale* weiter folgen, können wir wenig später rechts in die *Rue Léopold* einbiegen und in deren Verlängerung über den **Pont des Arches,** die schönste Brücke Lüttichs (1858–1862), die Maas überqueren. Von der Brücke aus lohnt sich ein Blick zurück auf die Quais der Maas, auf denen sonntags großes Markttreiben herrscht, über die Altstadt und hoch auf die Montagne de Bueren.

Wir betreten nun **Outremeuse,** also den Stadtteil, der sich zwischen der Maas und ihrem Seitenarm befindet. Hier ist ein ganz besonderer Menschenschlag zu Hause; man mag meinen, hier bekäme man das freiheitliche Denken in die Wiege gelegt. Schon mancher Stadtherr drüben im Rathaus hat den Freiheitswillen der Hiesigen zu spüren bekommen, und im Jahr 1935 wurde sogar die freie Republik Outremeuse ausgerufen, die sich mit der Ausstellung eigener Personalausweise auch heute noch legitimiert. Leitfigur der Leute von Outremeuse ist *Tschantchès,* abgeleitet von *François,* vielleicht mit dem deutschen »Hanswurst« zu übersetzen. Als Marionettenfigur vertritt er temperamentvoll die Sache der kleinen Leute, von denen es ja nach wie vor genug gibt.

Unser Spaziergang setzt sich also fort auf der Maasinsel, streift zunächst die **Place St-Pholien,** führt dann geradeaus an der Kirche *St-Pholien* vobei in die *Rue Ernest de Bavière,* wo wir auf das Haus mit der Nummer 9 achten sollten, ein bemerkenswertes Jugendstilgebäude. Am Ende der Straße erwartet uns die Kirche *St-Nicolas,* von der aus sich der Weg zum **Grétry-Museum** in der *Rue des Récollets* unbedingt lohnt. In der schmalen Gasse steht das Geburtshaus (Nr. 36) des Komponisten André Modeste Grétry (1741–1813), der gerne als der »Vater der Opéra Comique« bezeichnet wird.

Weiter geht es nun auf der *Rue des Récollets* bis zu ihrer Einmündung in die *Rue Puits-en-Sock.* Hier gehen wir links und stehen bald auf der *Rue Jean d'Outremeuse.* Sie erinnert an einen mittelalterlichen Chronisten der Stadt. Wir folgen ihr nach links bis zur **Place du Congrès,** der wenig Schönes zu bieten hat. Wir können uns vorstellen, daß Georges Simenon, berühmter Sohn der Stadt, einige seiner düsteren Krimis in dieser Gegend spielen ließ.

Wir gelangen über die *Rue de la Province,* die *Rue Ransonnet* und die Brücke *St-Léonard* wieder an das andere Ufer der Maas. Sofort schwenken wir nach links auf die **Rue En Feronstrée,** eine der ältesten Straßen der Stadt. Hier haben einst die Eisenschmiede, die *Ferroniers,* gearbeitet.

In dieser Straße finden wir das **Hôtel d'Ansembourg** (Nr. 114), das Museum für Ausstattungskunst des 18. Jahrhunderts, mit kostbaren Teppichen, Möbeln, Textilien, Gläsern und Porzellan. In dem prunkvollen Gebäude muß man nicht nur über die einzigartigen Fertigkeiten damaliger Kunsthandwerker staunen – für den heutigen Betrachter ist es kaum vorstellbar, mit welchen Preziosen sich damals so mancher Bürger umgeben konnte.

Wir sollten uns an dieser Stelle noch für einen letzten Abstecher zum **Quai de Maestricht** entscheiden, um zwei weitere, wichtige Museen der Stadt zu sehen. Hierzu müssen wir nur die nächste Straße nach links abzweigen. Im Haus Nr. 8, *Hôtel de Hayme de Bomal* (ca. 1775), der ehemaligen Département-Präfektur, befindet sich das **Musée des Armes,** ein Waffenmuseum, das weltweit seinesgleichen sucht. In diesem Gebäude, so erzählt man sich stolz, hat Napoleon zweimal genächtigt. Die prunkvolle Innenausstattung mag einen vielleicht ein wenig überfordern.

Wenige Schritte weiter, im Haus Nr. 13, befindet sich in einem Renaissance-Palais, dem sogenannten *Curtius-Haus,* das **Museum für Archäologie und Kunsthandwerk**. Der Name rührt vom ehemaligen Besitzer der Villa (ca. 1610), dem Waffenhändler und Waffenfabrikant Jean de Corte. Als bedeutendstes Ausstellungsstück sei hier der Einband des Evangeliars Bischof Notkers erwähnt, ein einzigartiges Schmuckstück des Kunsthandwerks der Jahrtausendwende.

Nach diesem Abstecher biegen wir von der *Rue En Feronstrée* in die *Rue St-Barthélemy* und stehen vor der Kirche **St-Barthélemy**. Unter den Kirchen Lüttichs kann ihre Architektur noch am ehesten romanisch genannt werden, auch wenn sie im Barock so manche Veränderung erfahren hat. Im Innern lohnt sich unbedingt die Besichtigung des romanischen Bronze-Taufbeckens von Reiner von Huy, eines der sieben »Weltwunder Belgiens«.

Nach der Kirchenbesichtigung gehen wir weiter zur *Rue Hors Château.* Hier müssen wir nach links abbiegen, um kurze Zeit später rechts wieder die lange Treppe des **Montagne de Bueren** vor uns zu sehen, die diesmal aufwärts bewältigt werden muß. Nun wird uns auch klar, daß die Bänke, die auf den Treppenabsätzen stehen, nicht nur wegen der schönen Aussicht hier aufgestellt wurden – eine kleine Rast während des Aufstiegs ist sicher jedem willkommen, auch wenn es jetzt nur noch einige hundert Meter bis zu unserem Ausgangspunkt sind.

Nützliche Informationen

Ausgangsort und Zufahrt: *Liège* (70 m) liegt an der A 3 / E 40 (114 km von Köln, 321 km von Frankfurt/M). Zufahrt mit Pkw: von Köln: A 4, A 44 bis Grenze, A 3 / E 40, A 13 bis Ausfahrt 35 nach Liège. Von Frankfurt: A 66, A 3, A 48 über Koblenz, A 61 bis Kreuz Kerpen, A 4, A 44 bis zur Grenze. Zufahrt mit öffentlichen Verkehrsmitteln: direkte Zugverbindung von und nach Köln.
Ausgangspunkt: Zitadelle (Parkplätze vorhanden).
Gehzeiten: Insgesamt 3 Std.; Zitadelle – Place de la République Française: 30 Min., Place de la République Française – Pont des Arches: 1 Std. 10 Min., Pont des Arches – Pont St-Léonard: 30 Min., Pont St-Léonard – Zitadelle: 50 Min.
Unterkunft und Verpflegung: Eine Reihe von Hotels und Restaurants in *Liège.* Jugendherberge in *Tilff*: Auberge de Jeunesse de Tilff »Vallée de l'Ourthe«, Rue Blandot 4, B-4130 Tilff, Tel. (0 41) 88 21 00. Campingplatz in *Tilff*: Camping Club de Sainval, Chemin du Halage, Tel. (0 41) 26 71 04.
Einkehr unterwegs: Eine Vielzahl von Möglichkeiten in *Liège.*
Auskunft: Office du Tourisme, Rue En Féronstrée 92, B-4000 Liège, Tel. (0 41) 21 92 21.
Wanderkarte: Topographische Karte des IGN 1:50 000, Blatt 42 Liège. Stadtpläne im Verkehrsamt erhältlich.

4 Von Hamoir nach Bomal

Ein Denkmal erklimmen

Tourencharakter: Längere Streckenwanderung; Wege zum Teil gut ausgebaut, zum Teil schmale Pfade.
Beste Jahreszeit: Das ganze Jahr über; außer bei Hochwasser der Ourthe.
Reine Gehzeit / Weglänge: 4 Std. / 12,5 km.
Orientierung / Markierungen: Einfach. / Rot-weiß.

Nicht gerade einfach hatten es die Ardennenflüsse, als sie sich ihren Weg durch die gebirgige Landschaft suchten. Zwar knabbern sie überall und stetig an ihren eigenen Ufern herum, aber wie häufig mußten sie nachgeben und den harten Felsen Vortritt gewähren!

Auf dieser Wanderung begegnen wir einigen steilen Felswänden an den Ufern der **Ourthe,** so dem Rocher de la Vierge und den Rochers de Sy, letztere eines der bekanntesten Naturdenkmäler Belgiens. Ihre abweisende Schroffheit können wir im Verlauf der Wanderung sowohl von unten als auch von ganz oben erleben.

So völlig abweisend sind diese Felsen nun doch nicht: Sie werden als Kletterfelsen von den belgischen Alpinisten hochgeschätzt, und vor allem die Felsen von Sy werden von den Mitgliedern des Club Alpin Belge gerne zum Training genutzt.

Nähere Auskünfte über die in den Ardennen bestehenden Klettermöglichkeiten verschiedener Schwierigkeitsgrade erteilt gerne der Club Alpin Belge (Adresse siehe Anhang, »Sport«).

Der Wegverlauf

Nachdem wir mit dem Zug von Bomal nach Hamoir gefahren sind, beginnen wir unsere Wanderung vor dem **Bahnhof von Hamoir**, indem wir nach rechts gehen. Nach wenigen Metern erreichen wir die Hauptstraße, die **Rue du Pont.** Hier gehen wir nach links an einigen Souvenirläden vorbei in Richtung auf die Ourthebrücke. Wir überqueren die Brücke und bleiben noch einige Meter auf der rechten Straßenseite, bis wir zur Straße nach *Lassus* kommen. Dieser asphaltierte Weg führt vor einem *Heldendenkmal* nach rechts. Kurz darauf verlassen wir diesen Weg, indem wir nach links oben der *rot-weißen Markierung* auf den **Sentier des Arbres** folgen. Nach etwa fünfminütigem Anstieg erreichen wir den **Belvédère du Guai,** einen Aussichtspunkt, von dem aus wir einen schönen Blick auf Hamoir und das Tal der Ourthe haben.

Parallel zum Ourthetal folgen wir der *rot-weißen Markierung,* die uns bald nach

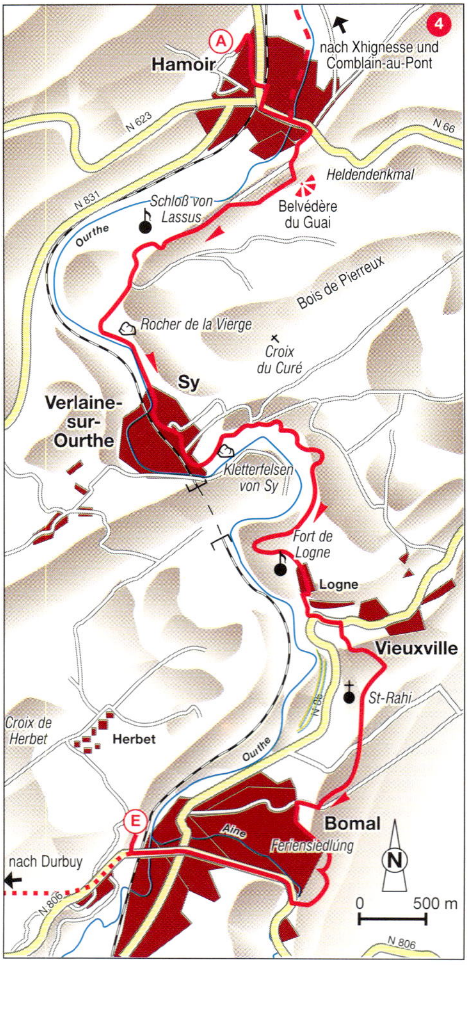

Der Kletterfelsen von Sy ist eine der zahlreichen Gelegenheiten in den Ardennen, diesem Hobby nachzugehen.

rechts in steilen Serpentinen zurück zur Straße nach Lassus führt. Auf diesem Weg nach links gehend kommen wir am **Château de Lassus** vorbei. Hinter einem Gehöft folgen wir der *rot-weißen Markierung* nach links. 500 Meter weiter verlassen wir den asphaltierten Weg, indem wir der Markierung durch ein Törchen auf eine Weide folgen. Nachdem wir die *Weide* überquert haben, gehen wir auf einem schönen, geheimnisvollen Weg zur Ourthe hinunter. Dann nach links flußaufwärts.

Immer an der Ourthe entlang kommen wir an einem ersten Kletterfelsen, dem **Rocher de la Vierge,** vorbei. Vor einer *Eisenbahnbrücke* verlassen wir den Uferweg und gehen einige Meter parallel zu den Gleisen nach **Sy.** Wir durchqueren den Ort, kommen an einer Stele für den Maler Richard Heinz (1871–1929) vorbei und erreichen schließlich die *Kapelle von Sy*. Von hier aus starten wir zu einem kleinen Abstecher.

Indem wir zur Ourthe hinuntergehen und ihr flußaufwärts folgen, kommen wir nach einigen Minuten zu den berühmten **Kletterfelsen von Sy**. Hier trainieren die Mitglieder des Club Alpin Belge.

Nach dem Abstecher folgen wir von der Kapelle aus der rot-weißen Markierung bergauf in den Wald hinein. An diesem Weg liegen einige schöne Aussichtspunkte. Bald mündet unser Weg auf eine asphaltierte Straße, die wir aber schon nach etwa 50 Metern nach halb rechts verlassen, indem wir der rot-weißen Markierung auf einen Pfad in den Wald folgen. Die Markierung geleitet uns durch den Wald, bis wir etwa eine halbe Stunde später wieder auf eine asphaltierte Straße gelangen. Wir gehen nach links, dann durch den Ort **Logne,** überqueren das Flüßchen Limbrée und gehen gleich hinter der Brücke nach links bergauf. Wir kommen am Eingang zum **Château Fort de Logne** vorbei, dem Zufluchtsort von Wilhelm von der Marck,

Wie gemacht für ein romantisches Picknick im Grünen ist das Ufer der quirligen Ourthe.

dem »Keiler der Ardennen«. Die Ruinen können bei einer Führung besichtigt werden.

Die Straße mündet auf die **N 86,** auf der wir etwa 100 Meter nach links gehen, bis uns die rot-weiße Markierung auf der rechten Straßenseite bergauf wieder in den Wald leitet. Auf der Bergkuppe angelangt, führt der Weg an Wiesen und Weiden vorbei. An der ersten Wegkreuzung folgen wir der Markierung nach rechts. Auf diesem Weg erreichen wir bald die **Chapelle St-Rahi,** hinter der die Fundamente eines alten Bauwerks freigelegt sind. An der nächsten Wegkreuzung gehen wir geradeaus und erreichen eine Straße, auf der wir uns rechts halten. Bald biegen wir nach links auf einen asphaltierten Weg ab, der uns in eine Feriensiedlung hineinführt. Der rot-weißen Markierung folgend passieren wir eine Wegkreuzung mit zwei schönen, alten Linden. Hier gehen wir geradeaus. Etwas später verlassen wir den großen Weg und folgen der Markierung nach links auf einen bergab führenden Pfad. Unten angelangt, wenden wir uns auf dem breiten Weg nach rechts und erreichen die N 806, der wir nach rechts über die *Aine* nach **Bomal** folgen.

Nützliche Informationen

Ausgangsort und Zufahrt: *Bomal* (150 m) liegt an der N 86 (163 km von Köln, 370 km von Frankfurt/M). Zufahrt mit Pkw: von Köln: A 4, A 44 bis Grenze, A 3 / E 40, E 25 über Liège bis Ausfahrt 48 Werbomont, N 66, N 86 nach Bomal. Von Frankfurt: A 66, A 3, A 48 über Koblenz, A 61 bis Kreuz Kerpen, A 4, A 44 bis zur Grenze. Zufahrt mit öffentlichen Verkehrsmitteln: Zugverbindung von Köln über Liège.
Ausgangspunkt: Bahnhof von Bomal (Parkplätze vorhanden).
Gehzeiten: Insgesamt 4 Std.; Zugfahrt Bomal – Hamoir: 10 Min.; Hamoir – Sy: 1 Std. 20 Min.; Sy – Logne: 50 Min.; Logne – N 806: 1 Std. 10 Min.; N 806 – Bomal: 30 Min.
Unterkunft und Verpflegung: Eine Reihe von Hotels und Restaurants in *Bomal, Hamoir, Sy* und *Logne*. Campingplätze in Hamoir: Dessous Hamoir, Rue du Moulin, Tel. (0 86) 38 89 25; Euromiel, Rue de la Station 15, Tel. (0 86) 40 01 53.
Einkehr unterwegs: In *Hamoir, Sy, Logne* und *Bomal*.
Auskunft: Centre d'Animation »Le Saisin«, B-5490 Bomal-sur-Ourthe, Tel. (0 86) 21 24 84.
Öffnungszeiten: Château Fort de Logne:

Mai bis Oktober täglich 13.00 bis 14.15 und 15.30 bis 16.45 Uhr.

Sehenswürdigkeiten in der Umgebung:
• *Xhignesse:* Etwa 2 km nördlich von Hamoir liegt der Ort Xhignesse, dessen Pfarrkirche *St-Pierre* ein bedeutendes Beispiel romanischer Kirchenbaukunst ist. Sie wurde Ende des 11. Jahrhunderts erbaut und zeigt trotz einiger gotischer Aspekte noch viel von ihrer Ursprünglichkeit. • *Harzé:* Etwa 12 km östlich von Hamoir kann im Ort das *Schloß* im maasländischen Renaissancestil besichtigt werden. Außerdem befindet sich in Harzé ein Müllereimuseum.

Zusätzliche Tourenvorschläge: 1. Von der Brücke in Hamoir der rot-weißen Markierung nach links in Richtung *Xhignesse* (2 km) und *Comblain-au-Pont* (14 km) folgen. **2.** Vor dem Bahnhof von Bomal auf der N 806 bleiben und der rot-weißen Markierung in Richtung *Durbuy* (7 km; siehe auch *Wanderung 5*) folgen.

Wanderkarte: Topographische Karte des IGN 1:50 000, Blatt 49 Spa.

5 Stadt der Blumen: Durbuy

Ein kleiner Spaziergang durch eine kleine Stadt

Tourencharakter: Leichte Stadtwanderung; Wege gut ausgebaut.
Beste Jahreszeit: Das ganze Jahr über.
Reine Gehzeit / Weglänge: Wegverlauf bleibt dem Wanderer überlassen.
Orientierung / Markierungen: Einfach. / Straßenschilder.

Die kleinste Stadt der Welt soll sie sein, diese pittoreske Stadt der Blumen an der Ourthe. Zum ersten Mal im 11. Jahrhundert erwähnt, erhielt die Siedlung 1331 von Johann von Böhmen (Johann der Blinde), dem Großherrn von Durbuy, das Stadtrecht. Damals hatte sie eine Festungsmauer von 550 Metern Umfang mit einer Zugbrücke an der Stelle, an der auch heute eine Brücke über die Ourthe führt. Der Fluß verlief jedoch ein wenig anders als heute: die Brücke, die nun den Parkplatz am Place aux Foires begrenzt, überspannte einst einen Flußmäander, der das kleine Gemeinwesen umgab und im Jahre 1725 zugeschüttet wurde.

Die Stadtbefestigung ließ Ludwig XIV. zwar im 17. Jahrhundert zerstören, doch kann man vom Aussichtsturm hoch über der Stadt deren Verlauf um den Stadtkern herum durch die Anordnung der Häuser heute noch erahnen.

Eine Festung bestand an der Stelle, wo heute das Schloß steht, wahrscheinlich schon im 9. Jahrhundert. Sicher ist, daß hier 1078 eine Burg von Henry de Namur errichtet wurde. Nach ihrem Abriß durch Truppen Ludwigs XIV. ließ Konrad Albert d'Ursel am gleichen Platz 1726 ein **Lustschloß** erbauen, das noch heute im Eigentum seiner Familie ist. Von großem geologischen Interesse ist der Fels, auf dem das Schloß thront: Es handelt sich um eine Sattelfalte im Gestein, die im Bereich *vor* der ehemaligen Ourthebrücke in ihrem Querschnitt aufgeschlossen ist.

Man könnte glauben, in **Durbuy** sei die Zeit ein wenig stehengeblieben, wenn nicht gerade aus diesem Grund aus dem historisch komplett erhaltenen Örtchen eine Touristenattraktion mit all ihren unschönen Begleiterscheinungen geworden wäre. Für viele Belgier ist Durbuy ein beliebtes Ausflugsziel, und die Geschäftsleute haben sich natürlich darauf eingestellt. Am Wochenende ist der Autoverkehr strengen Reglementierungen unterworfen, die Stadt wird zur überfüllten Fußgängerzone. Eine angenehme Zeit für einen Spaziergang durch den Ort ist daher der frühe Vormittag eines Wochentages, wenn sich die Stadt langsam zu regen beginnt und die Gäßchen noch verlassen daliegen.

Der Wegverlauf

Ob Durbuy die kleinste Stadt der Welt ist, können wir nicht nachprüfen. Sicher ist aber, daß es sich um einen sehr kleinen Ort handelt, und es erscheint wenig sinnvoll, eine Route für diesen Stadtspaziergang vorzugeben. Entdecken Sie die Schönheiten auf eigene Faust, und lassen Sie die hübschen Details auf sich wirken. Folgende **Sehenswürdigkeiten** sollten Sie auf Ihrem Rundgang aber keinesfalls verpassen:

Halle aux Blés (Getreidehalle), Rue Comte d'Ursel Nr. 83. Dieses Gebäude, in dem heute die Touristeninformation untergebracht ist, hat seinen Namen aus der Zeit, als man hier die Getreideabgaben unterbrachte. Es ist ein Fachwerkgebäude des 16. Jahrhunderts, an dem besonders die originellen Schnitzfiguren unter den Dachbalken auffallen.

Konvent der Rekollekten. Die Rekollektenbrüder, Ordensleute, die vom Messenlesen und den Spenden großzügiger Bürger lebten, ließen sich im 17. Jahrhundert in Durbuy nieder. Sie fanden Unterkunft im

Auch für die kleinste Stadt der Welt sollte man sich etwas Zeit nehmen, um in Ruhe die verwinkelten Sträßchen mit ihren freundlichen hellgrauen Steinhäusern zu erkunden.

Il était une

Anwesen von Laurent le Jeune, Großherr von Durbuy. Sie pflegten Kranke und unterrichteten die Kinder der Bürgerfamilien. Vom ehemaligen Konvent sind nicht mehr alle Gebäude erhalten, und auch die Konventkirche ist zerstört.

Pfarrkirche von Durbuy. 1642 wurde diese Kirche geweiht, doch können wir hier Kostbarkeiten aus noch älteren Zeiten bewundern, so zum Beispiel ein Taufbecken von 1588.

Schloß von Durbuy. Das Schloß aus dem 17. Jahrhundert ist seit Mitte des 18. Jahrhunderts im Privatbesitz der Familie d'Ursel und beherbergt biologische und archäologische Sammlungen. Das Innere des 1880 bis 1882 von Viollet-Le Duc restaurierten Schlosses kann allerdings nur im Rahmen einer Führung besichtigt werden.

Belvédère des Crêtes. Vom Parkplatz (Place aux Foires) nehmen wir den Weg, an dem das Belvédère ausgewiesen ist. Er führt

Noch bis in das 18. Jahrhundert hinein wurde Durbuy von einem Ourthe-Mäander umflossen.

uns nach oben durch einen Wald. Über steile Stufen erreichen wir einen kleinen Aussichtspavillon, doch wir klettern die Serpentinen immer weiter nach oben, bis wir auf eine asphaltierte Straße kommen. Wir gehen nach rechts und sehen schon den Aussichtsturm, von dem aus man einen sehr schönen Blick über die Stadt und die Landschaft, in der sie eingebettet ist, hat (Dauer des Aufstiegs ca. 10 Minuten; Eintritt für den Turm 20 bfrs).

Nützliche Informationen

Ausgangsort und Zufahrt: *Durbuy* (153 m) liegt an der N 833 (171 km von Köln, 378 km von Frankfurt/M). Zufahrt mit Pkw: von Köln: A 4, A 44 bis Grenze, A 3 / E 40, E 25 über Liège bis Ausfahrt 48 Werbomont, N 66, N 86 nach Barvaux, N 929 nach Durbuy. Von Frankfurt: A 66, A 3, A 48 über Koblenz, A 61 bis Kreuz Kerpen, A 4, A 44 bis zur Grenze. Zufahrt mit öffentlichen Verkehrsmitteln: Zug- und Busverbindung von Köln über Liège-Guillemins und Barvaux.
Ausgangspunkt: Place aux Foires (Parkplätze vorhanden).
Gehzeiten: Wegverlauf bleibt dem Wanderer überlassen.
Unterkunft und Verpflegung: Eine Reihe von Hotels und Restaurants in *Durbuy*. Campingplätze in *Durbuy*: La Chenaie, Rue du Gibet, Tel. (0 86) 21 28 49; Camping des Rochers du Glawan, Rue des Glawans 5, Tel. (0 86) 21 29 81.
Einkehr unterwegs: Eine Vielzahl von Möglichkeiten in *Durbuy*.
Auskunft: Royal Syndicat d'Initiative Durbuy, Halle aux Blés, B-6940 Durbuy, Tel. (0 86) 21 24 28.
Öffnungszeiten: Ostern bis November täglich 9.30 bis 12.00 und 14.00 bis 18.00 Uhr.
Sehenswürdigkeiten in der Umgebung:
• *Tohogne:* Etwa 4 km nordöstlich von Durbuy liegt das Dorf Tohogne, dessen Kirche **St-Martin** wegen der barocken Wandfresken einen Besuch lohnt. Sie wurden erst kürzlich entdeckt und gehen zum Teil auf das frühe 16. Jahrhundert zurück. Nur in wenigen Gotteshäusern des Maaslandes läßt sich Ähnliches finden.
Zusätzliche Tourenvorschläge: Vom Belvédère aus auf dem asphaltierten Weg der rot-weißen Markierung nach links in Richtung Barvaux (4 km) und Wéris (10 km; siehe auch *Wanderung 6*) folgen.
Wanderkarte: Topographische Karte des IGN 1:50 000, Blatt 55 Durbuy. Stadtpläne im Verkehrsamt erhältlich.

6 Hünengräber und Hinkelsteine

Rund um Wéris

Tourencharakter: Leichte Rundwanderung. Wanderwege gut ausgebaut.
Beste Jahreszeit: Das ganze Jahr über.
Reine Gehzeit / Weglänge: 3 Std. / 9 km.
Orientierung / Markierungen: Einfach. / Rot-weiß.

In dieser lieblichen Landschaft am äußersten Rand der **Famenne** haben wir die Möglichkeit, auf den Spuren der Vorfahren aus sehr fernen Tagen zu wandern. In dem Gebiet um Wéris wurden Ende des 19. Jahrhunderts etliche Gräber aus der letzten neolithisch-kupferzeitlichen Kultur dieser Region entdeckt (2400 bis 1600 v. Chr.). Nach ihrer geographischen Ausbreitung wurde sie Seine-Oise-Marne-Kultur genannt.

Bei den Funden handelt es sich um sogenannte **Galeriegräber,** die man sich als gekammerte Gänge unter länglich geformten Grabhügeln vorstellen kann. In diesen Megalithgräbern wurden menschliche Knochenreste und Grabbeigaben aus der Jungsteinzeit gefunden. Aber auch Lebensspuren aus römischer Zeit wurden entdeckt, was die Annahme, daß diese Gräber auch zu Anfang unserer Zeitrechnung als Kultstätten genutzt wurden, berechtigt scheinen läßt.

Ein sehr schönes Beispiel für den hiesigen Typ der Megalithgräber ist der **Dolmen d'Oppagne,** auf den wir während unserer Wanderung stoßen: Er wurde 1888 entdeckt und auf fast acht Metern Länge rekonstruiert. Fünf senkrechte Blöcke tragen drei Deckplatten, die bis zu 50 Zentimeter dick sind.

Die riesigen Steinblöcke und -platten aus rötlichem Konglomerat, die für die Beisetzung der Toten herangeschafft wurden, stammen aus der Gegend von Deux-Rys, einem Ort in sechs Kilometer Entfernung!

Doch wir treffen in dieser Gegend nicht nur auf steinerne Grabkonstruktionen, sondern sehen hier und da große, unbehauene Einzelblöcke, sogenannte Menhire. Sie stehen wahrscheinlich mit dem Totenkult der Menschen in der Jungsteinzeit in Zusammenhang.

Wer sich umfassend über die hiesigen prähistorischen Funde informieren will,

Auf dem Marsch von Megalith zu Megalith bietet sich dem Wanderer dieser freie Blick auf die Landschaft rund um Wéris.

kann dies im **Ausstellungszentrum** auf dem Marktplatz in **Wéris** tun. Hier findet man außerdem Interessantes über die mittelalterliche Stätte Mont-Saint-Rahy und man kann die Keramiksammlung von Morville-Wéris aus der Zeit der Renaissance bestaunen.

Der Wegverlauf

Wir beginnen unsere Wanderung vor dem **Dolmen von Wéris.** Auf einem betonierten Weg folgen wir der rot-weißen Markierung nach Südwesten über Felder immer geradeaus, bis wir die *N 841* erreichen. Wenn wir hier etwa 150 Meter nach links gehen, gelangen wir zu einem **Menhir**.

Nach diesem kleinen Abstecher gehen wir zu unserem Weg zurück, überqueren die N 841 und gehen weiter in Richtung Südwest. Nach einem Linksbogen und einer weiteren Wegkreuzung, an der wir geradeaus gehen, erkennen wir links den **Dolmen d'Oppagne**. Er ist von schönen, alten Eichen und Ginster umgeben.

Unser Weg führt danach leicht bergauf. Bald trifft von links ein anderer Weg auf den unseren. Wir gehen *geradeaus*. An der kurz darauf folgenden Weggabelung wenden wir uns nach *rechts*, bis wir auf eine asphaltierte

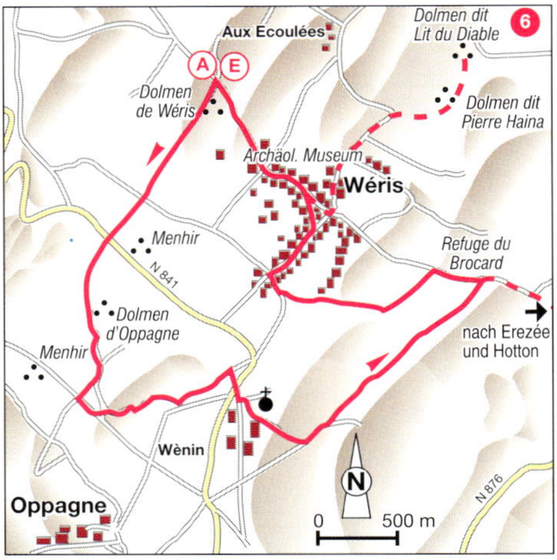

Straße treffen. Hier erblicken wir rechts einen weiteren **Menhir**.

Wir gehen jedoch nach *links* auf der asphaltierten Straße, um nach ein paar Metern links auf einen Feldweg abzubiegen. An der nächsten Wegkreuzung wandern wir *geradeaus* in den Wald hinein. Auf der rechten Seite haben wir bald den Ausblick auf ein kleines flaches Tal und einige Gehöfte, die zu *Oppagne* gehören. Wenn wir die nächste Straße erreichen, gehen wir nach links und folgen der *rot-weißen Markierung* auf einem asphaltierten Weg, der bald zu einem Feldweg wird. Nach kurzer Zeit leitet uns die Markierung nach rechts, und wir überqueren erneut die **N 841.** Ein paar Meter weiter folgen wir der rot-weißen Markierung nach *links* in Richtung auf eine kleine Kapelle, vor der wir nach rechts auf einen leicht ansteigenden Weg gehen, bis wir an einem etwas breiteren Schotterweg der rot-weißen Markierung nach *links* in den Wald hinein folgen. An der nächsten Weggabelung folgen wir der Markierung nach *halb links.* Knapp eine halbe Stunde später, in der wir immer geradeaus gegangen sind, erreichen wir das kleine **Refuge du Brocard.**

Hier folgen wir der rot-weißen Markierung auf einem asphaltierten Weg, der *links*

Die Steinblöcke des Dolmen von Wéris, einer Grabstätte der Seine-Oise-Marne-Kultur, wurden aus sechs Kilometern Entfernung herantransportiert.

bergab führt. An der nächsten Wegkreuzung beachten wir die Markierung wiederum nach links. Bald leitet sie uns nach rechts bergab in Richtung auf das Dorf **Wéris,** wo wir auf eine asphaltierte Straße treffen, auf die wir nun rechts abbiegen. An der kleinen Kapelle gehen wir auf der Hauptstraße nach rechts in Richtung Morville und Heyd, wobei wir uns zunächst an der **Kirche von Wéris** (11. Jahrhundert) orientieren können. Hier, auf dem Platz neben der Kirche, befindet sich auch das kleine archäologische Museum von Wéris. Anschließend folgen wir den Verkehrhinweisschildern Richtung **Barvaux** zu unserem Ausgangspunkt zurück.

Nützliche Informationen

Ausgangsort und Zufahrt: *Wéris* (280 m) liegt an der N 841 (173 km von Köln, 380 km von Frankfurt/M). Zufahrt mit Pkw: von Köln: A 4, A 44 bis Grenze, A 3 / E 40, E 25 über Liège bis Ausfahrt 48 Werbomont, N 66, N 86 nach Barvaux, N 841 nach Wéris. Von Frankfurt: A 66, A 3, A 48 über Koblenz, A 61 bis Kreuz Kerpen, A 4, A 44 bis zur Grenze. Zufahrt mit öffentlichen Verkehrsmitteln: Zug- und Busverbindung von Köln über Liège – Guillemins und Barvaux.
Ausgangspunkt: Dolmen de Wéris, etwa 1 km nordwestlich des Ortskerns von Wéris (Parkplätze vorhanden).
Gehzeiten: Insgesamt 3 Std.; Dolmen de Wéris – Oppagne: 1 Std.; Oppagne – Refuge du Brocard: 1 Std.; Refuge du Brocard – Dolmen de Wéris: 1 Std.
Unterkunft und Verpflegung: Eine Reihe von Hotels und Restaurants in *Wéris* und vor allem in *Barvaux.* Campingplätze in *Barvaux*: Aux Frênes, Rue Basse Commène, Tel. (0 86) 21 22 90; Les Rives de l'Ourthe, Rue Basse Cour 25, Tel. (0 86) 21 17 30; Camping des Hazalles, Chainrue 77A, Tel. (0 86) 21 16 42; Pré des Moutons, Rue Haute Commène, Tel. (0 86) 21 24 66; Entre-2-Rys, Rue de Bomal 15, Tel. (0 86) 21 19 73; Campingplatz in *Erezée*: Thier de Hazeilles, Rue Erpigny, Tel. (0 86) 47 71 46.
Einkehr unterwegs: Nur in *Wéris.*
Auskunft: Centre d'Exposition et de Recherche Ourthe-Lembrée, Place du Marché, B-6940 Wéris, Tel. (0 86) 21 33 14.
Öffnungszeiten: Museum von Wéris: täglich 10.00 Uhr bis 17.30 Uhr; Tel. (0 86) 21 33 14.
Sehenswürdigkeiten in der Umgebung:
• *Erezée:* Etwa 6 km südlich von Wéris liegt Erezée. Sehenswert sind hier vor allem das *Museum des Landlebens* (Grange musée »La Vile Grègne«) und die *Brauerei Fantôme*, bei deren Besichtigung Bier verköstigt und ein Käsebrot gereicht wird.
Zusätzliche Tourenvorschläge: 1. Am Refuge du Brocard der rot-weißen Markierung nach rechts in Richtung *Erezée* (6 km) und *Hotton* (19 km) folgen. **2.** An der Kirche von Wéris der rot-weißen Markierung in Richtung auf zwei weitere Dolmen (*Dolmen dit Pierre Haina, Dolmen dit Lit du Diable*) über 2 km folgen.
Wanderkarte: Topographische Karte des IGN 1:50 000, Blatt 55 Durbuy.

7 Am Ninglingspo entlang

Durch eines der wildesten Täler der Ardennen

Tourencharakter: Mittelschwere Rundwanderung. Wege zum Teil gut ausgebaut, zum Teil schmale Pfade.
Beste Jahreszeit: Frühling bis Herbst.
Reine Gehzeit / Weglänge: 2 1/2 Std. / 7 km.
Orientierung / Markierung: Einfach. / Entweder am Bach entlang oder Markierungen rot-weiß, blau, gelbes Dreieck.

Der **Ninglingspo** ist ein Zufluß der Amblève. Von seinem Ursprung, dem Zusammenfluß zweier kleiner Bäche, des Ry du Hornay und des Ry des Blanches Pierres, windet er sich auf etwa 3 km durch ein teilweise enges Tal bis zur Mündung in die Amblève.

Am Ninglingspo kann man anhand einiger kleiner und mittlerer Wasserfälle deren

Der dichte Laubwald im engen Tal des Ninglingspo schafft eine idyllische Atmosphäre.

Wirkungsweise und Morphologie studieren. Wasserfälle entstehen durch das Fließen eines Wasserlaufes über verschieden harten Untergrund. Erreicht ein Bach weichen Untergrund, in den er sich relativ leicht »eingraben« kann, so kommt es zu einer Versteilung des Gefälles. Hierdurch entstehen Stromschnellen oder Wasserfälle. Durch die turbulente Strömung am Fuße eines Wasserfalles entstehen topfförmige Aushöhlungen, sogenannte Auskolkungen.

Derartige Kolke sind an einigen Stellen der nun folgenden Wanderung entlang des Ninglingspo zu beobachten.

Der Wegverlauf

Wir verlassen unseren Ausgangspunkt, die *N 697*, indem wir nach *rechts* in eine kleine asphaltierte Straße einbiegen, der wir etwa 400 Meter folgen, bevor wir wiederum nach *rechts* auf einen Feldweg abbiegen. Nach wenigen Minuten erreichen wir eine *Weggabelung*. Wir folgen dem Weg, der nach *links* in den Wald hineinführt. Wir gehen an der Schranke vorbei und erkennen bald **zwei Wegmarkierungen:** rot-weiße Balken sowie ein gelbes Dreieck. Nach rund 400 Metern kommen wir zu einer *Weggabelung*. Wir folgen den Markierungen nach *rechts*, um diesen neuen Weg nach wenigen Metern – wiederum nach den Markierungen – an einer weiteren *Gabelung* nach *links* zu verlassen. Nach etwa 10 Minuten durch einen Laubwald verlassen wir diesen und folgen den Markierungen nach rechts auf einen *abwärts führenden Pfad*. Dieser ist teilweise recht schmal und bei feuchter Witterung unter Umständen glitschig.

Fünf Minuten später kommen wir am *Zusammenfluß zweier Bäche* im Tal an. Wir haben den **Ninglingspo** erreicht! Wir folgen ihm bachaufwärts nach links. Von nun an fällt die Orientierung sehr leicht, da wir in der nächsten Stunde immer am Bach entlanggehen.

Hierzu stehen uns entweder ein gut ausgebauter Wanderweg etwas oberhalb des Baches zur Verfügung oder einige wesentlich interessantere Wege direkt am Ninglingspo. Diese Wege erfordern Trittsicherheit, zumal der Bach einige Male auf zum Teil sehr wackligen *Brücken* überquert werden muß. Manchmal ist es angeraten, die

Brücken links liegen zu lassen und den Bach – von Stein zu Stein springend – zu überqueren.

Nach etwa 10 Minuten entlang dem Ninglingspo erreichen wir **La Chaudière,** einen der größten Wasserfälle auf unserer Wanderung. Besonders bei hohem Wasserstand ist dieser Wasserfall eindrucksvoll.

Wir gehen weiter am Ninglingspo entlang und erblicken nach etwa 45 Minuten seinen Ursprung: den Zusammenfluß zweier kleiner Bäche, des *Ry du Hornay* und des *Ry des Blanches Pierres.* Wir überqueren die kleine Brücke und folgen dem Ry des Blanches Pierres entlang der **rot-weißen Markierung.** Nach wenigen Minuten sind wir an einem **Bergrücken.** Von hier aus können wir beide Bäche sehen. Wir folgen der rot-weißen Markierung oberhalb des – in Gehrichtung gesehen – linken Bachlaufes. Wir erreichen eine Kreuzung, gehen jedoch geradeaus. Nach wenigen Minuten kreuzen wir die **Porallée,** die ehemalige Grenze zwischen der Abtei Stavelot und dem Erzbistum Liège. Dieser Weg ist blau markiert, jedoch schlecht ausgebaut. Bei feuchter Witterung sollten wir hier nicht nach links abbiegen, sondern den 200 Meter entfernten asphaltierten Parallelweg benutzen. Auf der Porallée gehen wir etwa 2,3 km (auf dem Parallelweg rund 2,5 km) geradeaus. Dann erreichen wir wieder den *rot-weiß markierten* Weg, dem wir abwärts nach links folgen. Wir können uns nun der rot-weißen Markierung anvertrauen, die uns – teilweise enge Pfade benutzend – wieder zu dem etwas breiteren Waldweg mit der Schranke leitet, die wir bereits vom Anfang unserer Wanderung her kennen. Von hier aus gehen wir zum Ausgangspunkt zurück.

Nützliche Informationen

Ausgangsort und Zufahrt: *Sougné-Remouchamps* (153 m) liegt an der A 26 / E 25 (117 km von Köln, 324 km von Frankfurt/M). Zufahrt mit Pkw: von Köln: A 4, A 44 bis zur Grenze, A 3 / E 40, A 27 / E 421 bis Ausfahrt 8 Spa, N 629 Spa, N 62, N 697 zum Ausgangspunkt. Von Frankfurt: A 3, A 48 und A 61 bis zur A 4.

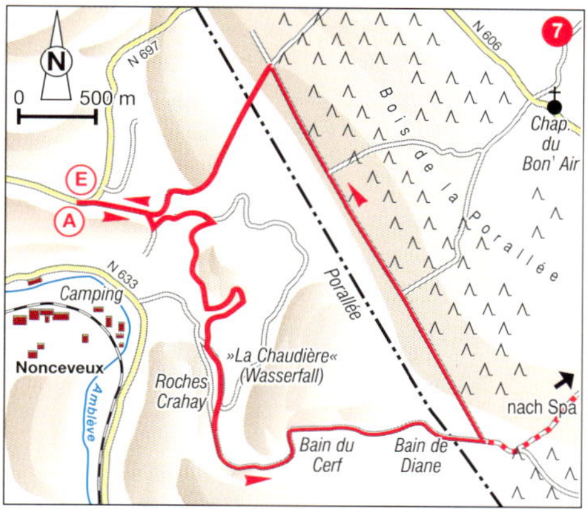

Zufahrt mit öffentlichen Verkehrsmitteln: Zug- und Busverbindung von Köln über Liège-Guillemins und Aywaille.

Ausgangspunkt: Im Bereich einer scharfen Kurve der N 697 von Sougné-Remouchamps nach La Reid/Spa; etwa 3 km von der Autobahnbrücke in Sougné-Remouchamps entfernt (Parkplätze vorhanden).

Gehzeiten: Insgesamt 2 $^1/_2$ Std.; Ausgangspunkt – Zusammenfluß von Ry du Hornay und Ry des Blanches Pierres: 1 Std. 20 Min. Zusammenfluß der Bäche – Ausgangspunkt: 1 Std. 10 Min.

Unterkunft und Verpflegung: Eine Reihe von Hotels und Restaurants in *Nonceveux, La Reid* und vor allem in *Sougné-Remouchamps.* Campingplätze in *Sougné-Remouchamps:* Le Val Fleuri, Rue du Fond 18, Tel. (0 41) 84 49 88; Les Roseaux, Rue du Chemin de Fer 12, Tel. (0 41) 84 55 75; Eden Camping, Rue de Trois Ponts 92, Tel. (0 41) 84 41 65; Plein Soleil, Rue du Fond 4, Tel. (0 41) 84 66 92, Idéal Camping, Rue du Parc 4, Tel. (0 41) 84 44 19; Les Gardenias, Rue du Fond, Tel. (0 41) 84 62 02; Beau-Site, Rue du Fond 2, Tel. (0 41) 84 55 84; Camping de Sedoz, Rue de Sedoz 46, Tel. (0 41) 63 71 15; Au Moulin du Diable, Rue Quarreux 2, Tel. (0 41) 84 44 53, Camping des Rocs, Rue Quarreux 6, Tel. (0 41) 84 42 05.

Einkehr unterwegs: Keine.

Auskunft: Syndicat d'Initiative, 9 rue de la Reffe, B-4068 Sougné-Remouchamps, Tel. (0 41) 84 46 82.

Sehenswürdigkeiten in der Umgebung:

- *Sougné-Remouchamps:* Die größte Touristenattraktion der Gegend sind die **Tropfsteinhöhlen** von Remouchamps. Die (Wieder-) Entdeckung dieses Höhlensystems, in dem unsere steinzeitlichen Ahnen Schutz fanden, begann 1829. Die prachtvollen, beleuchteten Höhlen werden heute den Besuchern in einer zwei Stunden dauernden Führung nahegebracht, wobei diese natürlich nur einen Teil des mittlerweile von Speläologen ausgiebig erkundeten Grottensystems umfaßt. Eine außerordentliche Attraktion ist die längste unterirdische Bootsfahrt der Welt, die die Besucher wieder in die nüchterne oberirdische Welt zurückbringt. Die Grotten können während des ganzen Jahres besucht werden (im Dezember und Januar sind sie nur an Wochenenden und Feiertagen geöffnet). Eintritt: Erwachsene: 285 bfrs, Kinder: 195 bfrs (Stand: 1995).

- *Aywaille-Dieupart:* Etwa 4 km westlich von Sougné-Remouchamps liegt Aywaille-Dieupart. Sehenswert ist hier vor allem die frühgotische Dekanatskirche Notre-Dame.

Zusätzliche Tourenvorschläge: 1. Statt der Porallée zu folgen, geradeaus der rot-weißen Markierung in Richtung *Spa* (14 km) folgen (siehe auch *Wanderung 8*).

Wanderkarte: Topographische Karte des IGN 1:50 000, Blatt 49 Spa.

Von der Porallée, der ehemaligen Grenze zwischen der Abtei Stavelot und dem Erzbistum Liège, gibt es einige Querverbindungen zum beschriebenen Parallelweg.

8 Spa, die Perle der Ardennen

Schwefelwasser und Jetons

Tourencharakter: Leichte Stadt- und Waldrundwanderung; Wege gut ausgebaut.
Beste Jahreszeit: Das ganze Jahr über.
Reine Gehzeit / Weglänge: 4 Std. / 11 km.
Orientierung / Markierungen: Einfach. / Straßenschilder, rot-weiß, Nr.7

Die Stadt des Wassers, die Perle der Ardennen, das Café Europas oder gar *Aquae Sepadonae* – viele Titel für ein Städtchen, dessen Name im englischen Sprachgebrauch sogar zum Synonym für »Kurort« geworden ist.

Zwar ist die große Zeit dieses Kurorts vor etlichen Jahrzehnten zu Ende gegangen, aber das Wasser seiner Quellen wird noch heute in alle Welt exportiert.

Dem Wanderer, der nach **Spa** kommt, präsentiert sich eine kleine Stadt, in der der Atem der vergangenen prachtvollen Tage zu spüren ist. Die Geschichte Spas beginnt in der Zeit römischer Herrschaft; die Heilwirkung der **Mineralquellen** linderte bereits die Wehwehchen der römischen Besatzer.

Die wirklich große Zeit dieses Kurorts begann jedoch erst Anfang des 18. Jahrhunderts, insbesondere nach 1717, denn in diesem Jahr konnte sich hier Zar Peter der Große durch die Heilwässer von seinen chronischen Magenbeschwerden befreien. Dies war Anlaß für die »bessere Gesellschaft«, sich nach Spa zu begeben, sicher nicht nur, um das oft übelriechende eisen- oder schwefelhaltige Wasser der an die 300 Quellen zu verköstigen. Vielmehr entwickelte sich allmählich ein mondänes Reiseziel für die Hautevolee, das nun etwas für die Unterhaltung der anspruchsvollen Gäste bieten mußte. So wurde 1762 von dem gewitzten Lütticher Fürstbischof das erste Spielkasino der Welt in Auftrag gegeben, in dem die wohlhabenden Genesenden ihr Vergnügen fanden und ihr Geld verloren.

Die Bedeutung des Kurorts nahm auch im 19. Jahrhundert weiter zu, was die erhaltenen Prachtbauten belegen. Spa war zu einem Treffpunkt der mondänen Gesellschaft geworden, das Kuren in den kunstvoll gestalteten Bädern und Thermen war zu einem Vorwand für so manchen Stutzer geworden, sich im Publikum nach den Debütantinnen umzusehen, als der Erste Weltkrieg dem frohen Treiben ein jähes Ende setzte.

Seither hat sich Spa verändert. Die wunderschönen Gebäude, noch immer gut erhalten, restauriert oder in der Restaurierung begriffen, sind nunmehr Staffage für einen Kurzzeittourismus der modernen Sorte. Die Kleinbahn, die für die Stadtrundfahrt durch die Straßen tuckert, erweckt im Betrachter den Eindruck, sich in einer Art Disneyland aufzuhalten. Und doch ist es möglich – läßt man alle unschönen Folgen des heutigen Tourismus außer Betracht –, sich bei einem Spaziergang in die großen Zeiten dieser Stadt zurückzuversetzen. Hierzu scheint ein Sommer-Sonnentag am besten geeignet. Aber auch ein warmer Regentag ist von großem Reiz: die Straßen sind leer, die Bänke der Grünanlagen weisen den Spaziergänger ab, dicke Tropfen platschen von den Dächern der Arkaden, eine schaurig-schöne Melancholie nimmt den Betrachter gefangen und führt ihn zurück in die Zeiten von Gehrock und Krinoline.

Unsere Wanderung wird uns sowohl den Stadtkern mit seinen eindruckvollsten Gebäuden als auch den wunderschönen Buchenwald von Spa mit seinen weltberühmten Quellen näherbringen. Wir beginnen mit dem **Stadtrundgang.**

Der Wegverlauf

Vom Ausgangspunkt **Verkehrsamt** aus gehen wir in Richtung *Rue Fourneau* unter dem Dach einer Wandelhalle hindurch, die an den **Parc à sept heures** angrenzt und uns von dem Informationsbüro bis zu einem kleinen Backsteingebäude Schutz gewährt. In diesem Gebäude befindet sich die *Ami-*

cale Spadoise La Pétanque, also der Freundeskreis der Pétanquespieler von Spa, und wenn wir Glück haben, sehen wir sie in diesem kleinen Rondell spielen. In der bisherigen Gehrichtung liegt hinter der Pétanquehalle ein großer Springbrunnen, an dem wir rechts vorbeigehen. So kommen wir an einem kleinen *Denkmal* für die Begründer der Spazierwege von Spa vorbei, gehen dann weiter um den Springbrunnen herum und folgen dem Durchgang nach rechts zur *Rue Hanster.* Auf dieser Straße wenden wir uns nach links und erreichen kurz darauf die **Rue de la Reine Astrid.**

Auf dieser großen Straße gehen wir etwa 100 Meter nach rechts bis zum Haus mit der Nummer 77 b. In dieser Villa (ca. 1880), die einst im Besitz der belgischen Königin Marie-Henriette war, befinden sich heute zwei Museen: das **Pferdemuseum** und das **Stadtmuseum**. In letzterem sind vor allem die **Jolites de Spa**, die Holzeinlegearbeiten, für die Spa berühmt ist, sehenswert.

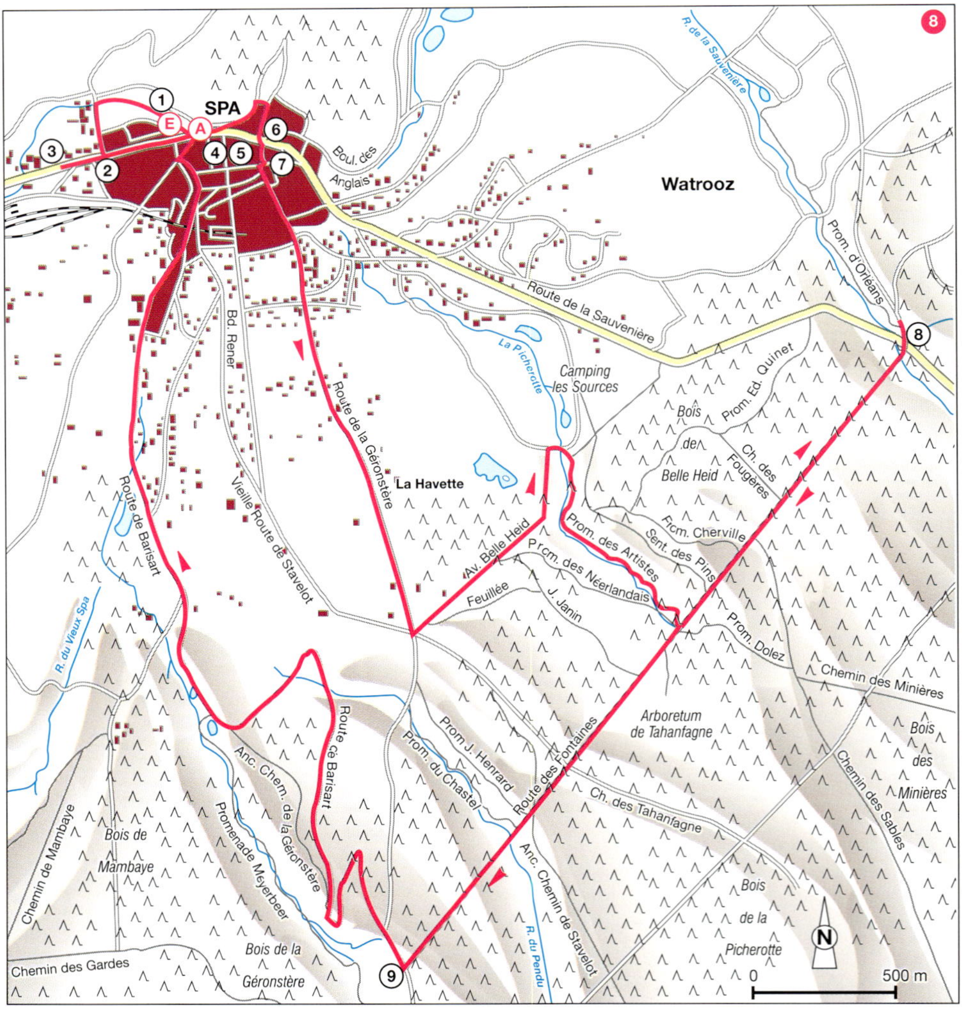

① *Parc à Sept Heures mit Wandelhalle,* ② *Rue de la Reine Astrid,* ③ *Pferdemuseum und Stadtmuseum,* ④ *Thermalbad,* ⑤ *Casino,* ⑥ *Brunnen Peter der Große,* ⑦ *Rue Waux Hall,* ⑧ *Brunnen La Sauvenière und Groesbeek,* ⑨ *Brunnen La Géronstère*

Dieses prachtvolle Kasino inmitten der Stadt Spa folgte einem Gebäude, welches Mitte des 18. Jahrhunderts hier als erstes Spielkasino der Welt errichtet wurde.

Nun gehen wir zurück auf dem mit Bäumen gesäumten Fußweg entlang dieser gut befahrenen Straße und nähern uns wieder dem Zentrum. Dabei fallen uns etliche hübsche Häuser ins Auge, die zeigen, wie mondän die Straße einst bebaut war. Wir folgen ihr über die **Place Royale** hinweg, links an einem Kriegerdenkmal vorbei. Links erblicken wir nun, heute Herberge einer Kunstgalerie, ein imposantes Gebäude aus der Gründerzeit, und gleich schräg gegenüber beeindruckt das stattliche **Thermalbad** aus der gleichen Epoche (täglich Führungen). Neben den »*Bains*« liegt hinter einem gut gepflegten Park mit Springbrunnen das berühmte **Kasino von Spa**. Wir sehen allerdings nicht das ursprüngliche Gebäude aus dem 18. Jahrhundert; 1920 wurde hier ein neues Kasino im neoklassizistischen Stil erbaut.

Noch immer auf der Straßenseite gegenüber dem Kasino, biegen wir nun in die *Rue Delhasse* ab, folgen ihrem Links- und Rechtsbogen, bis wir auf die *Rue de l'Hotel de Ville* entlassen werden. Wenige Schritte links von uns befindet sich nun das **Rathaus**, in einem Gebäude aus dem Jahre 1776. Damals war hier das Grand Hôtel der Stadt, doch seit 1885 wurde es als Fabrikgebäude genutzt, später als Schule und erst seit 1941 als Rathaus.

Über die Rue de l'Hôtel de Ville geht es abwärts zur **Place Pierre le Grand** mit dem *Pouhan Pierre le Grand*, also dem Brunnen »Peter der Große«, eine Reminiszenz an den Zaren, der hier sein Heilwasser zu sich nahm. Das elegante Gebäude von 1880 birgt nach wie vor eine Zapfstelle für das stark eisen- und kohlensäurehaltige Wasser, und der wunderschöne Wintergarten wird gerne für Kunstausstellungen genutzt.

Wir überqueren den Platz, gehen über die *Rue Henri Schaltin* an der Kirche vorbei und gelangen zur **Rue Waux Hall,** die nach einem Gebäude benannt ist, das wir bald passieren. Dieser L-förmige Komplex von 1774 wurde von seinem Architekten Renoz für die Unterhaltung des mondänen Publikums ersonnen – es war die Konkurrenz für das erste Kasino, die Redoute. Es besticht durch seine außergewöhnliche Architektur. Zur Zeit ist es Objekt der Restauratoren.

Unsere Wanderung geht nun weiter stadtauswärts über die breite Allee *Route de la Géronstère* hinauf in den Wald, an dessen Eingang wir nach links auf die **Avenue de Belle Heid,** einen breiten Waldweg, schwenken. Nach einem Linksbogen verlassen wir den Wald kurz, gehen jedoch direkt nach rechts wieder in den Wald hinein. Hier wählen wir den Weg mit der *rotweißen Markierung* (Nr. 7, Promenade des Artistes) und wandern nun entlang des Baches *La Picherotte* mit seinen kleinen Wasserfällen. Sechsmal müssen wir ihn überqueren, bevor wir auf die Asphaltstraße *Route des Fontaines* treffen.

Nun haben wir die Gelegenheit zu einem kleinen Abstecher, der uns nach links – und später den Hinweisschildern folgend – zu den berühmten Brunnen **La Sauvenière** und **Groesbeek** führt. Ersterer ist der älteste Brunnen der Badestadt und angeblich von dem heiligen Remaclus aus Stavelot entdeckt worden. Die Fassung des Brunnens von Groesbeek entstammt zum großen Teil dem Jahr 1776, nur der äußere Umbau ist älter.

Wir gehen zurück auf der *Route des Fontaines*, passieren die Stelle, an der wir vorhin auf diese Straße trafen und gehen immer geradeaus bis zum Brunnen **La Géronstère** (im Garten des Restaurants), dessen Fassung von 1651 an einen kleinen Tempel erinnert. Mit der Herberge hinter uns wenden wir uns nun nach links und wählen an der nächsten Gabelung den Weg halb links, die *Route de Barisart*. So kommen wir noch an einer vierten Quelle vorbei, der **Source de Barisart.** Auf dem Weg zurück in die Stadt bleiben wir auf dieser Straße, die uns unter einer Eisenbahntrasse hindurch zurück zur *Place Royale*, unserem Ausgangspunkt, führt.

Nützliche Informationen

Ausgangsort und Zufahrt: *Spa* (260 m) liegt an der N 62 (104 km von Köln, 311 km von Frankfurt/M). Zufahrt mit Pkw: von Köln: A 4, A 44 bis Grenze, A 3 / E 40, A 27 / E 421 bis Ausfahrt 8 Spa, N 629 nach Spa. Von Frankfurt: A 66, A 3, A 48 über Koblenz, A 61 bis Kreuz Kerpen, A 4, A 44 bis zur Grenze. Zufahrt mit öffentlichen Verkehrsmitteln: Zugverbindung von Köln über Verviers.
Ausgangspunkt: Verkehrsamt Spa, Pavillon des Petits Jeux, Place Royale 43 (Parkplätze vorhanden).
Gehzeiten: Insgesamt 4 Std.; Ausgangspunkt – Avenue Belle Heid: 1 Std. 10 Min.; Avenue Belle Heid – La Géronstère: 1 Std. 10 Min.; La Géronstère – Ausgangspunkt: 1 Std. 40 Min.
Unterkunft und Verpflegung: Eine Reihe von Hotels und Restaurants in *Spa*. Campingplätze in *Spa*: Camping de la Havette, Rue Chelui 21, Tel. (0 87) 77 30 39; Parc des Sources, Tel. (0 87) 77 23 11.

Am Vorabend des Euro Race auf der Rennstrecke von Spa-Francorchamps stellen sich in Spa die ohrenbetäubend lauten Renn-Oldtimer zur Schau.

Einkehr unterwegs: In *Spa* und am Brunnen *La Géronstère.*
Auskunft: Office du Tourisme, du Thermalisme et des Fêtes de Spa, Place Royale 41, B-4880 Spa, Tel. (0 87) 77 17 00.
Sehenswürdigkeiten in der Umgebung:
• *Coo:* Etwa 16 km südlich von Spa liegt Coo, ein Ort am Flüßchen Amblève. Um die ständige Landergreifung dieses Flusses abzustellen, leiteten ihn die Mönche von Stavelot im 17. Jahrhundert in einen Kanal, wobei sie gleichzeitig den größten **Wasserfall** Belgiens schufen. Dieser Wasserfall ist heute zur touristischen Attraktion geworden und mit der entsprechenden Infrastruktur aufgewertet.
• *Stavelot:* Etwa 18 km südöstlich von Spa liegt Stavelot. Das ehemalige **Doppelkloster Stavelot-Malmédy** (Stablo-Malmédy) kann zu Recht als das wichtigste Kloster für die historische Entwicklung des Christentums im Ardennenraum bezeichnet werden. Im 7. Jahrhundert gründete Abt Remaclus unter dem Schutz des fränkischen Hausmeiers Grimoald die Abtei, fern von allen Verkehrswegen in der tiefen Einsamkeit des Waldes. Doch diese Einsamkeit konnte nicht verhindern, daß die Abtei im Laufe der Zeit zu einem interessanten Machtobjekt der weltlichen Fürsten wurde, zumal sie aufgrund großzügiger Schenkungen reich an Ländereien und politischem Einfluß war. Die einstige Größe des Konvents bleibt dem heutigen Besucher verborgen, da spätestens die französische Revolution dem Klosterleben dort ein Ende setzte und nur noch Teile der alten Anlage erhalten sind. Archäologen bemühen sich seit Jahren, Reste der ehemaligen Abteikirche freizulegen. Dem Besucher empfiehlt sich vor allem die Besichtigung des **Remaclus-Schreins** in der Kirche **St-Sebastien,** denn dies ist eine einmalige Goldschmiedekostbarkeit im maasländischen Stil. Doch auch die erhaltenen Klostergebäude sind sehenswert.
Dem Rennsportbegeisterten kann zudem das *Museum der Rennstrecke von Francorchamps* empfohlen werden.
Wanderkarte: Topographische Karte des IGN 1:50 000, Blatt 49 Spa. Stadtpläne sind im Verkehrsamt erhältlich.

9 Durch das Hohe Venn

Unterwegs auf dem Holzweg

Tourencharakter: Leichte Rundwanderung; Wege gut ausgebaut, zum Teil auf Holzbohlen.
Beste Jahreszeit: Das ganze Jahr über.
Wenn an den Zugängen zum Venn rote Fahnen wehen, ist der Zutritt verboten (Brandgefahr!).
Reine Gehzeit / Weglänge: 2 ½ Std. / 8 km.
Orientierung / Markierungen: Einfach, solange man die Wege nicht verläßt. / Diverse Hinweisschilder.

Die 600 Millionen Jahre alten Gesteine des *Massivs von Stavelot* sind verantwortlich für eine einmalige Landschaft in Mitteleuropa: das **Hohe Venn** *(Les Hautes Fagnes).* Quarzite und Phyllite aus den erdgeschichtlichen Zeitaltern des Kambriums und des Ordoviziums verwitterten im Laufe von Jahrmillionen zu wasserundurchlässigen Tonen. Diese sorgen seit der letzten Eiszeit dafür, daß das Wasser in dem sehr niederschlagreichen Gebiet nicht im Boden versickern kann. Als Folge konnten sich wasserliebende Moose ansiedeln, die durch das reichliche Wasserangebot immer höher wuchsen. Die unten liegenden alten Moose starben ab und vertorften: ein *Hochmoor* ist entstanden!

Da ein Hochmoor grundwasserunabhängig ist und Regenwasser sehr nährstoffarm, bildete sich eine genügsame, aber einzigartige Vegetation. Hierzu gehören beispielsweise das Torfmoos *Sphagnum,* die *Gelbe Narzisse,* der *Europäische Beinbrech* und das *Sumpf-Läusekraut.*

Nicht zuletzt wegen dieser Vegetation steht das gesamte Hohe Venn unter Naturschutz. Dies bedeutet für den Besucher, daß er sich an gewisse Regeln halten muß: 1. Das Mitführen von Tieren ist untersagt. 2. Wegen der Torfvorkommen ist das Venn besonders feuergefährdet, Rauchen ist des-

Die starke Versauerung des Bodens bei der Entstehung eines Hochmoors kostet den Bäumen das Leben.

halb verboten. 3. Für bestimmte Teile des Venns herrscht absolutes Zugangsverbot (Zone C).

Aus Gründen des Naturschutzes, aber auch aus Gründen Ihrer eigenen Sicherheit ist es untersagt, die markierten Wege zu verlassen. Außerdem sollte man das Venn bei schwierigen Wetterbedingungen (z.B. Nebel, Gewitter) meiden. Wenn man sich an diese Regeln sowie an Selbstverständlichkeiten wie beispielsweise das Nichtabreißen von Pflanzen oder das Nichtberühren von Vogelnestern hält, kann eine Wanderung im Venn für künftige Generationen genauso wie für uns zu einem unvergeßlichen Erlebnis werden.

Der Wegverlauf

Wir beginnen unsere Wanderung gegenüber der **Baraque Michel,** ursprünglich eine Rettungshütte des deutschen Schneiders Michel Schmitz. Auf einem schönen Schotterweg gelangen wir direkt in das Moor. Nach einigen hundert Metern führt links ein kleiner Pfad auf Holzplanken zu einem *Wegkreuz.* Wir gehen jedoch geradeaus und treffen etwas später erneut auf eine Weggabelung. Hier schwenken wir nach *links* auf einen **Plankenweg.**

Da einige der Holzplanken morsch sind, ist hier Vorsicht geboten! *Auf keinen Fall jedoch sollte man den Plankenweg verlassen*! Immer am Rande der Zone C entlang führt der Weg an kleinen Seen vorbei. Einige Zeit nach einem scharfen Rechtsbogen treffen wir auf einen breiteren Plankenweg, dem wir nach links in *Richtung Eupen* folgen. Entlang eines kleinen Baches gehen wir leicht bergab. Bei der nächsten Wegkreuzung wandern wir geradeaus in Richtung Eupen, passieren den Markierungsstein 157 und sehen bald rechts einen hohen Nadelwald. Wir durchqueren diesen Wald, indem wir nach rechts in Richtung **Signal de Botrange** gehen, der mit 692 Metern die höchste Erhebung Belgiens darstellt.

Nach Durchqueren des Waldes werden wir nach rechts geführt, immer an der Wald-Moor-Grenze entlang. Der Weg führt leicht bergauf, bis wir nach etwa 1,5 Kilometer eine Gabelung erreichen, an der wir nach *rechts* auf der sogenannten **Maria-Theresia-Allee** in Richtung Baraque Michel gehen. Etwa 200 Meter weiter biegen wir nach links in Richtung *Mont Rigi* ab, eine Gaststätte, in deren Nähe auch eine wissenschaftliche Station untergebracht ist. An den nächsten beiden Wegkreuzungen gehen wir jeweils *geradeaus*. Für einen weiteren Kilometer wandern wir jetzt wiederum an der Grenze zwischen Wald und Moor entlang, folgen einem weiten Rechtsbogen und biegen nach *links* auf einen breiten Schotterweg ab. So gelangen wir auf eine asphaltierte Straße, der wir nach rechts bis zu unserem Ausgangspunkt folgen.

Nützliche Informationen

Ausgangsort und Zufahrt: Die *Baraque Michel* (672 m) liegt an der N 68 (90 km von Köln, 297 km von Frankfurt/M). Zufahrt mit Pkw: von Köln: A 4, A 44 bis Grenze, A 3 / E 40 bis Ausfahrt 39 Eynatten, N 68 über Eupen zum Ausgangspunkt. Von Frankfurt: A 66, A 3, A 48 über Koblenz, A 61 bis Kreuz Kerpen, A 4, A 44 bis zur Grenze. Zufahrt mit öffentlichen Verkehrsmitteln: Von Aachen Hauptbahnhof mit dem Bus über Eupen.
Ausgangspunkt: Baraque Michel (Parkplätze vorhanden).
Gehzeiten: Insgesamt 2 ½ Std.; Baraque Michel – Markierungstein 157: 45 Min., Markierungsstein 157 – Maria-Theresia-Allee: 1 Std., Maria-Theresia-Allee – Baraque Michel: 45 Min.
Unterkunft und Verpflegung: Eine Reihe von Hotels und Restaurants in *Eupen* und *Malmédy*. Außerdem kann auch in der *Baraque Michel* übernachtet werden. Jugendherberge in *Malmédy*: »Hautes Fagnes«, Bévercé, 8a, 4960 Malmédy, Tel. (0 80)33 83 86. Campingplätze: in *Eupen*: Camping Hertogenwald, Oestraße 78, Tel. (0 87) 74 32 22; Camping an der Hill, Hütte 46, Tel. (0 87) 74 46 17; in Jalhay: La Gileppe, Route de la Gileppe 59, Tel. (0 87) 64 70 22; in *Robertville*: La Plage, Rue des Bains 33, Tel. (0 80) 44 66 58; Camping du Lac, Rue des Bains 55, Tel. (0 80) 44 64 19.
Einkehr unterwegs: Nur in der *Baraque Michel.*
Auskunft: Fremdenverkehrsamt, Bergstr. 6, B-4700 Eupen, Tel. (0 87) 55 34 50; Syndicat d'Initiative et de Tourisme, Place de Rome 11, B-4960 Malmédy, Tel. (0 80)33 02 50.
Sehenswürdigkeiten in der Umgebung:
• *Eupen:* Etwa 16 km nördlich von der Baraque Michel liegt Eupen, die Hauptstadt der deutschsprachigen belgischen Ostkantone. Sehenswert in dieser alten Tuchmacherstadt sind vor allem die barocke Pfarrkirche **Sankt Nikolaus** sowie ein *Heimatmuseum* (Gospertstr. 52) und die *Kapuzinerkirche* aus dem 18. Jahrhundert. Viele prächtige Stadthäuser von wahrlich betuchten

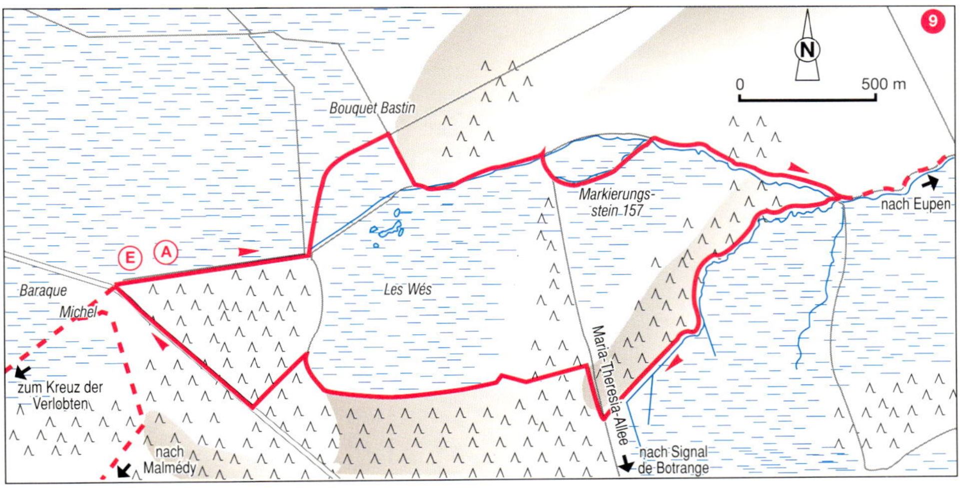

Frühling im Hohen Venn: Ein gelber Narzissenteppich ist ausgebreitet.

Kaufmannsfamilien zeugen vom einstigen Wohlstand der Stadt. Besonders gegen Ende des 18. Jahrhunderts florierte hier die Tuchmacherei, die aber 1815, als die Stadt an das preußische Reich fiel, von ihren guten Geschäftsverbindungen abgeschnitten wurde.
Heutzutage spielt der Tourismus eine wichtige Rolle, liegt doch die Stadt eingebettet in eine sehr reizvolle Landschaft, die durch den Weserstaudamm nahe der Unterstadt seit 1951 ein interessantes Naherholungsgebiet hinzugewonnen hat. • *Malmédy:* Etwa 13 km südlich von der Baraque Michel befindet sich Malmédy, eine Hochburg des Karnevals, hier *Cwarmé* genannt. Die ständige Ausstellung zum Cwarmé im städtischen **Heimatmuseum** ist sehenswert. Darüber hinaus lohnt auch die *ehemalige Abteikirche St-Pierre, St-Paul et St-Quirin* aus dem 18. Jahrhundert einen Besuch. Die recht nüchtern wirkende Kirche wartet im Innern mit einer kunstvoll gestalteten Predigtkanzel auf.
Die gelungene Außengestaltung der *Chapelle de la Résurrection* an der Place du Pont-Neuf sollte ebenfalls gewürdigt werden; ihre Innenarchitektur ist leider nur während Konzertveranstaltungen zu bewundern.
Zusätzliche Tourenvorschläge: 1. Hinter dem Markierungsstein 157 den Hinweisschildern Richtung *Eupen* (19 km) folgen. **2.** Von der Baraque Michel gelangt man zum »*Kreuz der Verlobten*« (2 km, Hinweisschilder) folgen. **3.** Auf der Maria-Theresia-Allee nach links in Richtung *Signal de Botrange* (2 km) gehen. **4.** Von der Baraque Michel den Markierungen 9, rot-weiß und 2 nach *Malmédy* (17 km) folgen.
Wanderkarte: Touristische Karte Hohes Venn, 1:25000.

10 Trappistenbier und eine alte Treppe

Die Bierstadt Chimay

Tourencharakter: Leichte Stadtwanderung; Wege gut ausgebaut.
Beste Jahreszeit: Das ganze Jahr über.
Reine Gehzeit / Weglänge: 1 1/2 Std. / 3 km.
Orientierung / Markierungen: Einfach. / Straßenschilder.

Chimay – dieser Name dürfte jedem Belgientourist schon nach kurzem Aufenthalt bekannt vorkommen. Doch ist es nicht die Stadt selbst, die ihren Namen allüberall zur Schau stellt; mit dem Werbeschriftzug »Chimay« ist das berühmte Trappistenbier gemeint, das in der Gegend von Chimay gebraut wird. Es ist eines von drei Trappistenbieren der Ardennen, Orval und Rochefort sind die anderen beiden.

Aber wer sind diese Trappisten? Sie sind Ordensmänner, die jenen katholischen Zisterziensern nachfolgen, die sich 1664 im normannischen Kloster »La Grande Trappe« zu einer sehr strengen Askese verpflichteten. Bei diesen strikten Vegetariern herrscht mit Ausnahme der Gottesdienste völliges Sprechverbot, nur eine Zeichensprache ist erlaubt.

1850 ließen sich die ersten Trappisten nahe Chimay nieder. Sie kamen in einem Bauernhof unter, der ihnen von Prinz Josef II. von Chimay zur Verfügung gestellt wurde, gründeten die Abtei Notre-Dame de Scourmont und begannen, gemäß ihren strengen Ordensregeln, mit eigener Hand ihren Unterhalt zu bestreiten. Sie betrieben Landwirtschaft, stellten Käse her, brauten Bier und versorgten Gäste in einer Art Hotelbetrieb.

Auch wenn die Glaubensgemeinschaft heute viele ihrer Aktivitäten zum Wohle der Stadt Chimay in private Hände gelegt hat, können der Käse und das Bier mit Namen Chimay als Produkte klösterlicher Herkunft bezeichnet werden – ihre traditionellen Rezepturen haben sich nicht geändert. Auf der Liste der gastronomischen Spezialitäten der Ardennen stehen Käse- und Biersorten aus der Produktion ihrer Abteien weit vorne,

Der Vieux Escalier verbindet die Unterstadt und die Oberstadt Chimays. Diese romantische alte Treppe birgt so manche Stolperfalle.

direkt hinter dem berühmten Schinken, auch wenn sie international wenig bekannt sind. Dabei ist gerade die Kombination von würzigem Käse und dunklem oder hellem, süßlichem Starkbier äußerst reizvoll.

Die Trappistenbiere haben im Vergleich nur einen geringen Anteil an der Gesamtbierproduktion Belgiens – 1992 mit rund 2,2 Prozent des Gesamtverkaufs an vorletzter Stelle vor den alkoholfreien Bieren. Dabei gilt es zu beachten, daß sie durchweg einen hohen Alkoholgehalt besitzen und daher in kleineren Mengen, eher wie ein guter Wein, genossen werden sollten. Man trinkt sie traditionell aus einem hochgestielten, bauchigen Glas.

Stadtrundgang

Der Startpunkt ist der Parkplatz an der **Place Froissart,** von dem aus wir nach Westen über die *Rue Faubourg* nach rechts in die *Rue du Onze Novembre* gehen. Beide Straßen sind stark vom Durchgangsverkehr befahren, deshalb biegen wir schnell in die *Terne Rognac* nach rechts ein und lassen den Verkehr hinter uns. Nach ein paar Schlenkern überqueren wir die *Eau Blanche,* eines der vier Flüßchen, die Chimay umgrenzen; die anderen drei sind die Eau d'Eppe, die Eau Noire und die Oise.

Wir sehen links auf die Südseite des Schlosses von Chimay, welches wir etwas später noch näher betrachten werden. Die *Rue St-Nicolas* bringt uns bergauf zur *Grand Rue,* einer kleinen Geschäftsstraße und schließlich zur **Grand Place,** dem Zentrum von Chimay. Dieser sehr geschlossen wirkende Kirchplatz ist von schönen Bürgerhäusern umgeben, von denen die Hausnummern 23, 33 und 35 ins 18. Jahrhundert datieren. Die klassizistische Fassade des *Hôtel de Ville* entstammt dem Jahr 1724.

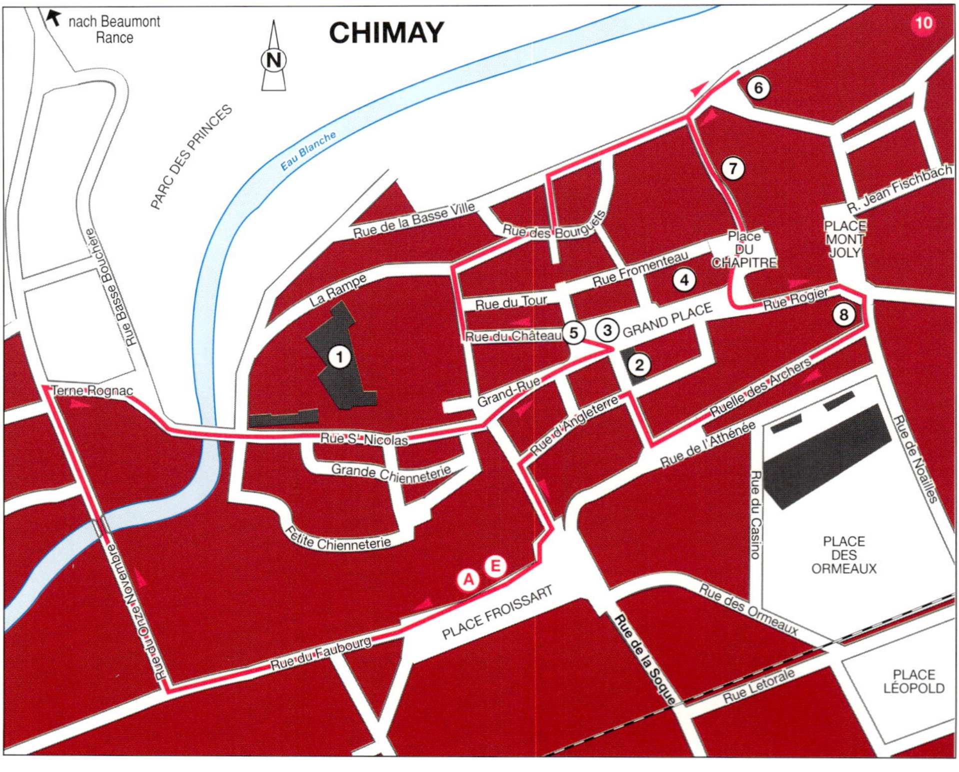

① ***Schloß von Chimay,*** ② ***Rathaus,*** ③ ***Prinzendenkmal,*** ④ ***Kirche St-Pierre-et-Paul,*** ⑤ ***Ehrentor,*** ⑥ ***Altes Waschhaus (Vieux Lavoir),*** ⑦ ***Alte Treppe (Vieux Escalier),*** ⑧ ***Alter Turm (Vieille Tour)***

Seit 1852 ziert das *Monument des Princes* den Platz. Ein Brunnen, der allegorisch die Stadt Chimay darstellt, vereint als Statuen vier Mitglieder der Prinzenfamilie: Pierre-Paul Riquet (Erbauer des Canal du Midi), Philippe d'Alsace, Prince de Chimay, seinen Neffen François Joseph Philippe, Prince de Chimay, und Madame Thérésa Taillien, seine Gattin. Letztere spielte in der französischen Revolution, eine tragische Rolle, da sie mit Jean Lambert Taillien, einem radikalen Anhänger der Revolution, verheiratet war. Um diesen empfindlich zu treffen, nahm Robespierre Madame Taillien gefangen und machte so aus ihr eine Märtyrerin. Später heiratete sie François Joseph Philippe, den fünfzehnten Prinzen von Chimay, und verbrachte ihren Lebensabend im hiesigen Schloß.

Da wir uns die Kirche später ansehen, verlassen wir den Platz in westlicher Richtung und gehen durch das sogenannte Ehrentor, ein neugotisches Portal mit drei Arkaden im toskanischen Stil (1610), in die *Rue du Château.* Schon hält die Ansicht des Schlosses den Blick gefangen, doch sollten wir ihn noch etwas schweifen lassen und die klassizistischen Gebäude (Nr. 8, Ancien Hôtel de Jacquier) würdigen.

Dann wenden wir uns dem **Schloß** zu, einem Bau aus grauem Kalkstein, mit violett angehauchtem Schieferdach. Wir blicken auf die Ostfront mit dem Eingangsportal und dem wahrscheinlich auf Mauerresten aus dem 12. Jahrhundert stehenden Nordostturm mit seinem auffälligen Zwiebeldach. Es ist nahezu unmöglich, diesen Stammsitz der Prinzen von Chimay einem Baustil zuzuordnen. War er schon im Laufe der Epochen Objekt häufiger Um- und Neubauten, so wurde schließlich durch die fast vollständige Neukonstruktion nach einer Feuersbrunst 1935 die Mischung der Baustile komplett gemacht, auch wenn angeblich nach alten Plänen gearbeitet wurde.

Das Schloß ist mit einer Führung zu besichtigen, und im Innern überrascht vor allem das kleine, in Rot-Gold gehaltene **Theater**, das demjenigen in Fontainebleau nachempfunden ist. Dieses Theater, mit dem Madame Taillien damals den kulturellen und gesellschaftlichen Status ihres Altersruhesitzes aufwertete, ist heute Veranstaltungsort eines alljährlichen Musikfestivals. Gebaut wurde es 1805, es mußte 1863 wegen Zerstörung rekonstruiert werden und wurde zuletzt 1991 renoviert. Das Theater und auch andere Räume des Schlosses können heute für Veranstaltungen, Empfänge, Konzerte oder Seminare gemietet werden.

Wenn wir das Gelände des Schlosses verlassen, biegen wir nach links in eine kleine Gasse, der wir geradeaus, an einer Kirche vorbei, bergab folgen. So treffen wir auf die *Rue des Bourguets,* die uns weiter durch das Altstadtviertel leitet, bis links grob gehauene Steinstufen hinab auf die *Rue de la Basse Ville* führen. Hier gehen wir rechts, dann immer weiter geradeaus bis zum *Vieux Lavoir,* dem alten Waschhaus.

Nun geht es ein Stück zurück bis zum enormen **Vieux Escalier,** der uns zwischen uralten, hohen Mauern wieder in die Oberstadt bringt.

Wir stehen nun auf der *Place du Chapitre,* direkt vor der Kirche **St-Pierre et Paul,** die wir uns von innen ansehen können. Sie ist wie das Schloß eine architektonische Melange: der Chor entstammt als ältester Teil dem 13. Jahrhundert, das Schiff, eine spätgotische Stufenhalle, datiert in das 15. Jahrhundert, der Turm schließlich ist barocker Herkunft und wurde 1732 fertiggestellt. Im Turm befindet sich ein Glockenspiel, das alle Viertelstunde eine kleine Melodie erklingen läßt. Im Innern des Gotteshauses ist die Fürstengruft mit einem außergewöhnlichen Grabmal für Charles de Croy zu sehen, den Kaiser Maximilian 1486 damit ehrte, daß er Chimay zum Fürstentum erhob. Später wurde Charles de Croy sogar Statthalter von Kaiser Karl V. Außerdem befindet sich hier das Grabmal für Jean Froissart (gestorben 1404), der in Chimay Domherr und Schatzmeister war. Er wurde bekannt als Dichter und Chronist Philipps des Kühnen.

Unsere Route streift nun die **Grand Place** an der Ostseite, führt dann aber direkt nach links über die *Rue Rogier* zur *Place Mont Joli.* Hier schwenken wir nach *rechts* und stehen gleich vor einem alten Gemäuer: der **Vieille Tour,** einem Überrest der Stadtmauer. Der Turm ist wahrscheinlich noch ein Relikt

Madame Taillien, der man im Monument des Princes ein Denkmal setzte, geriet einst in die Gefangenschaft Robespierres.

aus dem 12. Jahrhundert, wurde jedoch im 16. Jahrhundert, als man die gesamte Stadtmauer erneuerte, ebenfalls modernisiert.

Neben der Vieille Tour biegen wir in die **Ruelle des Arches** und schauen, ob wir auf dem Weg zu unserem Ausgangspunkt hier und da noch ein hübsches, altes Gebäude entdecken. Wir erreichen ihn über die *Rue du Pont du Welz, Rue d'Angleterre* (erste Straße links) und die *Rue d'Austravant* (links).

Nützliche Informationen

Ausgangsort und Zufahrt: *Chimay* (242 m) liegt an der N 99 (268 km von Köln, 466 km von Frankfurt/M). Zufahrt mit Pkw: von Köln: A 4, A 44 bis Grenze, A 3 / E 40, A 15 / E 42, A 4 / E 411 bis Ausfahrt 20 Achêne, N 97 bis Philippeville, N 5 über Couvin, N 99 nach Chimay. Von Frankfurt: A 66, A 3, A 48 / E 44 über Trier nach Luxemburg, E 25, A 4 / E 411 bis Ausfahrt 23, N 86, N 40 (D 949) über Givet, N 99 nach Chimay. Zufahrt mit öffentlichen Verkehrsmitteln: Zug- und Busverbindung von Köln über Charleroi-Sud und Couvin.
Ausgangspunkt: Place Froissart (Parkplätze vorhanden).
Gehzeiten: Insgesamt 1 1/2 Std.
Unterkunft und Verpflegung: Eine Reihe von Hotels und Restaurants in *Chimay*. Campingplatz in *Chimay*: Camping communal de Chimay, Allée des Princes 1, Tel. (0 60) 21 18 43.
Einkehr unterwegs: Eine Reihe von Möglichkeiten in *Chimay*.
Auskunft: Syndicat d'Initiative de la Ville de Chimay, Rue de Noailles 4, B-6460 Chimay, Tel. (0 60) 21 18 46.
Öffnungszeiten: Schloß: Tägliche Führungen um 10.30, 11.30, 14.30, 15.30 und 16.30 Uhr.
Sehenswürdigkeiten in der Umgebung:
• *Lac de Virelles:* Etwa 3 km nordöstlich von Chimay liegt der **Lac de Virelles,** ein im 18. Jahrhundert geschaffener See, der schon damals gerne als Ausflugsziel genutzt wurde. Doch durch die Industrie und vor allem die umweltschädigende Landwirtschaft unserer Tage ging es bergab mit diesem Biotop, bis Anfang der achtziger Jahre ein Sanierungsprojekt greifen konnte. Heute bietet sich dem Besucher eine gelungene Kombination von Freizeitsee und Naturreservat. Eine strikt eingehaltene Schutzzone, bestückt mit Beobachtungshütten, Lehrtafeln und Ausstellungsgebäuden, sowie die geführten themenorientierten Exkursionen garantieren der hiesigen Natur ihren Lebensraum. • *Abtei von Scourmont:* Etwa 8 km südlich von Chimay liegt die **Trappistenabtei von Scourmont**. Die Anlage kann jederzeit, doch nur von außen besichtigt werden (Gärten, Friedhof, Kirche). • *Baileux:* Etwa 5 km östlich von Chimay liegt Baileux mit seiner *Abfüllanlage für Trappistenbier* und seiner *Käserei*, die besichtigt werden können.
Wanderkarte: Topographische Karte des IGN 1:50 000, Blatt 57 Chimay. Stadtpläne sind im Verkehrsamt erhältlich.

11 Ein steiniger Weg

Neuville im Hennegau

Tourencharakter: Leichte Rundwanderung; Wege gut ausgebaut.
Beste Jahreszeit: Das ganze Jahr über.
Reine Gehzeit / Weglänge:
3 1/2 Std. / 10 km.
Orientierung / Markierungen:
Einfach. / Keine Markierungen.

Steinreich ist man in dieser Ecke des Hennegaus! Und es ist ein ganz besonderer Stein, den man hier wohl schon seit dem 12. oder 13. Jahrhundert abbaut – **roter Marmor**, einzigartig in seiner Tönung und seinem Glanz. Das älteste schriftliche Zeugnis der hiesigen Abbautätigkeit stammt aus der Zeit um 1590, als der Marmor von **Rance** und Umgebung schon überregional bekannt war.

Die Entstehungsgeschichte dieses Gesteins begann vor ungefähr 350 Millionen Jahren, als in dem flachen Meer, das sich hier befand, Korallen, Schwämme, Seelilien und weitere kalkproduzierende Tiere hohe Riffe bildeten. Durch Absenkung des Untergrundes kamen diese Riffe in Zonen hoher Drücke, so daß sich das Sediment verfestigen konnte und schließlich zu dem harten, polierbaren Gestein wurde, das wir heute auf unserer Wanderung in drei ehemaligen Abbaustätten besichtigen können.

Aber ist das wirklich Marmor, dieses marmorierte Gestein mit den vielen eingeschlossenen Fossilien? Fragt man den Geologen, ist die Antwort strikt »Nein«, denn Marmor im strengen Sinne ist metamorphes Kalkgestein, muß also eine tiefgreifende Umstrukturierung durch Hitze und Druck durchgemacht haben. Dadurch würden aber alle fossilen Lebensspuren zerstört werden. Der bekannteste echte Marmor ist der weißgraue Carraramarmor. Fragt man jedoch den Steinmetz, ist die Antwort »Ja«, denn er versteht unter Marmor jeden (Kalk-) Stein, der sich gut schleifen und polieren läßt, und das

Neuville (im Hintergrund) ist berühmt für seinen roten Marmor, der seit dem Mittelalter abgebaut wird.

In diesem verlassenen Marmorsteinbruch erobert sich die Natur ihren Lebensraum zurück und überwuchert die ausgedienten Gerätschaften.

kann man durchaus mit dem hiesigen Sedimentgestein. Die Liste berühmter Orte, die erst durch den Marmor aus der Gegend von Rance ihre Vollendung gefunden haben, ist lang. Als Beispiele seien hier die Spiegelgalerie im Schloß von Versailles, die Peterskirche in Rom, das Karthäuserkloster in Parma und der Rubenssaal des Louvre genannt. Ein weniger bekanntes Beispiel ist die Kirche von Rance, in der es vortrefflich gearbeitete Exempel der Marmorkunst zu bestaunen gibt.

Wer sich ein wenig für dieses Kunsthandwerk interessiert, dem sei ein Besuch im **Musée National du Marbre** in Rance ans Herz gelegt. Hier werden alle Themen rund um diesen Werkstoff angesprochen, an Beispielen erklärt und mit Werkstücken belegt. Eine deutsche Übersetzung des Museumsführers ist auf Anfrage erhältlich.

Der Wegverlauf

Ausgangspunkt dieser Wanderung ist die **Kirche von Neuville.** Wir gehen links an der Kirche vorbei und biegen vor der Mauer nach links in die *Rue St-Jean*, folgen ihr nach rechts und gehen dann geradeaus an alten Häusern vorbei. Die Abzweigung in Richtung Senzeille lassen wir unbeachtet und gehen geradeaus auf der asphaltierten Straße, auf der wir allmählich den Ort verlassen. Rechts sehen wir den mit zwei kleinen Säulen des heimischen Marmors eingefaßten Eingang eines Weges. Wir verlassen unseren Weg jedoch nicht und kommen nach ca. 100 Metern zu einem stillgelegten **Marmorsteinbruch.** Wir sehen alte, verrostete Werkzeuge, große Winden und Spiraldrähte zum Zerschneiden der Blöcke und können uns anhand der zahlreich umherliegenden Bruchstücke das typische Erscheinungsbild des heimischen Kalksteines vor Augen führen. An einigen großen geschliffenen Platten sind gut erhaltene Fossilien (z.B. Reste von Korallen und Seelilien) zu erkennen. Die regelmäßigen Rillen an manchen Blöcken sind Reste der Bohrkanäle, die zum Loslösen des Blocks gesetzt wurden.

Wir wandern nun weiter auf unserem asphaltierten Weg durch die Weidelandschaft, gehen an den nächsten zwei Weggabelungen geradeaus und kommen nach einem Linksbogen an einem kleinen **Nadelwald** vorbei. Daran schließen sich wieder Felder an, und nach ca. 200 Metern sehen wir einen Wald. Hier treffen wir auf eine Kreuzung, an der unser asphaltierter Weg

nach *links* abbiegt (nach rechts und geradeaus führen Feldwege).

Rechts von uns sind nun Felder, links ein Wald, und der Weg führt uns ein Stück bergab bis zum Eingang des **Steinbruchs Gauthier-Wincqz.** Auch hier sehen wir wieder den »Marbre Rouge de Flandre«, wie er noch immer fälschlicherweise genannt wird. In diesem Steinbruch hat sich in einem Becken Grundwasser gesammelt, wodurch sich am Rande viele Pflanzen eingefunden haben, die feuchte und zum Teil auch kalkhaltige Böden bevorzugen. Wir finden hier neben dem Schilf, das direkt im Flachwasserbereich steht, beispielsweise den Echten Baldrian, den Blutweiderich, die Rote Nachtnelke, den Wilden Dost und das Berg-Weidenröschen.

Wir gehen zurück zu unserem Weg, dem wir nach links folgen und den wir nicht verlassen, bis er auf eine Hauptstraße (N 5) trifft. Auf dieser wenden wir uns nach rechts und biegen gleich nach 400 Metern wieder nach rechts ab auf eine weniger belebte

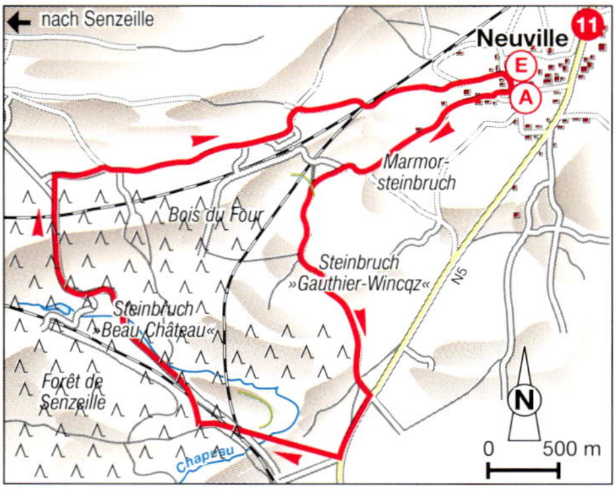

asphaltierte Straße. Wir unterqueren eine Eisenbahntrasse und biegen nach wenigen hundert Metern im Bereich einer Parkbucht nach rechts in die *Rue du Beau Château.* Auf dieser kleinen Straße bleiben wir nun und wandern leicht bergauf, bis wir rechts den Eingang zum stillgelegten **Steinbruch Beau Château** sehen. Hier baute man den mindestens 45 Meter mächtigen oberdevonischen Marmor ab. Die Gesamtmächtigkeit dieser von Schiefer umgebenen Kalklinse wird sogar auf 80 Meter geschätzt. Sie ist allerdings kein gewachsenes, kuppelförmiges Riff (Bioherm), sondern entstand dadurch, daß Kalkschlämme zusammengespült wurden und Korallenreste mit einschlossen (Mudmount).

Wir gehen zurück zum Eingang und folgen unserem asphaltierten Weg nach rechts weiter durch den Wald. Rechts von uns fließt ein kleines Bächlein. Nachdem wir die *Brücke* über eine stillgelegte Eisenbahnlinie überquert haben, gabelt sich unser Weg. Wir gehen auf einem *Feldweg* weiter geradeaus. Nach 200 Metern müssen wir rechts abbiegen und an der nächsten Gabelung geradeaus gehen, um wieder auf einen *asphaltierten Weg* zu gelangen. Dieser führt uns an einen Bahndamm entlang und über eine aktive Eisenbahntrasse nach **Neuville,** unseren Ausgangspunkt.

Nützliche Informationen

Ausgangsort und Zufahrt: *Neuville* (250 m) liegt an der N 5 (239 km von Köln, 446 km von Frankfurt/M). Zufahrt mit Pkw: von Köln: A 4, A 44 bis Grenze, A 3 / E 40, A 15 / E 42, A 4 / E 411 bis Ausfahrt 20 Achêne, N 97 bis Philippeville, N 5 nach Neuville. Von Frankfurt: A 66, A 3, A 48 über Koblenz, A 61 bis Kreuz Kerpen, A 4, A 44 bis zur Grenze. Zufahrt mit öffentlichen Verkehrsmitteln: Zug- und Busverbindung von Köln über Charleroi-Sud und Philippeville.
Ausgangspunkt: Kirche von Neuville (Parkplätze vorhanden).
Gehzeiten: Insgesamt 3 ½ Std.; Neuville – erster Steinbruch: 20 Min., erster Steinbruch – zweiter Steinbruch: 40 Min., zweiter Steinbruch – dritter Steinbruch: 1 Std., dritter Steinbruch – Neuville: 1 ½ Std.
Unterkunft und Verpflegung: Eine Reihe von Hotels und Restaurants in *Neuville, Senzeille* und vor allem in *Philippeville.* Campingplatz in *Soumoy*: Le Pommier Fleuri, Chemin de Daussois, Tel. (0 71) 61 18 29.
Einkehr unterwegs: Nur in *Neuville.*
Auskunft: Syndicat d'Initiative, Rue de l'Eglise 8, B-6340 Philippeville, Tel. (0 71) 66 64 96.
Sehenswürdigkeiten in der Umgebung:
• *Rance:* Etwa 20 km westlich von Neuville liegt Rance mit seinem einzigartigen **Marmormuseum.** Mit Hilfe des Belgischen Geologischen Dienstes gründete eine kleine Gesellschaft, die sich mit historischen Belangen der Region befaßt, 1955 dieses Museum. Hier erfährt der Besucher alles über den Stein, der diese Gegend so geprägt hat. Entstehungsgeschichte, Klassifizierung, Abbautechnik und vor allem die Verarbeitung des Marmors werden dargestellt. Eine Werkstätte, eingerichtet mit allen nötigen Werkzeugen und großen Maschinen gibt einen Eindruck, welch harte Arbeit in den hübschen Marmorutensilien steckt, die in einem weiteren Saal zur Schau gestellt werden. Nicht zuletzt sollte man auch den Dokumenten aus vergangenen Zeiten Aufmerksamkeit zuteil werden lassen: Darstellungen aus der Zeit der Jahrhundertwende zeugen von der Schwerstarbeit, die damals von den Arbeitern und Arbeiterinnen geleistet wurde.
Wanderkarte: Topographische Karte des IGN 1:50 000, Blatt 57 Chimay.

12 Römische Fallgruben

Fondry des Chiens bei Nismes

Tourencharakter: Längere Streckenwanderung; Wege zum Teil gut ausgebaut, zum Teil schmale Pfade.
Beste Jahreszeit: Das ganze Jahr über.
Reine Gehzeit / Weglänge:
5 Std. / 15 km.
Orientierung / Markierungen:
Einfach. / Rot-weiß.

Ob die Römer damals Münzen, Schwerter oder Fibeln herstellen wollten, lassen wir offen, auf jeden Fall brauchten sie Eisen und holten es sich auch hier bei **Nismes**. Unsere Wanderung führt uns dorthin, wo sie es fanden, in die **Fondry des Chiens.** Was wir dort sehen, ist erst einmal nichts Besonderes, aber Vorsicht! Augen auf! Allzuleicht fällt man hier in eine der Gruben, die sich jäh vor dem Wanderer öffnen. Diese unregelmäßig großen Kuhlen sind die Hinterlassenschaft der römischen Besatzer, die die eisenhaltigen Sande, die hier abgelagert waren, abgebaut und verwertet haben.

Und was haben sie uns übriggelassen? Eine kleine geologische Kostbarkeit, nämlich ein nicht verkipptes, kuppelförmiges Riff aus dem oberen Mitteldevon (366 bis 360 Millionen Jahre). »Nicht verkippt« heißt, daß es noch so steht wie damals, als es im flachen ardennisch-rheinischen Meerestrog entstanden ist. Das Riff wurde im unteren Bereich von Seelilien, im oberen Bereich von Stromatoporen (ausgestorbene schwamm- oder korallenähnliche Kalkbildner) aufgebaut. Es erreicht eine Mächtigkeit von mindestens 50 Metern.

Erst im Miozän (24 bis 5 Millionen Jahre) wurden die Räume zwischen den Riffkalken mit den eisenhaltigen Sanden verfüllt, die von den Römern schließlich ausgebeutet wurden, so daß uns nur noch die Karstschlotte blieb, vor der wir nun stehen.

Doch das Naturschutzgebiet rund um die »römischen Fallgruben« hat noch mehr zu bieten: Das besonders milde Mikroklima und der kalkhaltige Untergrund haben Bedingungen geschaffen, unter denen eine mediterran anmutende Pflanzengesellschaft gedeihen kann. Flaumeichen, Buchsbäume, Schlüsselblumen und vor allem etliche Orchideenarten (zum Beispiel Purpurknabenkraut, Große Händelwurz, Violetter Dingel) zeigen uns das typische Aussehen einer Kalkmagerrasen-Vegetation.

Eau Noire – Schwarzes Wasser nennt man den Fluß, der die kleine Stadt Nismes durchfließt.

Oberhalb von Olloy-sur-Viroin säumen ausgedehnte Felder den Wanderweg.

Der Wegverlauf

Wir beginnen unsere Wanderung vor der **Kirche von Nismes.** Als erstes überqueren wir die Brücke über die Eau Noire und stehen nun vor dem **Schloß von Nismes.** Auf der Rue Grande gehen wir parallel zur Eau Noire nach Süden, bis sich die Straße gabelt. Wir gehen hier nach links. Die ausgewiesene Straßenabzweigung zu den Fondry des Chiens beachten wir nicht, denn wir nehmen lieber einen schönen Spazierweg. Es geht also weiter geradeaus, bis uns nach etwa 200 Metern die *Rue Roche Nanette* nach links oben führt. An der folgenden Gabelung nehmen wir den linken Weg, der nach einem Anstieg zum Waldweg wird. Wir erreichen einen Parkplatz, von dem aus südlich – durch eine Schranke abgetrennt – das Naturschutzgebiet **Fondry des Chiens** liegt, das man am besten selbständig erkunden sollte.

Zurück an der Schranke gehen wir nach *rechts* auf einen asphaltierten Weg, der leicht bergab führt. An der nächsten Kreuzung folgen wir der *rot-weißen Markierung* nach links. Nach knapp 200 Metern, an der nächsten Gabelung, schwenken wir nach *rechts.* Dieser Weg hat nahezu keine Steigung. Links liegt ein Wald, rechts sind Felder. Den Weg, der links in den Wald führt, beachten wir nicht, sondern gehen geradeaus. Kurz bevor auf der rechten Seite die Felder einem Wald weichen, führt uns die *rot-weiße Markierung* nach links in den Wald hinein. Mit der Markierung wandern wir nach rechts, und etwa 200 Meter weiter trifft von links hinten ein Weg auf unseren Weg: hier gehen wir geradeaus auf dem Bergrücken weiter. Der Abstieg, den wir nun vor uns haben, kann bei Feuchtigkeit sehr glitschig werden; Vorsicht ist also geboten. Unten angekommen, führt uns die rot-weiße Markierung auf eine Weide und anschließend *bei Dourbes* auf eine Brücke über den **Viroin**.

Hinter der Brücke gehen wir nach rechts. Wir wandern zunächst am Ufer entlang, bis uns die *rot-weiße Markierung* nach links oben führt. Dieser Weg ist recht

steil. Oben angekommen, sehen wir ein Wegkreuz, das **Croix Sauvage.** Doch verlassen wir ein paar Meter zuvor den rotweiß markierten Weg, wenden uns nach rechts und befinden uns jetzt wieder auf einem Bergrücken. Links unterhalb von uns liegen einige Steinbrüche. Dann geht es bergab in das **Tal des Viroin,** wo wir parallel zur *Eisenbahnlinie* nach links gehen. Wir sehen nun die oben bereits erwähnten **Steinbrüche** aus der Nähe; rechts können wir den **Roche aux Faucons** erkennen. Einige Male gehen links Wege ab; wir bleiben jedoch immer auf unserem Weg, der bald asphaltiert ist.

Rechts sehen wir schon die ersten Häuser von **Olloy-sur-Viroin.** Wenn unser Weg auf die N 99 trifft, gehen wir etwa 50 Meter nach links, um dann wieder nach links in die *Rue de Goulette* abzubiegen. Dieser steile Weg bringt uns bald in den Wald hinein. Nach Beendigung des steilen Anstiegs verlassen wir den Wald und gehen geradeaus auf einem Feldweg weiter. Nach etwa 600 Metern gabelt er sich, und wir gehen nach *rechts.* Nun bleiben wir auf diesem Weg, passieren einen Wald und gehen immer geradeaus.

Der asphaltierte Weg, auf den wir nach einiger Zeit treffen, ist der *Chemin du Paradis,* dem wir nach rechts nach Vierves-sur-Viroin folgen. Links sehen wir in einiger Entfernung die außergewöhnliche Friedhofskapelle von Vierves-sur-Viroin. Wir erreichen die Hauptstraße *N 99,* verlassen sie jedoch sogleich wieder auf der anderen Straßenseite in die **Fontaine St-Joseph.** Wir bleiben auf dieser Straße, die nach etwa 500 Metern zu einem schmalen Waldweg wird. Ein paar hundert Meter weiter gabelt sich unser Weg; hier gehen wir nach links oben.

Der Waldweg wird bald zu einem Feldweg, zum Teil beidseitig von hohen Büschen gesäumt. Kurz bevor wir wieder die N 99 erreichen, biegen wir nach rechts auf eine kleinere Straße ab, die nach Treignes führt. Wir können uns jetzt an der **Kirche von Treignes** orientieren. In Treignes können wir das **Ecomusée** besuchen, ein von der Universität Brüssel gefördertes

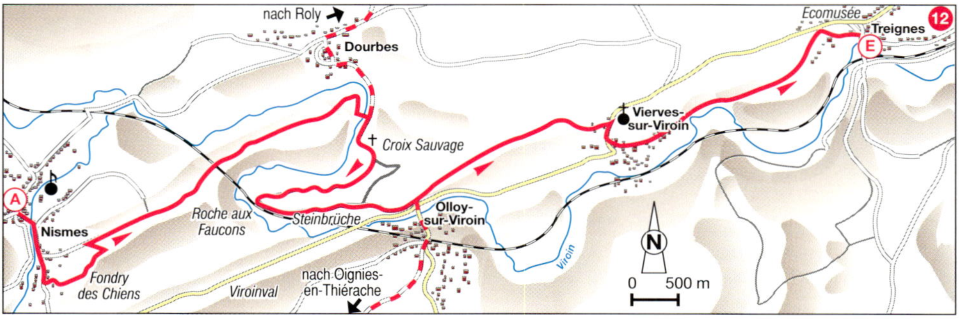

Museum, das zu allen Themenkreisen des Landlebens und der Landarbeit interessante Utensilien, Maschinen und Dokumente ausstellt.

Nützliche Informationen

Ausgangsort und Zufahrt: *Nismes* (165 m) liegt an der N 99 (259 km von Köln, 448 km von Frankfurt/M). Zufahrt mit Pkw: von Köln: A 4, A 44 bis Grenze, A 3 / E 40, A 15 / E 42, A 4 / E 411 bis Ausfahrt 20 Achêne, N 97 bis Philippeville, N 5 über Couvin, N 99 nach Nismes. Von Frankfurt: A 66, A 3, A 48 / E 44 über Trier nach Luxemburg, E 25, A 4 / E 411 bis Ausfahrt 23, N 86, N 40 (D 949) Givet, N 99 nach Nismes. Zufahrt mit öffentlichen Verkehrsmitteln: Zug- und Busverbindung von Köln über Charleroi-Sud und Couvin.
Ausgangspunkt: Kirche von Nismes (Parkplätze vorhanden).
Gehzeiten: Insgesamt 5 Std.; Kirche von Nismes – Fondry des Chiens: 20 Min., Fondry des Chiens – Viroinbrücke bei Dourbes: 1 Std. 40 Min., Viroinbrücke bei Dourbes – Olloy-sur-Viroin: 1 Std. 20 Min., Olloy-sur-Viroin – Vierves-sur-Viroin: 40 Min., Vierves-sur-Viroin – Treignes: 1 Std.
Unterkunft und Verpflegung: Eine Reihe von Hotels und Restaurants in *Nismes, Dourbes, Olloy-sur-Viroin, Vierves-sur-Viroin* und *Treignes*. Campingplatz in *Olloy-sur-Viroin*: Camping Communal Try des Baudets, Rue de la Champagne, Tel. (0 60) 39 01 08.
Einkehr unterwegs: In *Nismes, Dourbes, Olloy-sur-Viroin, Vierves-sur-Viroin* und *Treignes*.
Auskunft: Maison du Tourisme, Rue de la Falaise 3, B-6400 Couvin, Tel. (0 60) 34 74 63.
Sehenswürdigkeiten in der Umgebung:
• *Couvin:* Etwa 4 km westlich von Nismes liegt Couvin mit der Höhle **Trou de l'Abîme,** in der Reste prähistorischer Kulturen gefunden wurden. Doch auch im Mittelalter zogen sich Menschen hierher zurück. Selbst in nicht so ferner Vergangenheit wurde dieses Kavernensystem, das von dem Fluß Eau Noire in das Kalkgestein gebohrt wurde, als Versteck genutzt: hier hielt einst der Herr von Couvin den Herrn von Chimay gefangen. Dieser konnte sich jedoch durch eine Gesteinsspalte bemerkbar machen und wurde von seinen Mannen befreit – seiner Rache stand nun nichts mehr im Wege. In den düsteren Tagen der deutschen Invasion 1940 suchte hier die Bevölkerung Couvins Schutz vor den Bombardements.
• *Fagnolle:* Etwa 5 km nordöstlich von Nismes liegt Fagnolle mit seiner viereckigen **Schloßruine** aus dem 13. Jahrhundert. Sie ist rundum von Wassergräben umgeben und beherbergt ein kleines archäologisches und kunsthistorisches Museum.
Zusätzliche Tourenvorschläge: 1. Nachdem wir die Viroinbrücke bei Dourbes überquert haben, der rot-weißen Markierung nach links in Richtung *Roly* (12 km) folgen. **2.** Nach Olloy-sur-Viroin gehen und hinter der Eisenbahnlinie der rot-weißen Markierung nach rechts in Richtung *Oignies-en-Thiérache* (9 km) folgen.
Wanderkarte: Topographische Karte des IGN 1:50 000, Blatt 58 Beauraing.

13 Das Tal der Molignée

Vorbei an den Klöstern von Marèdret und Maredsous

Tourencharakter: Leichte Rundwanderung; Wege zum Teil gut ausgebaut, zum Teil schmale Pfade.
Beste Jahreszeit: Frühling bis Herbst.
Reine Gehzeit / Weglänge: Ohne Besichtigungen 2 Std. 45 Min. / 8 km.
Orientierung / Markierungen: Mittelschwer. / Zum Teil rot-weiß markiert.

Die Geschichte des **Klosters Maredsous** beginnt in Deutschland, genauer im württembergischen Beuron. Von hier kamen nämlich die Mönche, die die Abtei Maredsous im Jahre 1872 gründeten. Sie kamen in das liebliche Tal der Molignée auf Bitten der Familie Desclée, die ihnen nicht nur das Grundstück zur Verfügung stellte, sondern auch den Bau des Klosters großzügig unterstützte.

Heute bestreiten die Mönche ihren Haushalt, der durch die Instandhaltung der Gebäude, durch soziale Aufgaben und durch Forschungsarbeiten sehr hoch ist, vor allem durch die Vermarktung von selbstgebrautem Bier und hausgemachtem Käse. Eine Besichtigung der Brauerei und der Käserei ist ebensowenig möglich wie ein Besuch des Klosterinneren, da hierdurch die Abgeschiedenheit der Mönche gestört werden würde.

Besichtigt werden kann jedoch die neogotische Abteikirche sowie die angeschlossene Kapelle und die große Krypta, wo man am täglichen Gebet der Mönche teilnehmen kann. Die Uhrzeiten, zu denen die Gottes-

Zwischen Marèdret und Sosoye führt der Wanderweg durch eine Landschaft von Feldern, Weiden und Koppeln.

Viele Besucher nutzen ihren Aufenthalt für einen Spaziergang durch das gepflegte Anwesen der Abtei von Maredsous.

dienste beginnen, hängen am Eingang der Kirche aus.

Wer den Charme einer jugendherbergsähnlichen Verköstigung der hausgemachten Produkte erleben möchte, der kann sich in der klösterlichen »Clairière« mit frischem Brot, Käse, Kakao, Obstkuchen und vielem mehr versorgen lassen.

Der Wegverlauf

Von der **Kirche in Marèdret** aus gehen wir auf der N 961 in östliche Richtung. Nach etwa 200 Metern beginnt noch innerhalb des Ortes ein asphaltierter Weg nach *rechts* (bergauf). Dieser Weg führt uns zunächst an einigen Bauernhöfen, später an Weiden vorbei. Nach etwa 500 Metern treffen wir an einer Weggabelung auf eine Kapelle. Hier folgen wir der *rot-weißen Markierung* nach links auf einen schmalen Waldweg. Dieser ansteigende Weg leitet uns nach einer Linkskehre für etwa 500 Meter an einer hohen Mauer entlang. Wenn wir den Wald verlassen, können wir erkennen, was sich hinter der Mauer verbirgt: das **Kloster von Marèdret.** Wir gehen auf einem asphaltierten Weg, der **Rue des Laidmonts,** geradeaus und erreichen kurz hinter einer Rechtsbiegung den Eingang des Klosters. Nachdem wir uns ein wenig in dieser Benediktinerabtei umgeschaut haben, gehen wir auf der Rue des Laidmonts weiter.

Diese Straße quer durch den Wald trifft nach ungefähr 500 Metern auf eine Kreuzung. Hier verlassen wir den rot-weiß markierten Weg und begeben uns nach *rechts* auf eine Allee inmitten von Weiden. An der nächsten Kreuzung folgen wir dem Hinweisschild »Sosoye« nach *links.* Diese Straße verlassen wir dann nach 500 Metern vor einem kleinen Wäldchen nach *rechts* auf einen Trampelpfad. Hinter einem kleinen Rinnsal biegt dieser Pfad nach links ab. Von nun an gehen wir etwa 1 Kilometer über Wiesen geradeaus, bis wir einen

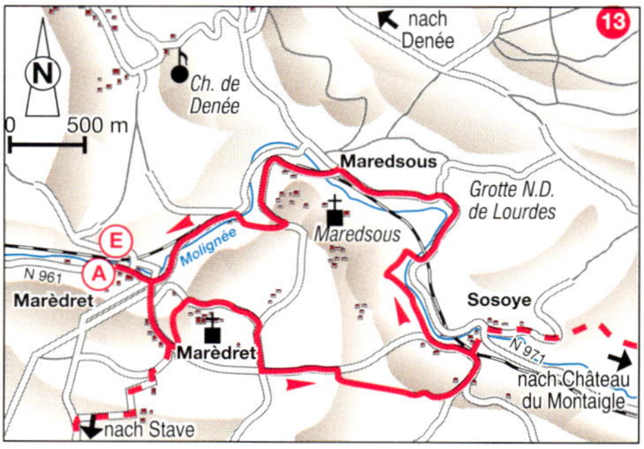

schmalen Weg erreichen, der zwischen zwei Zäunen bergab führt. Wir treffen auf einen asphaltierten Weg, dem wir nach links bis nach **Sosoye** folgen.

Vor der Bahnunterführung biegen wir nach links ab und gehen 200 Meter weiter bis zu einer Weggabelung; hier nach rechts. Entlang des Flüßchens **Molignée** wandern wir nun weiter durch den Wald, bis wir kurz hinter einem kleinen Campingplatz am anderen Ufer die Molignée überqueren. Wir erreichen die N 971 und folgen ihr nach links. Auf dieser Straße begegnet uns ein Marienstandbild, welches in einer kleinen Aushöhlung im Fels untergebracht ist, die »*Grotte Notre-Dame de Lourdes*«.

Weiter auf der N 971 kommen wir bald zu einem alten *Bahnhof,* hinter dem wir links in Richtung auf das **Kloster von Maredsous** abbiegen. Diese Straße führt uns in einem weiten Linksbogen hinauf zum Kloster, dessen Besuch sich nicht nur wegen der beeindruckenden neugotischen Architektur lohnt. Die Stärkung bei hausgemachtem Brot und Käse in der *Clairière* tut uns bestimmt gut.

Nach der Besichtigung gehen wir zurück zur Straße und tauchen auf einem *rot-weiß markierten* Weg links in den Wald ein. Dieser Trampelpfad führt bergab, und nach einigen Minuten treffen wir auf einen breiteren Weg, dem wir nach links folgen. An der nächsten Weggabelung gehen wir nach rechts und sofort wieder nach links auf der N 961 zurück nach **Marèdret**. Am Ortseingang sehen wir eine große **Galerie,** in der die Künstler, die in diesem *Village Artisanale* ansässig sind, ihre kunsthandwerklichen Produkte ausstellen. Außerdem befindet sich in der Galerie auch der Zugang zum Musée du Bois, in dem unter anderem alte Arbeitsgeräte von Waldarbeitern und Jagdutensilien ausgestellt sind. Nachdem wir die Galerie verlassen haben, gehen wir zu unserem Ausgangspunkt zurück.

Nützliche Informationen

i

Ausgangsort und Zufahrt: *Marèdret* (198 m) liegt an der N 961 (229 km von Köln, 436 km von Frankfurt/M). Zufahrt mit Pkw: von Köln: A 4, A 44 bis Grenze, A 3 / E 40, A 15 / E 42, A 4 / E 411 bis Ausfahrt 20 Achêne, N 97, N 951, N 961 Marèdret. Von Frankfurt: A 66, A 3, A 48 über Koblenz, A 61 bis Kreuz Kerpen, A 4, A 44 bis zur Grenze. Zufahrt mit öffentlichen Verkehrsmitteln: Zug- und Busverbindung von Köln über Namur und Yvoir.

Ausgangspunkt: Kirche von Marèdret (Parkplätze vorhanden).

Gehzeiten: Insgesamt 2 Std. 45 Min.; Kirche von Marèdret – Kloster Marèdret: 20 Min., Kloster Marèdret – Sosoye: 45 Min., Sosoye – Kloster Maredsous: 1 Std. 10 Min., Kloster Maredsous – Kirche von Marèdret: 30 Min.

Unterkunft und Verpflegung: Eine Reihe von Hotels und Restaurants in *Marèdret, Sosoye* und im nahen *Ermeton-sur-Biert.* Campingplatz in *Marèdret*: La Molignée, Rue des Artisans 44, Tel. (0 82) 69 91 87.

Einkehr unterwegs: In *Marèdret, Sosoye,* am *Bahnhof von Maredsous* sowie im *Kloster von Maredsous.*

Auskunft: Syndicat d'Initiative Meuse-Molignée, Chaussée de Dinant 30, B-5537 Anhée, Tel. (0 82) 61 12 61.

Sehenswürdigkeiten in der Umgebung:
• *Montaigle:* Etwa 6 km östlich von Marèdret liegt Montaigle mit seiner berühmten **Burgruine.**

Zusätzliche Tourenvorschläge: 1. In Sosoye die Bahnunterführung durchqueren, hinter der Kirche der rot-weißen Markierung nach rechts in Richtung *Château du Montaigle* (4 km) folgen. **2.** An der Kapelle kurz hinter dem Ortsausgang von Marèdret der rot-weißen Markierung nach rechts in Richtung *Stave* (9 km) folgen.

Wanderkarte: Topographische Karte des IGN 1:50 000, Blatt 53 Dinant.

Mit einer freundlichen und informativen Führung werden die Besucher durch die Gärten von Annevoie geleitet.

14 Durch die Gärten von Annevoie

Belgiens schönste Wasserspiele

Tourencharakter: Mittelschwere Rundwanderung; Wege zum Teil gut ausgebaut, zum Teil schmale Pfade.
Beste Jahreszeit: Frühling bis Herbst.
Reine Gehzeit / Weglänge: Ohne Besichtigungen 3 Std. / 9 km.
Orientierung / Markierungen: Einfach. / Rot-weiß markiert.

Wollen Sie sich um ein Jahr verjüngt fühlen? Dann gibt es in den Ardennen ein Mittel: Machen Sie auf dieser Wanderung einen Abstecher in die Gärten von Annevoie!

Berühmt sind sie, diese prachtvollen Gärten, die seit Mitte des 18. Jahrhunderts das Anwesen um das **Schloß der Familie De Montpellier** zieren. Diese Familie machte ihr Glück (und das entsprechende Geld) in der damals aufstrebenden Stahlindustrie. Charles-Alexis, dem 1750 nach dem Tode des Vaters der Besitz zufiel, ließ das Schloß umbauen und vergrößern, doch nicht diese – im übrigen sehr gelungenen – Baumaßnahmen machten ihn berühmt. Weit mehr Aufsehen erregten und erregen noch heute die faszinierenden Wasserspiele, Fontänen, Kaskaden und Brunnen, die mit den **Gartenanlagen** rund um das Schloß eine wohltuende Einheit bilden. Da sieht man den Spucker, den Fächer, die Neptungrotte, ja sogar den Springbrunnen der Liebe, an dem sich jeder Wunsch erfüllt... Und alle die Wasserspiele sprudeln ohne Unterbrechung, Jahr um Jahr. Dies ist durch das außergewöhnliche Baukonzept möglich: vier natürliche Quellen, deren Wasser nie kälter wird als 10 Grad Celsius, speisen ein großes Wasserreservoir oberhalb der Gärten. Von hier aus führen unterirdische Leitungen, die

Das Maaswehr bei Burnot ist der Ausgangspunkt dieser Wanderung. Ein Großteil der Route führt entlang der Maas, die eine der wichtigsten Verkehrsadern der Ardennen ist.

sich noch im Originalzustand befinden, zu den einzelnen Fontänen, wobei das natürliche Gefälle im Gelände für den nötigen Wasserdruck sorgt.

Eine weitere Besonderheit ist das Nebeneinander zweier im 18. Jahrhundert bei den Gartenarchitekten beliebter Stile: hier der Klassizismus, dort die Romantik. Der typische französisch-klassizistische Garten zwingt die Natur in Reih und Glied, prägt ihr eine künstliche, ornamentale Ordnung auf. Die Beete westlich des Schlosses von Annevoie sind ganz in diesem Sinne gestaltet.

Die aus England stammende Bewegung der romantischen Gartenbaukunst orientiert sich dagegen mehr an der Natur. Sie konstruiert mit wenigen, gezielten Eingriffen ein natürlich wirkendes Ganzes, in dem dann hier und da Bilder eingefügt werden, die die romantischen Gefühle des Betrachters wecken sollen. In Annevoie ist die Neptungrotte ein schönes Beispiel für solche romantischen Bilder.

Im Bereich der Laubengänge fällt der Blick des Betrachters auf etliche Statuen, die aus der Entfernung vollplastisch wirken, die aber tatsächlich flache Gußarbeiten aus der Produktion der De Montpellier'schen Eisenhütten sind. Besonders die Figurinen, die die vier Jahreszeiten darstellen, zeigen, wie leicht sich unser Auge täuschen läßt!

Doch was hat dies alles mit Verjüngung zu tun? Steigen wir hinauf auf das höchste Niveau des Gartens: bald stehen wir vor dem großen Speicherbassin, das das kostbare Naß birgt, bis es auf seinen Weg durch die Brunnen geschickt wird. Das Becken ist genau 7 Meter breit (für die 7 Tage der Woche), 365 Meter lang (für die Tage des Jahres) und wird gesäumt von 52 Linden (für die Wochen des Jahres). Soviel Allegorie braucht natürlich auch ein Geheimnis – und so wird behauptet, wer dieses Becken seiner Länge nach abschreitet, fühlt sich sofort um ein Jahr verjüngt!

Wer mag, soll es ausprobieren, und wenn man die Gärten dann doch nicht jünger verläßt, so gewiß aber etwas klüger und vielleicht, nach all der Harmonie, auch ein wenig fröhlicher.

Der Wegverlauf

Vom **Maaswehr** aus gehen wir zunächst flußaufwärts am Ufer entlang. Der rot-

weißen Markierung folgen wir jedoch kurz vor einem Basketballfeld nach rechts auf einen Trampelpfad. Hier erreichen wir die *N 92* an einer Kirche. Nachdem wir die Straße überquert haben, gehen wir hinter der Kirche nach rechts schräg bergauf in die **Rue du Tienne au Colin.** Kurz darauf erreichen wir eine H-förmige Wegkreuzung. Hier folgen wir den Markierungen rot-weiß und »5« nach links hinten in die *Route de Messe.* Nach wenigen Metern wenden wir uns jedoch nach rechts und folgen einem kleinen Weg zunächst an Gärten vorbei weiter bergauf. Kurz nachdem wir ein Heiligenstandbild passiert haben, erreichen wir wieder einen asphaltierten Weg, dem wir geradeaus an Einfamilienhäusern vorbei folgen und an dessen Ende wir uns *rechts* wenden. Etwa 50 Meter weiter kommt eine Spitzkehre, wir gehen – der rot-weißen Mar-

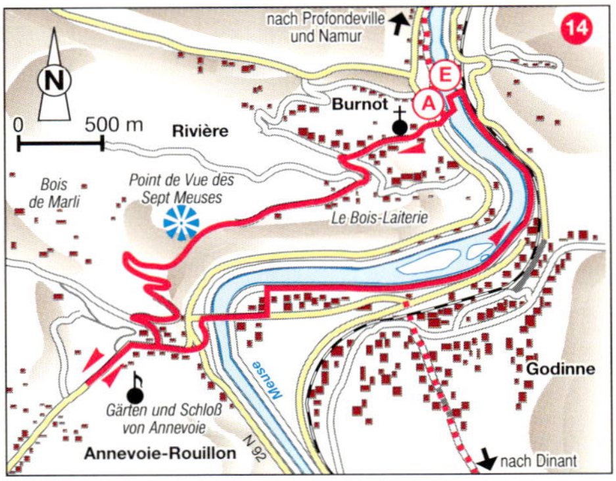

kierung folgend – immer weiter bergauf. Wir kümmern uns nicht um Wege, die links oder rechts abgehen. Bald erreichen wir den **Point de Vue des Sept Meuses,** eine Stelle, von der man – wie der Name bereits andeutet – einen sehr schönen Ausblick auf das Maastal hat.

Die rot-weiße Markierung leitet uns jetzt auf einen Waldweg, der in Serpentinen bergab führt. Auch von diesem Weg gehen hin und wieder andere Waldwege ab; wir folgen jedoch immer der rot-weißen Markierung. Kurz bevor wir eine asphaltierte Straße erreichen, kommen wir an einem Jesusstandbild vorbei. Von hier aus können wir ebenfalls einen Blick auf das Tal der Maas werfen. Auf dem asphaltierten Weg gehen wir nach *links* und kommen – kurz bevor wir die Hauptstraße erreichen – an einem kleinen Schloß vorbei. Auf der Hauptstraße wenden wir uns nun nach rechts und erreichen nach etwa 500 Metern den Eingang zu den **Gärten von Annevoie.**

Nach der geführten Besichtigung der Gärten wenden wir uns auf der Hauptstraße wieder nach rechts und gehen bergab. Die rotweiße Markierung leitet uns alsbald auf schmaleren Wegen bis zum Ufer der Maas hinunter. Hier gehen wir ein Stück flußabwärts bis zu einer *Brücke,* die wir überqueren.

Am anderen Ufer – in **Godinne** – folgen wir dann der rot-weißen Markierung nach links bis zur Maas, der wir flußabwärts folgen. Immer am Ufer entlang gehend erreichen wir wieder das Maaswehr, welches wir nur überqueren müssen, um an unseren Ausgangspunkt zurückzugelangen. Sollte eine Überquerung momentan nicht möglich sein, finden wir etwa 1 Kilometer flußabwärts eine Brücke.

Nützliche Informationen

Ausgangsort und Zufahrt: *Burnot* (89 m) liegt an der N 92 (188 km von Köln, 393 km von Frankfurt/M). Zufahrt mit Pkw: von Köln: A 4, A 44 bis Grenze, A 3 / E 40, A 15 / E 42, A 4 / E 411 bis Ausfahrt 14, N 80 bis Namur, N 92 bis Burnot. Von Frankfurt: A 66, A 3, A 48 über Koblenz, A 61 bis Kreuz Kerpen, A 4, A 44 bis zur Grenze. Zufahrt mit öffentlichen Verkehrsmitteln: Zugverbindung (nach Godinne) von Köln über Namur.

Ausgangspunkt: Maaswehr bei Burnot (Parkplätze vorhanden).

Gehzeiten: Insgesamt 3 Std. (ohne Abstecher zu den Gärten von Annevoie); Burnot – Point de Vue des Sept Meuses: 40 Min., Point de Vue des Sept Meuses – Maasbrücke: 1 Std. 20 Min., Maasbrücke – Burnot: 1 Std.

Unterkunft und Verpflegung: Eine Reihe von Hotels und Restaurants in *Burnot, Annevoie-Rouillon* und *Godinne.* Campingplätze in *Godinne*: Les Arpents Verts, Rue des Villas 7, Tel. (0 82) 61 22 45; Les Tilleuls, Rue de la Plage, Tel. (0 82) 61 37 30.

Einkehr unterwegs: In *Burnot,* am *Point de Vue des Sept Meuses,* in *Annevoie-Rouillon* sowie in *Godinne.*

Auskunft: Syndicat d'Initiative Meuse-Molignée, Chaussée de Dinant 30, B-5537 Anhée, Tel. (0 82) 61 12 61.

Sehenswürdigkeiten in der Umgebung:
• *Crupet:* Etwa 6 km östlich von Godinne liegt das interessante **Wasserschloß** von Crupet.

Zusätzliche Tourenvorschläge: 1. In Godinne kurz hinter der Kirche das Maasufer verlassen und der rot-weißen Markierung nach rechts in Richtung Dinant (22 km; siehe auch *Wanderung 15*) folgen. **2.** Am Maaswehr der rot-weißen Markierung flußabwärts in Richtung Profondeville (4 km) und Namur (20 km; siehe auch *Wanderung 1*) folgen.

Wanderkarte: Topographische Karte des IGN 1:50 000, Blatt 53 Dinant.

15 Phönix aus der Asche

Eine Stadt zwischen den Fronten: Dinant

Tourencharakter: Stadtwanderung; Wege gut ausgebaut.
Beste Jahreszeit: Das ganze Jahr über.
Reine Gehzeit / Weglänge: 1 1/2 Std. / 4 km.
Orientierung / Markierungen: Einfach. / Straßenschilder.

Die »Tochter der Maas« – so wird sie gern genannt, diese leidgeprüfte und doch so freundliche Stadt.

Der keltische Ursprung **Dinants** wird durch zahlreiche archäologische Funde belegt. In römischer Zeit befand sich hier ein wichtiger Übergang über die Maas mit einem Kastell. Eine Betkapelle an der Stelle, wo sich heute die Eglise Collégiale befindet, zeugt von der Präsenz des Christentums schon im 4. Jahrhundert. Diese religiöse Bindung der Stadt blieb über die merowingische Periode erhalten, in der sie eine wichtige Münzstätte darstellte.

1070 wurde ihre politische Zugehörigkeit von Kaiser Heinrich IV. festgelegt: Er sprach die Stadt dem Lütticher Fürstbischof zu, und infolgedessen war Dinant sogar Anfang des 17. Jahrhunderts Sitz der Bischöfe von Tongres-Maastricht.

Zwischen dem 11. und 15. Jahrhundert entwickelte sich in Folge der Galmeivorkommen in der Umgebung die berühmte Messingproduktion, so berühmt, daß handwerkliche Messingprodukte noch heute als »Dinanderien« gehandelt werden, obwohl dieses Handwerk spätestens im 18. Jahrhundert an Bedeutung verlor.

Die geopolitische Lage der Stadt brachte es mit sich, daß sie immer wieder im Mittelpunkt feudalistischer Kriege stand. Insbesondere die Konkurrenz mit der Nachbargemeinde Bouvignes führte häufig zu blutigen Auseinandersetzungen. 1466 wurde die Stadt auf Befehl von Karl dem Kühnen völlig niedergebrannt, was das blühende Handwerk praktisch lahmlegte.

Knapp hundert Jahre später geriet Dinant im Krieg zwischen Frankreich und Spanien

Gerne und oft photographiert: Das Postkartengesicht Dinants hat trotz der häufigen Zerstörungen nichts an Attraktivität verloren.

zwischen die Fronten und fiel für die Zeit von 1675 bis 1703 der französischen Krone zu. Im 18. Jahrhundert gewannen dann neue Industrien an Boden: Die Marmorbearbeitung, die Gerberei und die Papierherstellung ersetzten die rückläufige Messingproduktion.

1795 wurde Dinant wieder französisch, 1815 bis 1830 stand die Stadt unter holländischem Regime. Ende des 19. Jahrhunderts erlebte Dinant, jetzt unabhängig und Hauptstadt des Arrondissements, einen Aufschwung durch den Tourismus. Als Erholungsort der Luxusklasse erduldete Dinant den nächsten Schlag: Am 23. August 1914 marschierten die Deutschen ein, plünderten die Stadt und ermordeten 700 Einwohner.

Nach dem Ersten Weltkrieg wurden die zerstörten Viertel rekonstruiert, doch verschwand nun die traditionelle Industrie und machte der aufstrebenden Dienstleistungswirtschaft und administrativen Institutionen Platz. Doch schon überrollte der Zweite Weltkrieg das Land, und Dinant mußte erneut den Verlust zahlreicher historischer Bauten beklagen. Trotzdem stehen wir heute inmitten einer blühenden Stadt, die ganz offensichtlich vom Tourismus zu leben weiß.

Der Wegverlauf

Wir starten unseren Rundgang auf dem Parkplatz am linken Maasufer auf der **Avenue Cadoux,** von wo aus wir einen hervorragenden Blick auf die Kathedrale von Dinant haben. Wir überqueren die Maas und gehen direkt hinter der Brücke auf den **Boulevard L. Sasserath.** Nun spazieren wir am Maasufer entlang, das hier von sehr hübschen, schmalen, alten Wohnhäusern gesäumt ist.

In die nächste Straße, die rechts abgeht (*Rue St-Jacques*), biegen wir ein und halten uns dann sofort wieder rechts, bis zur *Rue Adolphe Sax*, eine schmale Geschäftsstraße. Im Haus Nr. 31, in dem sich ein Supermarkt befindet, wurde 1814 Adolphe Sax, der Erfinder des Saxophons, geboren.

Mit einer Seilbahn gelangt man zur Zitadelle von Dinant, in der ein Museum untergebracht ist.

Wir gehen weiter geradeaus und kommen auf die *Place Reine Astrid* mit dem Wahrzeichen der Stadt, der Kirche **Notre-Dame** mit ihrem außergewöhnlichen Zwiebelturm. Diese Kirche reicht mit ihrem ältesten Teil, einem Portal am nördlichen Seitenschiff, zurück in das 12. Jahrhundert. Die heutige Anlage im Stil der frühen Gotik des Maaslandes zeugt von stetigen Zerstörungen und Restaurierungen. Die beiden Fassadentürme konnten allerdings nie vollendet werden. Statt dessen erhielt die Kirche einen Turm, der ursprünglich für das Rathaus gebaut, dort aber nicht mehr gebraucht wurde. In dem insgesamt recht schlichten Gotteshaus ist unter anderem das Stufenportal der Taufkapelle sehenswert.

Direkt am Platz befindet sich die Talstation der Seilbahn zur Zitadelle. Wem der Weg über die 408 Stufen zu anstrengend erscheint, löst hier ein Ticket und läßt sich auf den Felsen fahren. Die **Zitadelle,** von den holländischen Herrschern Anfang des 19. Jahrhunderts erbaut, ruht auf den Fundamenten des bischöflichen Schlosses aus dem 11. Jahrhundert. Sie erlebte in den beiden Weltkriegen Zerstörungen und Plünderungen. Heute erwartet uns hier ein sehenswertes Museum der Geschichte dieser Festung, aber schon die Aussicht auf die Stadt und ein Spaziergang durch die Anlage lohnen einen Besuch.

Nach dem Besuch der Zitadelle verlassen wir die *Place Reine Astrid* über die *Rue Grande* und nehmen die erste Straße links (*Rue Le Boulangé*). Wir befinden uns nun ein wenig abseits der touristischen Zentren und haben den Blick frei für die hübschen kleinen Wohnhäuser.

Über die *Rue En Rhée* gelangen wir auf die *Place du Palais de Justice* mit der imposanten Fassade des Justizpalastes (1879). Weiter geht es durch die *Rue En Rhée* zum *Square Lion.* Von hier aus geht ein Sessellift hinauf zum Freizeitpark rund um den **Turm von Mont Fat.** Wählt man den Fußweg den Berg hinauf, hat man die Möglichkeit, die Grotten von Mont Fat zu besichtigen.

Der **Square Lion** mit seinem Monument für König Leopold III. lädt zu einer kleinen Rast ein. Über die *Rue En Rhée* und die *Rue St-Michel* (schönes Schulgebäude von 1923) kommen wir auf die *Rue Grande* und gehen nach links, vorbei am Büro für Tourismus bis zur *Rue St-Menge.* Hier biegen wir links ein und erreichen die kleine Kirche *St-Nicolas.* Direkt hinter der Kirche wenden wir uns nach links und haben einen Blick auf das Kasino der Stadt. Wir gehen an ihm vorbei, überqueren die *Rue Grande* und gehen durch die *Rue des Fosses* zum Maasufer. Hier halten wir uns rechts und kommen auf unserem Weg am **Hôtel de Ville,** einem sandfarbenem Bau mit schiefergedecktem Dach, vorbei. Was wir hier sehen, ist die Rekonstruktion (1925) nur eines Flügels des ehemaligen Rathauses mit einer Fassade, die so in der ersten Hälfte des 17. Jahrhunderts entstand, als das Gebäude noch

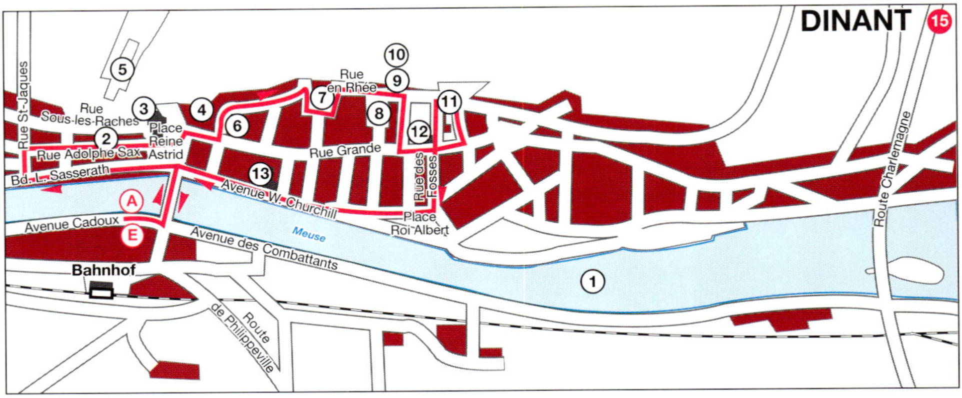

① Maas, ② Geburtshaus von Adolphe Sax, ③ Kirche Notre-Dame, ④ Talstation der Seilbahn zur Zitadelle, ⑤ Zitadelle, ⑥ Rue Le Boulangé, ⑦ Justizpalast, ⑧ Square Lion, ⑨ Grotte von Mont Fat, ⑩ Freizeitpark von Mont Fat, ⑪ Kirche St-Nicolas, ⑫ Casino, ⑬ Rathaus

Besitztum der Fürstbischöfe war. Neben dem Turm befindet sich das ehemalige Stadttor *St-Martin*. Wir gehen weiter auf der *Avenue Winston Churchill*, überqueren die Brücke und gelangen zu unserem Ausgangspunkt.

Nützliche Informationen

Ausgangsort und Zufahrt: *Dinant* (98 m) liegt an der N 936 (205 km von Köln, 412 km von Frankfurt/M). Zufahrt mit Pkw: von Köln: A 4, A 44 bis Grenze, A 3 / E 40, A 15 / E 42, A 4 / E 411 bis Ausfahrt 20 Achêne, N 936 nach Dinant. Von Frankfurt: A 66, A 3, A 48 über Koblenz, A 61 bis Kreuz Kerpen, A 4, A 44 bis zur Grenze. Zufahrt mit öffentlichen Verkehrsmitteln: Zugverbindung von Köln über Namur.
Ausgangspunkt: Avenue Cadoux (Parkplätze vorhanden).
Gehzeiten: Insgesamt 1 ½ Std.
Unterkunft und Verpflegung: Eine Reihe von Hotels und Restaurants in *Dinant*. Campingplätze in *Dinant*: Villatoile, Ferme de Pont à Lesse, Tel. (0 82) 22 22 85; Camping de Bouvignes, Chaussée d'Yvoir, Tel. (0 82) 22 40 02; Agougeois, Rue de Dinant, Tel. (0 82) 74 44 96; Crève-Cœur, Rue Cardinal Mercier, Tel. (0 82) 22 35 86.
Einkehr unterwegs: Eine Reihe von Möglichkeiten in *Dinant*.
Auskunft: Syndicat d'Initiative, Rue Grande 37, B-5500 Dinant, Tel. (0 82) 22 28 70.

Sehenswürdigkeiten in der Umgebung:
• *Spontin:* Etwa 11 km nordöstlich von Dinant beherbergt Spontin eine imposante **Wasserburg** aus dem 11. / 12. Jahrhundert. Sie ist auf einer quadratischen Insel angelegt, die von den Wassern des Flüßchens Bocq umspült wird. Von dem ursprünglichen Mauerwerk ist weniger erhalten als von den Bauten, die im 16. Jahrhundert nach der teilweisen Zerstörung aus der Burg ein respektables Schloß machten. Das Schloß kann mit so mancher innenarchitektonischen Kostbarkeit aufwarten, so zum Beispiel Vertäfelungen aus der Renaissance. • *Rocher Bayard:* Etwa 3 km südlich von Dinant befindet sich direkt am Flußufer der berühmte »Rocher Bayard«, eine steile Felsnadel, die an die Sage der vier Haymonskinder erinnert. Über die Spuren sind sich die verschiedenen Quellen der Literatur uneins: ob man den Hufabdruck des Pferdes im Fels wiederfindet, ob das Pferd selbst den Fels gespalten hat oder ob man im Massiv den Pferderücken mit den Reitern wiedererkennt, sei dem geneigten Wanderer selbst überlassen. Sicher bleibt jedoch, daß die Truppen Ludwigs XIV. einen Durchgang in den Fels sprengten und damit den wichtigen Weg von Dinant nach Anseremme frei machten.
Wanderkarte: Topographische Karte des IGN 1:50 000, Blatt 53 Dinant. Stadtpläne sind im Verkehrsamt erhältlich.

16 Entlang der Lesse

Zu Fuß oder mit dem Kanu

Tourencharakter: Lange Streckenwanderung; Wanderwege zum Teil gut ausgebaut, zum Teil schmale Pfade.
Beste Jahreszeit: Frühling bis Herbst.
Reine Gehzeit / Weglänge: 5 Std. 15 Min. / 16 km.
Orientierung / Markierungen: Mittelschwer. / Rot-weiß.

Die **Lesse,** der Nebenfluß der Maas, den wir im Laufe der folgenden Wanderung in einem seiner schönsten Abschnitte erwandern werden, ist nicht nur Kulisse für ausgedehnte Wanderungen, sondern wird auch sehr gerne von Sportlern oder Freizeitsuchenden genutzt, die in Kajaks oder Kanus den Fluß hinunterpaddeln. Wie an anderen Flüssen in den Ardennen, so zum Beispiel an der Ourthe oder an der Semois, kann man auch hier in vielen Orten Kajaks oder Kanus (sowohl Einer als auch Zweier) mieten, um diesem feuchten Vergnügen zu frönen. Abgeben kann man die Boote dann weiter flußabwärts, von wo aus die Rückfahrt (oder die Rückwanderung) organisiert

Das Schloß von Walzin, auf einem Felsen hoch über der Lesse, mutet sehr geheimnisvoll an.

wird. Geübte Kanuten oder Kajakfahrer stellt die Lesse in der Regel nicht vor größere Probleme (solange man nur dort fährt, wo es erlaubt ist). Ungeübte Fahrer können sich jedoch an so manchem Wehr nasse Füße holen.

Nähere Auskünfte über die Wassersportmöglichkeiten auf den Flüssen der Ardennen erteilen gerne die verschiedenen Kanuverbände (Adressen siehe Anhang, Praktische Hinweise).

Der Wegverlauf

Wir beginnen unsere Wanderung vor dem **Bahnhof von Anseremme.** Hier gehen wir nach links bis zur N 95, auf der wir nach links laufen, bis wir rechts auf eine kleine asphaltierte Straße zur Maas stoßen. Am **Maasufer** angelangt, folgen wir der rot-weißen Markierung *maasaufwärts* nach links. Nach einigen Minuten wird unser Weg zum Trampelpfad. Links blicken wir auf eine Priorei von 1643 mit einer romanischen Kirche und einigen typischen Steinhäusern. Immer noch am Ufer der Maas gehend, überqueren wir eine kleine Brücke über eine Yachthafenzufahrt. An Tennisplätzen vorbei folgen wir der rot-weißen Markierung alsbald nach links, bis wir auf eine asphaltierte Straße treffen. Hier gehen wir nach rechts bis zum Ende der Straße, wo wir auf einen schmalen *Uferpfad* wechseln.

Nun kommen wir an einigen Kletterfelsen vorbei und sehen nach wenigen Minuten am anderen Ufer das **Schloß von Freyr** (1769) mit seinen Gartenanlagen. Auf unserem Ufer liegt jetzt der *Felsen von Freyr*, eine Herausforderung selbst für geübte Kletterer. Hier verlassen wir das Ufer, indem wir der rot-weißen Markierung auf einen schmalen – in Serpentinen bergauf führenden – Pfad folgen.

Nach einem langen Anstieg erreichen wir wieder die *N 95*, der wir nach rechts folgen. Nach etwa 1 Kilometer auf dieser Straße biegen wir links in die *Rue de Waulx* ein. 200 bis 300 Meter weiter führt uns die rot-weiße Markierung hinter einem *Bauernhof* nach rechts auf einen Feldweg. Die Felder, durch die wir jetzt gehen, gestatten uns einen weiten Blick über die Landschaft. Wir kommen an zwei kleinen Wäldchen vorbei und beachten alle Abzweigungen nicht.

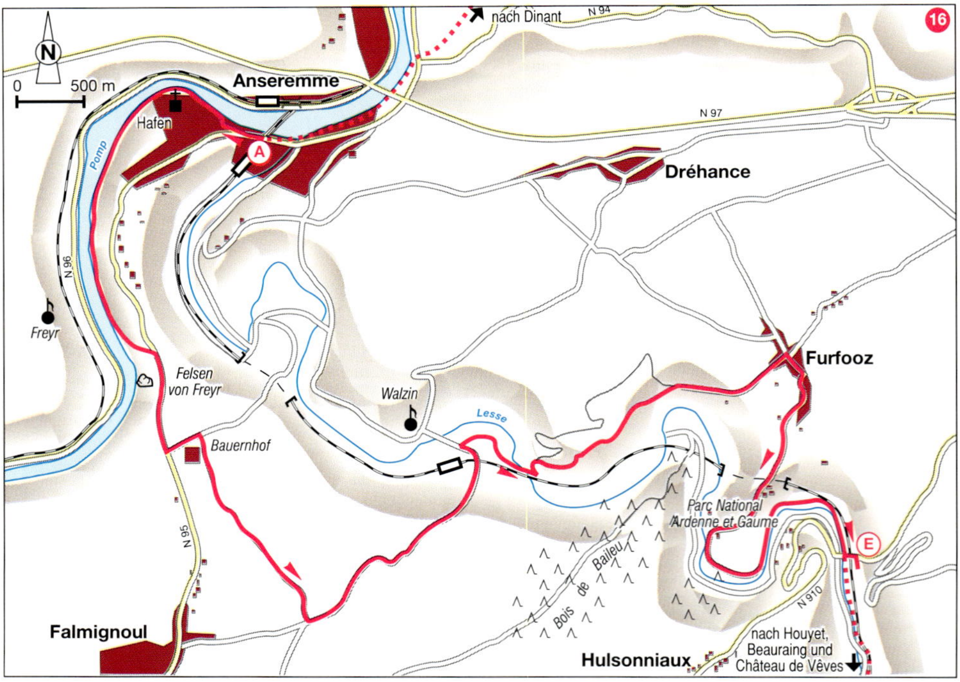

Bald erreichen wir an einer Baumgruppe eine Wegkreuzung. Hier folgen wir der rot-weißen Markierung nach links auf einen bergab führenden Feldweg, der bald in einen Wald, den **Bois de Baileu,** mündet.

Innerhalb des Waldes folgen wir der rot-weißen Markierung geradeaus. Einige Male gehen links oder rechts Wege ab, die uns aber nicht kümmern. Nachdem uns eine Brücke über eine *Eisenbahnlinie* geführt hat, folgen wir der rot-weißen Markierung nach links auf einen relativ breiten Waldweg. Nach 200 Metern kommen wir an eine Weggabelung, an der wir nach rechts gehen. Links können wir jetzt auf einem Felsen am anderen Ufer der Lesse das mächtige, in Privatbesitz befindliche **Château de Walzin** erkennen.

Wir bleiben auf unserem Weg, bis wir zu einer **Eisenbahnbrücke** über die Lesse gelangen, über die wir, der rot-weißen Markierung entsprechend, an das andere Lesseufer kommen (auf Züge achten!). Hier folgen wir einem Weg lesseabwärts. Dieser rot-weiß markierte Weg verläßt bald das Ufer der Lesse, um über einen Bergrücken anzusteigen. Wege, die hin und wieder abgehen, kümmern uns nicht. Einige schöne Aussichtspunkte kommen uns für die Verschnaufpausen sehr gelegen.

Nach Verlassen des Waldes folgen wir dem Weg mit der rot-weißen Markierung geradeaus bis zum Dorf **Furfooz.** Hier biegen wir rechts in die *Rue du Camp Romain* ein. Wir bleiben auf dieser rot-weiß markierten Asphaltstraße, bis sie auf dem Parkplatz am Eingang zum **»Parc National Ardenne et Gaume«** endet.

Unsere Wanderung führt uns aber weiter in den Wald hinein, und nach einigen hundert Metern auf dem abschüssigen Weg sehen wir rechts ein Wegkreuz. Hier machen wir einen kleinen Abstecher zu dem großen Aufschluß **Puits des Vaux,** indem wir hinter dem Kreuz die kleine Treppe hinabsteigen. Nach diesem Abstecher gehen wir wieder auf unseren rot-weiß markierten Weg zurück, auf dem wir schon bald wieder zum Lesseufer gelangen. Dort überrascht uns ein kleines Café im Grünen. Unser Weg wird zu einem Trampelpfad in eine Talebene, die mit Sträuchern und Büschen bewachsen ist. Wir bleiben auf dem rot-weiß markierten Weg, überqueren den kleinen Bach Ry des Forges und erreichen schließlich die **N 910,** der wir ein Stück nach links folgen, um gleich hinter der Eisenbahnbrücke nach rechts zum **Bahnhof** zu gehen. Wir können anschließend mit dem Zug nach Anseremme zurückfahren.

Nützliche Informationen i

Ausgangsort und Zufahrt: *Anseremme* (96 m) liegt an der N 95 (210 km von Köln, 417 km von Frankfurt/M). Zufahrt mit Pkw: von Köln: A 4, A 44 bis Grenze, A 3 / E 40, A 15 / E 42, A 4 / E 411 bis Ausfahrt 20 Achêne, N 936 Dinant, N 95 nach Anseremme. Von Frankfurt: A 66, A 3, A 48 über Koblenz, A 61 bis Kreuz Kerpen, A 4, A 44 bis zur Grenze. Zufahrt mit öffentlichen Verkehrsmitteln: Zugverbindung von Köln über Namur und Dinant.
Ausgangspunkt: Bahnhof von Anseremme (Parkplätze vorhanden).
Gehzeiten: Insgesamt 5 Std. 15 Min.; Anseremme – Felsen von Freyr: 1 Std. 15 Min., Felsen von Freyr – Walzin: 1 Std. 20 Min., Walzin – Furfooz: 1 Std. 10 Min., Furfooz – Bahnhof Gendron-Celles: 1 $^{1}/_{2}$ Std.
Unterkunft und Verpflegung: Eine Reihe von Hotels und Restaurants in *Anseremme.* Campingplatz in *Furfooz*: Paradiso, Rue les Praules – Gare de Gendron-Celles, Tel. (0 82) 66 60 28.
Einkehr unterwegs: In *Anseremme,* oberhalb des *Felsens von Freyr* sowie am *Lesseufer unterhalb von Furfooz.*
Auskunft: Syndicat d'Initiative, Rue Grande 37, B-5500 Dinant, Tel. (0 82) 22 28 70.
Sehenswürdigkeiten in der Umgebung:
• *Celles:* Etwa 5 km nordöstlich von Gendron-Celles liegt das kleine Dorf Celles mit der romanischen **Kirche St-Hadelin** aus dem 11. Jahrhundert. Auf dem Weg nach Celles kommt man am imposanten **Schloß von Vêves** vorbei, und man fühlt sich wahrlich in ein Märchen versetzt. In einer solchen Burg muß der König gewohnt haben, der das tapfere Schneiderlein zum Kampf gegen die beiden bösen Riesen ausgeschickt hat.

Eine ideale Anlegestelle für Kanu- und Kajakfahrer ist dieser Gleithang am Lesse-Mäander bei Furfooz.

Die Innenausstattung wirkt dann doch weniger märchenhaft-romantisch als eher feudal-elegant: Stukkaturen, Mobiliar und besonders die Ausstattung des Waffensaals sind sehenswert.

Zusätzliche Tourenvorschläge: 1. In Gendron-Celles weiter der rot-weißen Markierung in Richtung *Houyet* (9 km) und *Beauraing* (16 km) (siehe auch *Wanderung 18*) oder *Château de Vêves* (9 km) folgen. **2.** In Anseremme maasabwärts der rot-weißen Markierung in Richtung *Rocher Bayard* (1 km) und *Dinant* (4 km) (siehe auch *Wanderung 15*) folgen. **3.** Spaziergang durch den *Parc National Ardenne et Gaume* (3 km; Führer am Eingang erhältlich).

Wanderkarte: Topographische Karte des IGN 1:50 000, Blatt 53 Dinant.

17 Im Land der Streithähne

Über das Condroz-Plateau

Tourencharakter: Leichte Streckenwanderung; Wege gut ausgebaut.
Beste Jahreszeit: Frühling bis Herbst.
Reine Gehzeit / Weglänge: 4 Std. 15 Min. / 13,5 km.
Orientierung / Markierungen: Mittelschwierig. / Rot-weiß.

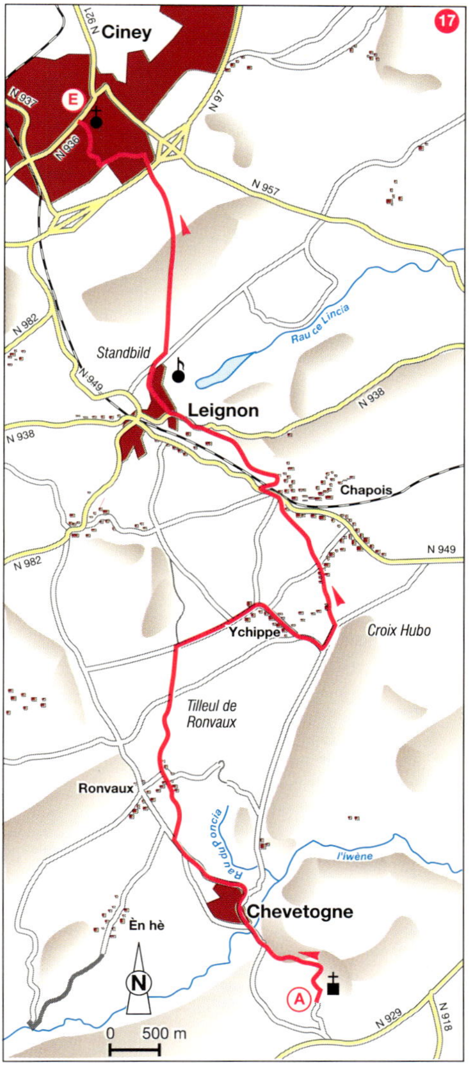

Ruhige Wälder, friedliche Viehweiden, beschauliche Täler, so präsentiert sich uns heute das wellige **Plateau von Condroz,** eine Vorardennenlandschaft südlich der Flüsse Sambre und Maas.

Läßt der Wanderer auf den schönen Wegen durch diesen Landstrich seinen Blick in die Ferne schweifen, fällt ihm vielleicht die wellenartige Oberflächenstruktur des Plateaus auf. Vornehmlich Ost-West-streichende Höhenzüge wechseln sich mit sanften Tälern ab. Dazu muß man wissen, daß hier im oberen Devon (Famenne, 353 bis 345 Millionen Jahre) bis zu 400 Meter mächtige Sandsteinschichten abgelagert wurden (Psammite de Condroz), auf die im Unterkarbon (Tournai, 345 bis 334 Millionen Jahre) Kalkgestein folgte. Während der variszischen Gebirgsfaltung (asturische Phase vor ca. 290 Millionen Jahren) wurden diese Schichten zerbrochen, gebogen und von Süden nach Norden schräggerückt. Wind und Wasser taten nun ihr Werk: Der weiche Kalkstein fiel den erbarmungslosen Kräften der Verwitterung viel stärker zum Opfer als der harte Sandstein. Es entstanden die – nun bewaldeten – Sandsteinhöhenzüge, die mit den heute zum Teil mit fruchtbarem Lehm aufgefüllten Kalksteintälern abwechseln.

Angesichts dieser friedlichen Landschaft ist es kaum zu glauben, daß hier im Mittelalter so mancher Lehenskrieg tobte. Nur die vielen Burgen und stark befestigten Gutshöfe zeugen noch davon. Zu einiger Berühmtheit gelangt ist der **Kuhkrieg**, der hier in den Jahren 1273 bis 1275 wütete. Anlaß für die Auseinandersetzung war die vorschnelle Bestrafung eines Viehdiebes: Auf frischer Tat ertappt, wurde er kurzerhand aufgeknüpft – dummerweise jedoch nicht in seiner Heimat, sondern im Machtbereich des benachbarten Landesfürsten! Grund genug für den beleidigten rechtmäßigen Herrn, einen Krieg anzuzetteln, der letztlich an die 15 000 Todesopfer forderte.

Nein, heute hat sich die Streitlust gelegt. Die Haupterwerbsquelle dieser mit ca. 100 Einwohnern pro Quadratkilometer recht

dünn besiedelten Region ist die Landwirtschaft mit Ackerbau, Rindermast und Milchwirtschaft. Der Tourismus spielt hier nicht die erste Geige.

Der Wegverlauf

Wir beginnen unsere Wanderung am **Kloster von Chevetogne,** das 1925 von einer russisch-orthodoxen Benediktinergemeinschaft gegründet wurde. Die Abteikirche beeindruckt nicht nur von außen durch ihren für Westeuropa ungewöhnlichen Baustil, sondern auch durch ihren mit griechischen Ikonen ausgeschmückten Innenraum. Direkt vor den Abteigebäuden liegt ein von Bäumen geschützter kleiner Friedhof, von dem aus wir eine alte *Blutbuche* in nördlicher Richtung erkennen können. Wir gehen auf diese Buche zu und biegen gleich hinter ihr – der rot-weißen Markierung folgend – zunächst nach links und kurz darauf nach rechts ab. Noch in Sichtweite des Klosters treffen wir auf eine weitere Weggabelung. Hier gehen wir nach *links* durch eine Talaue. Bald erreichen wir an einigen Häusern eine asphaltierte Straße, der wir nach rechts in Richtung auf **Chevetogne** folgen.

Kurz vor dem Ortseingang überqueren wir auf einer Brücke die L'Iwène, einen Nebenfluß der Lesse. Im Ort gehen wir nach links in die *Rue Presbytère,* um anschließend in einer Spitzkehre nach rechts zur Kirche von Chevetogne zu gehen.

Wir erreichen die etwas breitere *Rue Grande,* der wir nun nach links folgen. Dieser Weg führt leicht bergauf an Feldern, Wiesen und vereinzelten Häusern vorbei. Kurz nachdem von links hinten ein Weg auf unseren stößt, biegen wir – der rot-weißen Markierung folgend – nach *rechts* auf einen schmaleren Weg ab. Dieser Weg führt uns in einen kleinen Ort namens **Ronvaux.** Hier passieren wir eine Kreuzung mit einem Wegkreuz und gehen geradeaus bergauf. Nach einem langen, aber nicht allzu steilen Anstieg erreichen wir einen alten **Steinbruch,** in dem das Grundwasser steht.

Die außergewöhnliche Innenausstattung der russisch-orthodoxen Klosterkirche von Chevetogne ist einzigartig in Westeuropa.

An der darauffolgenden Kreuzung stehen wir vor einer großen alten Linde, der *Tilleul de Ronvaux,* mit ihrem Wegkreuz. Von hier aus haben wir sowohl den Blick auf das Kloster von Chevetogne als auch auf das Schloß von Leignon, dem wir uns nun langsam nähern. Wir gehen geradeaus auf einem Feldweg, der leicht bergab führt. An der nächsten Kreuzung folgen wir einem asphaltierten Feldweg nach rechts in Richtung auf das Dorf **Ychippe.**

Innerhalb des Ortes orientieren wir uns immer an der rot-weißen Markierung und lassen Wege, die links oder rechts abgehen, unbeachtet. Hinter dem Ortsausgang erreichen wir eine Wegkreuzung, an der wir nach links gehen in Richtung auf das *Croix Hubo,* eine Anhöhe oberhalb von Ychippe. Hier folgen wir der rot-weißen Markierung nach links. Von nun an gehen wir geradeaus bis nach **Chapois-Leignon.** Innerhalb des Ortes wählen wir an einer Kreuzung den geradeaus führenden Trampelpfad. Bald erreichen wir die *N 949,* auf der wir ein Stück nach links gehen. Rechts verläuft parallel zur Straße eine Bahnlinie, die wir bald überqueren. Kurz danach biegen wir zweimal links ab und gelangen so an den Ortsausgang von Chapois. Über diesen asphaltierten Feld- und Waldweg erreichen wir schließlich die *N 938,* der wir nach links folgen.

Wir kommen in den Ort **Leignon** und mit der rot-weißen Markierung nach *rechts* auf eine schmalere, leicht bergan führende Straße. Hier passieren wir zunächst eine Kirche und etwas später das *Schloß von Leignon.* Kurz darauf erreichen wir eine Kreuzung an einem kleinen Park mit einem Heiligenstandbild.

Hier folgen wir dem zweiten Weg nach links und gehen nun etwa 2 Kilometer über Felder in Richtung auf **Ciney**, die »Hauptstadt des Condroz«, wie sich diese Stadt gerne nennt. Sie blickt auf eine gallo-romanische Vergangenheit zurück, bietet aber heute nur wenig historische Bausubstanz. Sie hatte unter den mittelalterlichen Fehden stark zu leiden, und besonders der Kuhkrieg setzte ihr zu.

Hinter Chapois bietet sich dem Wanderer dieser schöne Blick auf das kleine Condroz-Städtchen Leignon mit seiner Kirche und seinem romantischen Schloß.

Hinter einer Brücke, die wir innerhalb Cineys unterqueren, gehen wir bei der zweiten Möglichkeit nach links in die *Rue du Mayeur.* Wir folgen der rot-weißen Markierung nach rechts in die *Rue des Jurés,* um sofort wieder nach links abzubiegen. An der nächsten Gabelung gehen wir nach *links,* bis wir auf eine etwas breitere Straße treffen, der wir nach *rechts* folgen. Kurz darauf biegen wir jedoch nach links in die *Rue Eduard Dinot* ab. An der nächsten Möglichkeit gehen wir dann nach rechts in Richtung auf das Zentrum von Ciney, den Endpunkt unserer Wanderung. Sehenswert ist hier die Pfarrkirche **St-Nicolas** mit ihrem schönen Taufbecken, und auch der kleine Musikpavillon auf dem Marktplatz verdient Aufmerksamkeit.

Nützliche Informationen

Ausgangsort und Zufahrt: *Chevetogne* (250 m) liegt an der N 929 (214 km von Köln, 414 km von Frankfurt/M). Zufahrt mit Pkw: von Köln: A 4, A 44 bis Grenze, A 3 / E 40 bis Liège, A 15 / E 42, A 4 / E 411 bis Ausfahrt 21, N 982, N 929 bis Chevetogne. Von Frankfurt: A 66, A 3, A 48 / E 44 über Trier nach Luxemburg, E 25, A 4 / E 411 Richtung Bruxelles bis Ausfahrt 22, N 94, N 929 nach Chevetogne. Zufahrt mit öffentlichen Verkehrsmitteln: Zug- und Busverbindung von Köln über Namur und Ciney.
Ausgangspunkt: Kloster von Chevetogne (Parkplätze vorhanden).
Gehzeiten: Insgesamt 4 Std. 15 Min.; Abtei – Chevetogne: 20 Min., Chevetogne – Ychippe: 1 ½ Std., Ychippe – Leignon: 1 Std. 15 Min., Leignon – Ciney: 1 Std. 10 Min.
Unterkunft und Verpflegung: Eine Vielzahl von Hotels und Restaurants in *Chevetogne, Leignon* und vor allem in *Ciney.* Campingplätze: in *Chevetogne*: Domaine Provincial Valéry Cousin, Tel. (0 83) 68 88 21; in *Ciney*: St-Roch, Sainfoin, Tel. (0 83) 21 62 01.
Einkehr unterwegs: In *Chevetogne, Leignon* und *Ciney.*
Auskunft: Syndicat d'Initiative, Rue du Centre 35, B-5300 Ciney, Tel. (0 83) 21 57 11.
Sehenswürdigkeiten in der Umgebung:
• *Pessoux:* Etwa 5 km östlich von Ciney liegt Pessoux mit dem interessanten **Schloß Janné.**
Wanderkarte: Topographische Karte des IGN 1:50 000, Blatt 54 Marche-en-Famenne.

18 Durch das Tal der Houille

Von Vencimont nach Gedinne

Tourencharakter: Leichte Streckenwanderung; Wege zum Teil gut ausgebaut, zum Teil schmale Pfade.
Beste Jahreszeit: Frühling bis Herbst.
Reine Gehzeit / Weglänge:
2 1/2 Std. / 7 km.
Orientierung / Markierung: Mittelschwer. / Rot-weiß.

Gedinne – ein Name, bei dem jeder Geologe aufhorcht. Dabei denkt er nicht an den netten kleinen Ort selbst, sondern an die Gesteine, die in der Nähe dieses Ortes aufgeschlossen sind. **Gedinne** hat seinen Namen für eine sogenannte geologische Stufe gegeben und ist damit – zumindest unter Geologen – weltbekannt geworden.
Die Stufe *Gedinne* – oder latinisiert *Gedinnium* – ist Teil der geologischen Epoche Unterdevon und dauerte von 395 bis 387 Millionen Jahren vor heute. Die Gesteine, die in diesem Zeitraum abgelagert wurden, sind im hiesigen Teil der Ardennen, die ihrerseits Teil des Rheinischen Schiefergebirges sind, so gut aufgeschlossen, daß sie bereits früh in der geologischen Forschung ohne großen Aufwand gründlich untersucht werden konnten. Eine solche Untersuchung besteht unter anderem in der Suche nach sogenannten Leitfossilien, das heißt nach möglichst gut erhaltenen Überresten von Lebewesen, die nur in diesem Zeitraum in großer Anzahl weit verbreitet lebten. Ist ein Leitfossil als solches eindeutig definiert und entdeckt man dieses Fossil in einer anderen, bisher geologisch wenig bekannten Region, so kann man durch den Fossilfund auf das Alter der Gesteine rückschließen. Ein Leitfossil für das Gedinne ist beispielsweise der Brachiopode (Armfüßer) *Spirifer elevatus*.

Gedinne ist nicht die einzige Typlokalität in den Ardennen für geologische Stufen oder Epochen. Weitere Beispiele sind das *Couvin*, eine Stufe im Mitteldevon (370 bis 366 Millionen Jahre), das *Givet*, ebenfalls eine Stufe im Mitteldevon (366 bis 360 Millionen Jahre), das *Frasne* und das *Famenne*,

Der Weg entlang der Houille führt nach Gedinne, einem kleinen Städtchen, das seinen Namen für die geologische Stufe des Unteren Unterdevons (395 bis 387 Millionen Jahre) gab.

jeweils Stufen im Oberdevon (360 bis 353 beziehungsweise 353 bis 345 Millionen Jahre), das *Dinant*, eine Epoche, die gleichzusetzen ist mit dem Unterkarbon (345 bis 325 Millionen Jahre), bestehend aus den Stufen *Tournai* und *Visé*, jeweils Orte am Rande der Ardennen, sowie das *Namur*, eine Stufe im Oberkarbon (325 bis 310 Millionen Jahre).

Der Wegverlauf

Nachdem wir mit dem Bus von Gedinne nach Vencimont gefahren sind, beginnen wir unsere Wanderung vor der **Kirche von Vencimont.** Wir gehen rechts an ihr vorbei durch die *Rue du Moulin* und biegen an der ersten Kreuzung nach *links* ab. Auf diesem *rot-weiß markierten*, leicht bergauf führenden Weg gehen wir zunächst zwischen alten, aber gepflegten Häusern hindurch geradeaus in den Wald. Rechts im Tal der Houille sehen wir eine **alte Mühle** (Privatbesitz). Nach etwas mehr als einem Kilometer auf diesem Weg kommen wir an eine Gabelung, wo wir rechts über eine *Brücke* gehen. Nach 100 Metern auf dem anschließenden, leicht ansteigenden Weg folgen wir an einer Weggabelung der *rot-weißen Markierung* nach links. Dieser Weg führt uns entlang der Houille an einigen kleinen Aufschlüssen vorbei. Mit der rot-weißen Markierung gehen wir über eine kleine *Holzbrücke* nach links, hinter der wir auf einen Trampelpfad nach *rechts* schwenken. Der rot-weißen Markierung folgend, überqueren wir

Die unberührte Natur im Tal des kleinen Flüßchens Houille macht diese Wanderung zu einer Freude für alle Sinne.

bald einen kleinen Bach, den **Ruisseau de Feleuwe,** dann durch relativ dichtes Gebüsch einer Lichtung, um kurz darauf links bergauf wieder in den Wald zu kommen. Hier gehen wir nach *rechts*. Unser Pfad, der sich jetzt etwas von der Houille entfernt, trifft auf einen etwas breiteren Weg, auf dem wir der rot-weißen Markierung nach *rechts* folgen. Wir bleiben jetzt auf diesem Waldweg, der uns an einigen Aufschlüssen vorbeiführt, bis wir nach einem leichten Anstieg auf eine asphaltierte Straße treffen. Ihr folgen wir geradeaus bergab.

Vor dem Ortseingang von **La Galette,** wo die Straße eine scharfe Rechtskehre macht, folgen wir der *rot-weißen Markierung* geradeaus, zunächst auf einen asphaltierten Weg und 50 Meter weiter dann rechts auf einen Feldweg, der uns durch eine liebliche Wiesen- und Waldlandschaft bringt. An einer Gabelung nach dem Anstieg gehen wir an einem Grillplatz vorbei nach rechts. Die *rot-weiße Markierung* begleitet uns immer noch. Etwa 1 Kilometer weiter überqueren wir einen kleinen Bach, den *Ruisseau de Hujon*. Wir wandern noch immer an der Houille entlang, bis der Weg uns aus dem Wald herausführt. Über Wiesen und Weiden hinweg können wir schon **Gedinne** sehen, an dessen *Kirche* wir uns nun orientieren. Wenn wir den Sportplatz passiert haben, kommen wir zur Hauptstraße, der wir nach links bis zu der *Kirche Notre-Dame* (1772) folgen.

Nützliche Informationen

Ausgangsort und Zufahrt: *Gedinne* (310 m) liegt an der N 935 (211 km von Köln, 405 km von Frankfurt/M). Zufahrt mit Pkw: von Köln: A 4, A 44 bis Grenze, A 3 / E 40, E 25 über Liège, N 63 Marche en Famenne, N 836, N 86, N 835, N 935 nach Gedinne. Von Frankfurt: A 66, A 3, A 48 / E 44 über Trier nach Luxemburg, E 25, A 4 / E 411 bis Ausfahrt 25, N 89 bis Menuchenet, N 95, N 952 nach Gedinne.
Zufahrt mit öffentlichen Verkehrsmitteln: Zugverbindung von Köln über Namur und Dinart.
Ausgangspunkt: Kirche von Gedinne (Parkplätze vorhanden).
Gehzeiten: Insgesamt: 2 1/2 Std.; Busfahrt Gedinne – Vencimont: 10 Min., Vencimont – La Galette: 1 Std. 20 Min.; La Galette – Gedinne: 1 Std.
Unterkunft und Verpflegung: Eine Reihe von Hotels und Restaurants in *Gedinne* und *Vencimont*. Campingplatz in *Gedinne*: La Croix-Scaille, Rue du Petit Rot 10, Tel. (0 61) 58 85 17.
Einkehr unterwegs: In *Gedinne* und *Vencimont*

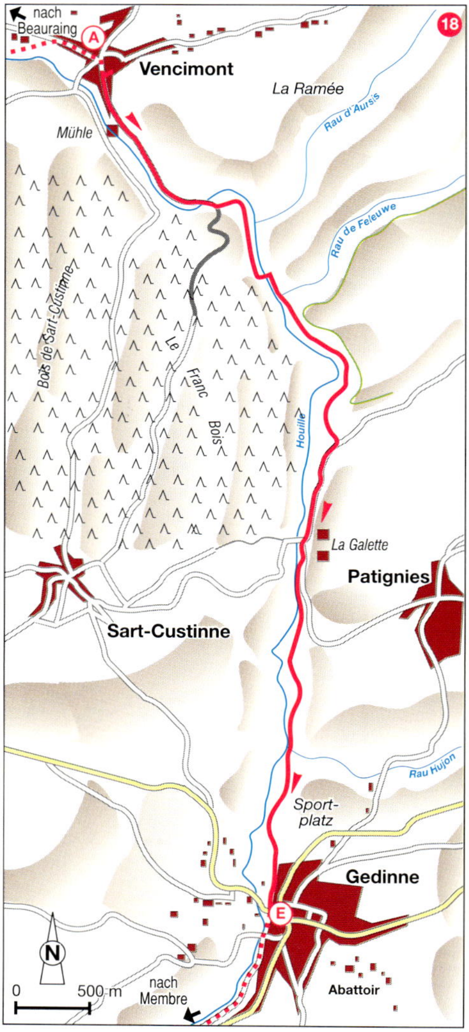

19 Ein Ausflug in die Unterwelt

Die Tropfsteinhöhlen von Han

Tourencharakter: Leichte Rundwanderung; Wege gut ausgebaut.
Öffnungszeit:
20.2.–30.11. / 18.12.–31.12.
(außer 25.12.).
Preise für die Grottenführung: Erwachsene: 315 bfrs, Kinder (5–12 J.): 220 bfrs. Verschiedene Kombiangebote (Grotte mit Wildpark, Museum, Spéléothème).
Reine Gehzeit / Weglänge: 2 Std. / 3,5 km.
Orientierung / Markierungen:
Einfach. / Geführte Wanderung.

Auskunft: Syndicat d'Initiative, B-5575 Gedinne, Tel. (0 61) 58 82 32; Syndicat d'Initiative, B-5575 Vencimont, Tel. (0 61) 58 83 54.
Zusätzliche Tourenvorschläge: 1. In Vencimont der rot-weißen Markierung nach Norden in Richtung *Beauraing* (17 km) folgen (siehe auch *Wanderung 16*).
2. In Gedinne der rot-weißen Markierung nach Süden in Richtung *Membre-sur-Semois* (19 km) folgen (siehe auch *Wanderung 34*).
Wanderkarte: Topographische Karte des IGN 1:50 000, Blatt 58 Beauraing und Blatt 63 Gedinne.

Das kleine Örtchen Han in der Famenne hat durch seine einmaligen **Tropfsteinhöhlen,** denen höchstens die Grotten von Adelsberg (Slowenien) vergleichbar sind, große Berühmtheit erlangt.

Die Grotten entstanden durch den Fluß Lesse, der sich im Laufe der Jahrtausende in das anstehende, von Spalten durchzogene Kalkgestein, das *Massiv von Boine,* schnitt und die Hohlräume im Fels schuf.

Diese Hohlraumbildung ist durch drei Vorgänge bedingt: erstens durch chemische Auflösung (Kohlendioxid im Wasser löst den Kalk), zweitens durch mechanische Zerstörung (vom Wasser mitgeführte Steinchen reiben den Kalk ab) und drittens durch Zusammenbrüche (das Wasser unterspült den Fels, bis sich ganze Blöcke lösen). Danach gräbt sich der Fluß immer tiefer ins Gestein und gibt über sich Hohlräume frei, die durch sogenannte Tropfsteine ausgeschmückt werden. Grundwasser, das von oben durch das Gestein absickert und in die Hohlräume tropft, transportiert den Kalk, der dann über Tausende von Jahren als Kalzit in Form von Stalagmiten (von unten nach

Erst 1962 entdeckt wurde die »Galerie des Verviétois« mit diesem 5 Meter hohen Stalagmiten. Die schlanke, filigrane Wuchsform führte zu seinem Namen »Minarett«.

Am Anfang der Wanderung steht eine abenteuerliche Fahrt mit der alten Grottenbahn zum Eingang der Grotte.

oben wachsend) und Stalaktiten (von oben nach unten wachsend) sedimentiert. Die Grotten von Han sind seit 1771 bekannt und werden seit 1860 nicht nur geologisch, sondern auch archäologisch, zoologisch und botanisch untersucht. Physikalische Messungen ergaben, daß die meisten Tropfsteine der Grotten von Han nicht älter als 10 000 Jahre sind. Das bedeutet eine durchschnittliche Wachstumsgeschwindigkeit von 4 bis 5 Zentimeter pro Jahrhundert. Beimengungen von Eisen-, Mangan- oder Bleiverbindungen führten zu den verschiedenen Farbschattierungen der Tropfsteine, die wir in den effektvoll ausgeleuchteten Sälen bewundern können.

Ab Mitte des vorigen Jahrhunderts begann eine bis heute noch nicht abgeschlossene Entdeckungsgeschichte. Nach und nach offenbarte sich das ausgedehnte Netz von Höhlen, Gängen und Galerien. Heute sind insgesamt 14 Kilometer unterirdischer Gänge von den Speläologen dokumentiert, davon wurden 3,5 Kilometer dem Publikum zugänglich gemacht.

Die Besucher werden von der Ortsmitte mit einem Minizug zum »Trou du Salpètre« (Salpeterloch) gefahren, einer ehemaligen Eintrittsstelle der Lesse in das Felsmassiv, wo die Führung ihren Anfang macht. Man erwandert von hier aus auf gut befestigten Wegen einige der eindrucksvollen Säle, wird von den Führern auf die interessantesten Bildungen aufmerksam gemacht und erfährt einiges über die Entstehungs- und Entdeckungsgeschichte. In dem großen »Salle d'Armes« (Waffensaal) erlebt man eine beeindruckende Licht- und Tonschau. Den Abschluß bildet am »Trou de Han« (Loch von Han) eine kurze Bootsfahrt auf der Lesse hinaus ans Tageslicht. Ein Kanonenschuß zum Abschied soll auf die interessante Akustik aufmerksam machen (nichts für empfindliche Ohren).

Ein wichtiger Aspekt der Erforschung dieser Grotten soll nicht unerwähnt bleiben: Tauchgänge im Trou de Han und in der

Galerie Belgo-Romaine brachten beeindruckende Zeugen menschlicher Zivilisation zu Tage, so daß hier intensive archäologische Untersuchungen durchgeführt wurden und werden. Als älteste Bewohner der Höhlen sind demnach Menschen des Steinzeitalters (ca. 2000 v. Chr.) anzusehen, die schönsten Fundstücke sind jedoch ohne jeden Zweifel der Bronzezeit (1200 bis 700 v. Chr.) zuzurechnen. Auch später noch zu Zeiten der Römer und im Mittelalter hielten sich Menschen in diesen Höhlen auf. Wer mehr über diese Funde wissen will, kann sich im eigens dafür geschaffenen **Musée du Monde Souterrain** informieren.

Der Wegverlauf

Diese Wanderung ist eine *geführte Besichtigung* der Tropfsteinhöhle von Han. Sie beginnt **neben dem Grottenbüro** mitten im Ort, von wo die Minizüge abfahren, die die Besucher zum Grotteneingang fahren. Die Führungen werden in *französisch* und *flämisch* angeboten. Wer diese Sprachen nicht beherrscht und mehr verlangt als den ästhetischen Genuß der Schönheiten dieser unterirdischen Welt, der sollte vor der Wanderung im Grottenbüro ein kleines Heft mit der Beschreibung der Grotten erstehen und durchlesen. Diese Hefte geben einen guten Einblick in die geologische Situation, die Entdeckungsgeschichte und in die besonderen Sehenswürdigkeiten der Grotten, so daß man den Besuch sicherlich intensiver erleben wird.

Die Führung umfaßt eine **Strecke von 3 Kilometer,** zuzüglich 500 Meter Rückweg vom Grottenausgang zum Ort. Empfehlenswert sind **gutes Schuhwerk** und vor allem **warme Kleidung,** da in der Höhle konstant eine Temperatur von 13 °C und hohe Luftfeuchtigkeit herrschen. Es ist nicht ratsam, Kleinkinder mit in die Höhle zu nehmen: Für die Kinder ist es entweder zu langweilig oder zu beängstigend und schon daher nicht zu empfehlen. Und fängt ein Kind dort unten an, zu weinen, ist es für die Besucher aufgrund der Resonanzverhältnisse der unterirdischen Hallen kaum noch möglich, die Erklärungen des Führers zu verstehen.

Nützliche Informationen

Ausgangsort und Zufahrt: *Han-sur-Lesse* (180 m) liegt an der N 86 (183 km von Köln, 399 km von Frankfurt/M). Zufahrt mit Pkw: von Köln: A 4, A 44 bis Grenze, A 3 / E 40, E 25 über Liège, N 63 Marche en Famenne, N 836, N 86 nach Han. Von Frankfurt: A 66, A 3, A 48 / E 44 über Trier nach Luxemburg, E 25, A 4 / E 411 Richtung Bruxelles bis Ausfahrt 23, N 94, N 86 nach Han. Zufahrt mit öffentlichen Verkehrsmitteln: Zug- und Busverbindung von Köln über Liège – Guillemins und Jemelle.
Ausgangspunkt: Grottenbüro in Han (Parkplätze vorhanden).
Gehzeiten: Insgesamt 2 Std.
Unterkunft und Verpflegung: Eine Vielzahl von Hotels und Restaurants in *Han-sur-Lesse*. Campingplatz in *Han-sur-Lesse*: Camping de la Lesse, Rue du Grand Hy, Tel. (0 84) 37 72 90.
Einkehr unterwegs: In *Han-sur-Lesse* und am *Grottenausgang*.
Auskunft: Domaine des Grottes de Han, rue J. Lamotte, 2, B-5580 Han-sur-Lesse, Tel. (0 84) 37 72 13.
Öffnungszeiten: • *Musée du Monde Souterrain*: Anfang April bis Mitte November, 10.00 Uhr bis 18.00 Uhr. • *Spéléothème*: Audiovisuelle Vorstellung der Grottenbereiche, die nicht der Öffentlichkeit zugänglich sind (erste Etage der »Ferme Dry Hamptay« im Ort, Anfang April bis Mitte November, 12.00 Uhr bis 18.00 Uhr).
Sehenswürdigkeiten in der Umgebung:
• *Rochefort:* Ungefähr 6 km nordöstlich von Han-sur-Lesse liegt Rochefort, welches ebenfalls über sehr schöne **Grotten** verfügt.
• *Lavaux Ste-Anne:* Etwa 9 km westlich von Han-sur-Lesse liegt Lavaux Ste-Anne mit einem der schönsten Schlösser Belgiens. Das äußerlich sehr mittelalterlich anmutende **Wasserschloß** an der Wimbe zeigt sich innen eher klassizistisch. Zu besichtigen sind hier ein Jagd- und Natur- sowie ein Heimatmuseum. • *Kalkofen:* Etwa 2 km südwestlich von Han-sur-Lesse an der N 86 befindet sich ein **Kalkofen** aus dem 17. Jahrhundert, der noch bis in unser Jahrhundert benutzt wurde.
Wanderkarte: Höhlenpläne im Grottenbüro erhältlich.

20 Wie man ein Dorf rettet

Das Bücherdorf Redu

Tourencharakter: Leichte Rundwanderung; Wanderwege gut ausgebaut.
Beste Jahreszeit: Das ganze Jahr über.
Reine Gehzeit / Weglänge: 2 Std. / 6 km.
Orientierung / Markierungen: Mittelschwer. / Keine Markierungen.

Welches Schicksal hätte dieses über tausend Jahre alte Dörfchen wohl erlitten, wenn da nicht der Ölunternehmer, Journalist und Bücherwurm Noël Anselot gewesen wäre. Es wäre wohl aufgrund der schlechten Arbeitsmarktsituation und der daraus folgenden Landflucht zu einem Geisterdorf geworden. Monsieur Anselot und einige seiner Freunde hatten jedoch die glänzende Idee, **Redu** zu einem Bücherdorf zu machen – vergleichbar mit dem inzwischen verschwisterten walisischen Hay-on-Wye. Sie begannen ihr Projekt mit Bücherfestivals in dem kleinen Ardennenort, um ihn in das öffentliche Interesse zu rücken.

In den zahlreichen, liebevoll ausgestatteten Buchläden in Redu schlagen bibliophile Herzen höher.

Und wirklich, nach und nach horchten die Buchhändler auf, eröffneten kleine Läden in Redu und hatten Erfolg – das Publikum folgte sehr bald.

Die knapp 30 Buchhandlungen dieses 450 Einwohner zählenden Dorfes locken täglich eine Vielzahl von Büchernarren an. Diese finden in erster Linie selbstverständlich französischsprachige Literatur, mehr und mehr jedoch werden auch deutsche und vor allem englische Bücher angeboten. Die meisten der in Redu ansässigen Buchhändler haben sich auf bestimmte Fachgebiete spezialisiert: man findet zum Beispiel Geschäfte, in denen nur Literatur über Luft- und Raumfahrt oder nur Esoterisches angeboten wird. Und schon hat man dem hiesigen Objekt der Begierde ein Denkmal gesetzt: Ein großes, marmornes Buch am Rande der Straße zeigt, wer in Redu die Hauptrolle spielt.

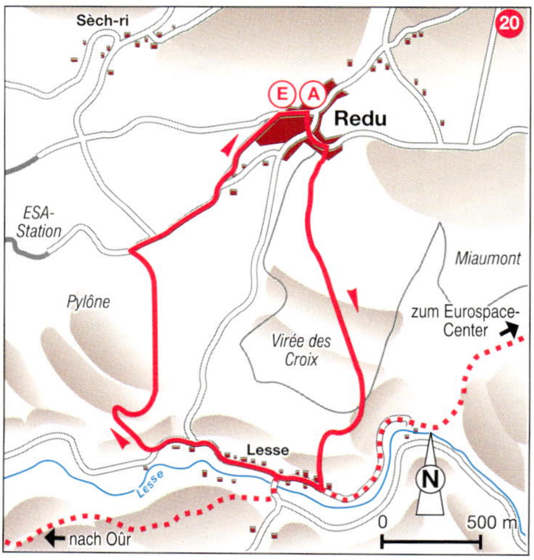

Doch der Wanderer, der hier Käse und Wurst für sein Picknick kaufen möchte, wird vergeblich suchen – die Menschen in Redu scheinen sich von Geistigem zu ernähren.

Der Wegverlauf

Wir beginnen unsere Wanderung auf dem **Kirchplatz von Redu.** Wir gehen links an der Kirche vorbei, um sogleich nach links in *Richtung Lesse* abzubiegen. Nun gehen wir geradeaus bergab. Wege, die links und rechts abgehen, kümmern uns nicht. Im Tal erreichen wir eine Weggabelung, an der wir

Die European Space Agency ESA betreibt hier in Redu eine Satellitenempfangsstation.

nach rechts auf einen leicht ansteigenden Feldweg abbiegen. Wir gelangen in einen **Wald** und gehen immer geradeaus über einige Lichtungen hinweg. Der Weg hat nahezu keine Steigung.

Kurz, nachdem von links hinten ein Weg auf unseren Pfad trifft, macht unser Weg einen *Rechtsbogen*, führt uns dann bergab aus dem Wald heraus. Bald sehen wir die ersten Häuser von **Lesse,** und im Dorf selbst treffen wir auf einen asphaltierten Weg, dem wir nach rechts folgen. Wenig später führt links eine Straße über eine Brücke nach Maissin, doch gehen wir weiter geradeaus. An der nächsten Gabelung folgen wir einem kleinen *Asphaltweg* nach links bergauf. Von diesem Weg gehen nacheinander zwei Wege nach links ab, doch wir gehen immer *geradeaus.* Wenn wir aus dem Wald herauskommen, können wir links bereits Antennenmasten der *Satellitenempfangsstation der ESA* erkennen. Wir gehen geradewegs auf den Eingang der ESA-Station zu, von hier aus dann aber nach rechts in Richtung **Redu.** An einer Weggabelung halten wir uns nach links und orientieren uns fortan an der *Kirche von Redu.*

Nützliche Informationen

Ausgangsort und Zufahrt: *Redu* (352 m) liegt an der N 40 (203 km von Köln, 385 km von Frankfurt/M). Zufahrt mit Pkw: von Köln: A 4, A 44 bis Grenze, A 3 / E 40, E 25 über Liège, N 63 Marche en Famenne, N 836, N 86, N 40 nach Redu. Von Frankfurt: A 66, A 3, A 48 / E 44 über Trier nach Luxemburg, E 25, A 4 / E 411 bis Ausfahrt 24, N 40 nach Redu. Zufahrt mit öffentlichen Verkehrsmitteln: Zug- und Busverbindung von Köln über Liège-Guillemins, Jemelle und Poix – St-Hubert.
Ausgangspunkt: Kirche von Redu (Parkplätze vorhanden).
Gehzeiten: Insgesamt 2 Std.; Redu – Lesse: 50 Min., Lesse – Redu: 1 Std. 10 Min.
Unterkunft und Verpflegung: Eine Reihe von Hotels und Restaurants in *Redu.* Campingplatz in *Transinne*: Les Sapins, Rue des Hêtres 40, Tel. (0 61) 65 50 55.
Einkehr unterwegs: In *Lesse* und *Redu.*
Auskunft: Syndicat d'Initiative de Redu, Tel. (0 61) 65 65 16.
Sehenswürdigkeiten in der Umgebung:
• *Eurospace-Center:* Etwa 5 km östlich von Redu an der Autobahnabfahrt 24 liegt das **Eurospace-Center.** Einzigartig in Europa, belehrt es den Besucher über alle Aspekte der Weltraumtechnik. Ein Weltraumlabor in Originalgröße gibt Einblick in das Leben eines Astronauten. Natürlich sind auch Raketen und Satelliten verschiedenster Typen ausgestellt. Ein 3-D-Kino macht das Raumerlebnis komplett.
Zusätzliche Tourenvorschläge: 1. In Lesse nicht dem asphaltierten Weg nach rechts folgen, sondern der rot-weißen Markierung nach links. Hinter Transinne erreicht man die N 40. Hier nach rechts bis zum **Eurospace-Center,** einer Weltraumausstellung (5 km). **2.** In Lesse über die Brücke und anschließend der rot-weißen Markierung nach *Oûr* (8 km) folgen.
Wanderkarte: Topographische Karte des IGN 1:50 000, Blatt 64 Paliseul.

21 Ein heißes Eisen und ein cooler Abt

Zum Hochofen Fourneau St-Michel

Tourencharakter: Mittelschwere Rundwanderung; Wanderwege gut ausgebaut.
Beste Jahreszeit: Das ganze Jahr über.
Reine Gehzeit / Weglänge: 3 Std. / 9 km.
Orientierung / Markierungen: Einfach. / Rot-weiß, gelb-weiß.

Wie wäre es mit einer Zeitreise? Eine Reise beispielsweise in die Zeit vor der großen industriellen Revolution? Unsere heutige Wanderung gibt uns die Gelegenheit dazu. **Fourneau St-Michel,** so nennt sich der Ort, den wir heute besuchen, so genannt nach dem **Hochofen** (französisch *fourneau*), der hier 1771 von dem letzten Abt St-Huberts, Dom Nicolas Spirlet, gegründet wurde.

Abt Spirlet setzte viel daran, die ökonomische Situation der Abtei zu verbessern, und versuchte sich in etlichen Wirtschaftszweigen, was allerdings nicht allzusehr von Erfolg gekrönt wurde. So war auch der Hochofen in St-Michel ein Projekt, das der Abtei zugute kommen sollte, nicht zuletzt

dadurch, daß hier das Holz der klösterlichen Wälder in Form von Holzkohle als Energieträger eingesetzt werden konnte. Der Platz war günstig, da die Bäche Masblette und Waiveri über Schaufelräder die nötige Energie lieferten und das Eisenerz nicht weiter als 2 Kilometer entfernt abgebaut werden konnte. So entstand hier der Hochofen, zu dem sich auch weiterverarbeitende Betriebe wie Gießerei und Schmiede gesellten. Man produzierte vielerlei Eisengeräte wie Kaminplatten, Flaschenzüge oder Kessel für die benachbarte Glashütte bei Vonêche.

Ab 1778 wollte sich der Abt als Waffenlieferant für die amerikanischen Truppen, die im Unabhängigkeitskrieg kämpften, hervortun und ließ Kanonen gießen. Da sie bei den Tests zerplatzten, scheint Nicolas Spirlet nicht gerade ein Fachmann gewesen zu sein.

Im Jahre 1789 wurde als Folge der Französischen Revolution das Eigentum der Abtei konfisziert; der Abt floh und starb fünf Jahre später in Montjoie.

In dem Gebäude der Hochofenanlage, die noch gerettet und sehr liebevoll restauriert werden konnte, befindet sich heute ein sehenswertes **Eisenmuseum.** Hier werden dem Besucher nicht nur die Produkte dieses Gewerbezweiges präsentiert, sondern die einzelnen Produktionsschritte, wie sie damals durchzuführen waren, im Rahmen eines Rundgangs durch die erhaltenen Gebäude dargestellt.

Der Wegverlauf

Nachdem wir das **Eisenmuseum** verlassen haben, gehen wir auf der *N 849* nach rechts. Wir biegen dann links ab auf eine kleinere asphaltierte Straße in Richtung *Awenne* und kommen am Eingang des **Musée de la vie rurale** vorbei. Dieses Freilichtmuseum, in dem so manches geschichtsträchtige Gebäude der Wallonie Stein für Stein originalgetreu wiederaufgebaut wurde, lockt vor allem mit den alten Handwerksbetrieben, in denen traditionsreiche Techniken gepflegt und vorgeführt werden.

Wir überqueren die *Masblette* und folgen der *rot-weißen Markierung* bergauf in den Wald hinein. Nach einem längeren Anstieg kommen wir aus dem Wald heraus und überqueren – der rot-weißen Markierung folgend – einen asphaltierten Weg. Einige Meter weiter kreuzen wir einen Feldweg, doch wir gehen geradeaus in Richtung Wald. Der Weg ist jetzt *rot-weiß* und *gelb-weiß* markiert und leitet uns an einer Schranke vorbei in den Wald hinein. Gleich dahinter folgen wir den Markierungen an

Im Musée de la vie rurale leben alte Handwerkstraditionen wieder auf. Ein Holzschuhmacher zeigt den Besuchern seine Kunst.

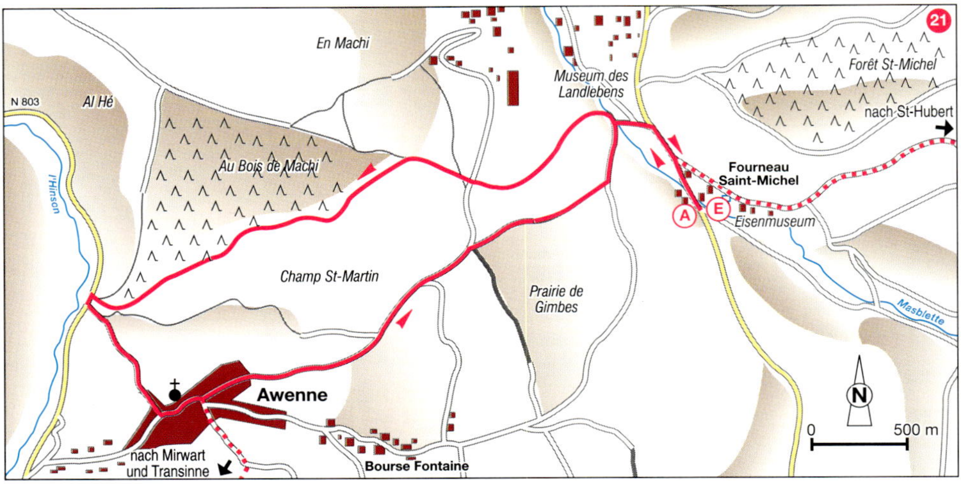

einer Weggabelung nach links. Der Weg führt bergab und erreicht den **Bach l'Hinson,** an dem wir entlang wandern, bis wir auf die *N 803* treffen und nach links schwenken.

Nachdem wir die *Brücke* über den Hinson überquert haben, folgen wir den Markierungen nach links auf einen bergauf führenden asphaltierten Weg. Nach etwa 100 Metern erreichen wir eine Gabelung, an der wir nach halb rechts gehen und auf das Dorf Awenne zuhalten. In **Awenne** kommen wir auf die *Grand Rue,* der wir nach links in Richtung Kirche folgen. Wir gehen links an der Kirche vorbei, verlassen Awenne und damit auch die rot-weiße Markierung. Ein Asphaltweg bringt uns zu einer *Hochfläche.* An den nächsten beiden Wegkreuzungen gehen wir jeweils geradeaus, wobei nach der zweiten Kreuzung unser Weg nicht mehr asphaltiert ist und bergab in den Wald hineinführt. Nach einigen Minuten erreichen wir eine Straße, der wir nach links in Richtung auf das **Freilichtmuseum** und unseren Ausgangspunkt folgen.

Nützliche Informationen

Ausgangsort und Zufahrt: *Fourneau St-Michel* (320 m) liegt an der N 849 (212 km von Köln, 382 km von Frankfurt/M). Zufahrt mit Pkw: von Köln: A 4, A 44 bis Grenze, A 3 / E 40, E 25 über Liège bis Ausfahrt 50 Baraque de Fraîture, N 89 St-Hubert, N 849 nach Fourneau St-Michel. Von Frankfurt: A 66, A 3, A 48 / E 44 über Trier nach Luxemburg, E 25, A 4 / E 411 Richtung Bruxelles bis Ausfahrt 26, N 40, N 89 nach St-Hubert. Zufahrt mit öffentlichen Verkehrsmitteln: Zug- und Busverbindung von Köln über Liège–Guillemins, Jemelle und Poix – St-Hubert.

Ausgangspunkt: Eisenmuseum in Fourneau St-Michel (Parkplätze vorhanden).

Gehzeiten: Insgesamt 3 Std.; Fourneau St-Michel – Awenne: 1 Std. 45 Min., Awenne – Fourneau St-Michel: 1 Std. 15 Min.

Unterkunft und Verpflegung: Eine Reihe von Hotels und Restaurants in *Awenne* und vor allem in *St-Hubert.* Jugendherberge in *Champlon*: Auberge de Jeunesse de Champlon »Barrière de Champlon«, Rue de la Gendarmerie 4, 6971 Champlon, Tel. (0 84) 45 52 94. Campingplätze: in *Arville*: Camping de la Vallée, Rue des Ardennes 2A, Tel. (0 61) 61 30 31; in *Bure*: Parc la Clusure, Chemin de la Clusure 30, Tel. (0 84) 36 60 80; in *St-Hubert*: Europacamp, Rue de Martelange, Tel. (0 61) 61 12 69.

Einkehr unterwegs: In *Fourneau St-Michel* und *Awenne.*

Auskunft: Syndicat d'Initiative, Palais Abbatiale, Place de l'Abbeil, B-6870 St-Hubert, Tel. (0 61) 61 30 10.

Sehenswürdigkeiten in der Umgebung:

- *St-Hubert:* Etwa 7 km südlich von Four-

neau St-Michel liegt **St-Hubert,** genannt nach dem Schutzheiligen der Jagd.
In jungen Jahren, wohl Mitte des 7. Jahrhunderts, frönte dieser Sohn angesehener Eltern mal wieder ausgiebig der Jagd, selbst am Karfreitag. Da plötzlich drehte sich ihm der kapitale Hirsch zu, den er schon lange verfolgte – und Hubertus gewahrte ein glühendes Kreuz in dessen Geweih. Eine Stimme befahl ihm, sein Leben fortan dem christlichen Glauben zu weihen. So tat er es und wurde schließlich sogar Bischof von Lüttich.
Die Abtei wurde wahrscheinlich auch im 7. Jahrhundert gegründet; man weiß sehr wenig über ihre Ursprünge. 825, als die Abtei von Benediktinern geführt wurde und unter dem Schutz Bischof Walcauds von Lüttich stand, wurden die sterblichen Überreste des heiligen Hubertus in den damals noch Andaginum genannten Ort überführt.
Heute befinden sie sich in der **Abteikirche,** einer Basilika, die auf das 16. Jahrhundert zurückgeht. Zerstörungen, Um- und Neubauten bis ins 18. Jahrhundert hinein lassen die Kirche nicht in einem einheitlichen Baustil wirken. Doch ist der Aufbau hinter der barocken Fassade ein bedeutendes Beispiel der französischen Hochgotik, im sogenannten Flamboyantstil. Die zum Teil noch romanische Krypta beherbergt neben den Gebeinen des heiligen Hubertus weitere Gräber bedeutender Klostervorsteher.
Abgesehen von der Basilika lohnt sich in St-Hubert auch die Besichtigung des Rosengartens *»La Roseraie«* mit 400 Rosensorten, der Kirche *St.Gilles* (11. / 16. Jahrhundert) und des Wildparks, 2 km vom Ortskern entfernt.
Zusätzliche Tourenvorschläge: 1. Auf dem Weg vom Eisenmuseum zum Musée de la vie rurale führt rechts ein Weg in Richtung *St-Hubert* (16 km). **2.** In Awenne weiter der rot-weißen Markierung in Richtung *Mirwart* (6 km) und *Transinne* (16 km) folgen.
Wanderkarte: Topographische Karte des IGN 1:50 000, Blatt 59 St-Hubert.

Das Restaurant »Auberge du Prévost« im Musée de la vie rurale befindet sich in einem hier wiedererrichteten Ardennenhaus aus dem 18. Jahrhundert.

22 Von Perlen und Säuen

Rund um La Roche-en-Ardenne

Tourencharakter: Mittelschwere Rundwanderung (zum Teil Stadtwanderung); Wege teilweise gut ausgebaut, teilweise schmale Pfade.
Beste Jahreszeit: Frühling bis Herbst.
Reine Gehzeit / Weglänge:
2 1/2 Std. / 7 km (davon 1 km in der Stadt).
Orientierung / Markierungen:
Einfach. / Rot-weiß, Wegnummer 9, 10.

Es hat sich herumgesprochen, daß diese kleine, fest von der Ourthe umarmte Stadt zurecht die »Perle der Ardennen« genannt wird. In der Reisesaison müssen die freundlichen, vielsprachigen Damen im Fremdenverkehrsbüro pausenlos den zahlreichen Touristen Rede und Antwort stehen. Was zieht nun aber so viele Reisende an diesen Ort? Vermutlich ist es die Vielseitigkeit, die **La Roche-en-Ardenne** so attraktiv macht. Für den Wochenendausflügler gibt es hier eine Reihe interessanter Sehenswürdigkeiten, allen voran die Ruinen der auf das 9. Jahrhundert zurückgehenden Burg hoch über dem 4000-Seelen-Ort. Und nach der Besichtigung sorgt man in den zahlreichen Cafés und Restaurants für das leibliche Wohl der Gäste.

Der sportliche Tourist findet in La Roche gute Wassersportbedingungen, und neuerdings werden auch die Geländeradfahrer mit speziellen Pisten angelockt.

Diejenigen Ardennenreisenden, die sich noch etwas Gutes für zu Hause gönnen möchten, begeben sich nach La Roche, um in einer der prachtvollen Metzgereien den maßgerechten Ardennenschinken auszusuchen. Mit dieser feingeräucherten oder luftgetrockneten Spezialität, so kann man sagen, wurde das Schwein für La Roche zu einem Glücksbringer, ist doch der Tourismus der bedeutendste Wirtschaftsfaktor am Ort. Aber schließlich spielte das Schwein schon in ferner Vergangenheit im Kampf um die Unabhängigkeit eine wichtige Rolle, wie uns folgende Legende erzählt.

Es soll sich unter der Regentschaft des Grafen Henri I. zugetragen haben, daß die mächtige Wehranlage der Stadt von Lütticher Herren und deren Mannen belagert wurde. Doch so sehr sie sich auch anstrengten, jeder Angriff wurde abgewehrt. Es regnete Pfeile, Steine und heißes Pech von den dicken Mauern und Türmen der Festung.

Da beschlossen die Angreifer, ihre Taktik zu ändern: aushungern war die neue Devise. Nun ging es den Belagerten tatsächlich an den Kragen. Die Lebensmittelvorräte

Malerisch schmiegen sich die Häuser von La Roche-en-Ardenne an die sanfte Biegung der Ourthe an.

schrumpften, mit Nachschub war nicht zu rechnen. Die Lütticher, drüben auf dem Felsen am gegenüberliegenden Ourtheufer, sahen sich schon als die neuen Herren über La Roche, als sich das Tor der Burg öffnete und ein großes, dickbäuchiges, wohlig grunzendes Schwein herausspazierte. Sofort machte sich die Meute über das Tier her. Es wurde geschlachtet und – welch großes Staunen – im Magen fand man besten Hafer, besten Weizen, ja sogar, kaum verdaut, frisches Brot! Nein, hier hat die Belagerung keine Aussicht auf Erfolg! Wo die Schweine so gut im Futter stehen, muß die Bevölkerung noch lange keinen Hunger leiden. Schnell waren sich die Lütticher einig, die Belagerung aufzugeben und anderswo ihr Glück zu versuchen. »Encore ils m'ont« rief ihr Anführer aus, schon wieder bin ich der Dumme!

Es war die List des fuchsschlauen Grafen Henri, die die Bürger von La Roche rettete: Mit den letzten Vorräten mästete er ein Schwein, um den Feind zu täuschen.

»Encore ils m'ont« – aus diesem Ausruf wurde, ganz lautmalerisch, der Name »Corumont« für das Bergmassiv westlich der Stadt, von dem aus die Belagerer die uneinnehmbare Burg beobachteten. Und gerade dieser Corumont wird Teil unserer Wanderung sein, die die beeindruckende Landschaft rund um La Roche erschließt, eine Landschaft, die letzlich ein weiterer Grund ist für den Beinamen dieser Stadt: die Perle der Ardennen!

Der Wegverlauf

Wir verlassen die **Place du Bronze** in westlicher Richtung über die *Rue du Chalet*. Diese Straße, die bald nach rechts den Blick freigibt auf die Ourthe und die Burg von La Roche-en-Ardenne, ist rot-weiß markiert. Nach ein paar hundert Metern leitet uns die Markierung nach links über eine Treppe hoch auf die *Rue Corumont*, der wir nach rechts folgen. Dieser Weg, der bald zu einem Trampelpfad wird, führt in Serpentinen auf den bewaldeten Corumont hinauf. An vielen Stellen kann man einen wunderschönen Ausblick auf den Ort und die ihn überragende Burg genießen.

Wir entfernen uns jetzt von La Roche-en-Ardenne und können nach Beendigung des Anstiegs rechter Hand tief in das Tal der Ourthe blicken. Von unserem Weg gehen nun hin und wieder rechts und links Wege ab; wir folgen jedoch der rot-weißen Markierung geradeaus durch Wälder und an Feldern vorbei. Wenn wir einen etwas breiteren geschotterten Weg erreichen, folgen wir diesem nach *links*. Dieser rot-weiß markierte Weg führt über Felder und Wiesen leicht bergauf. Wir gehen geradeaus bis nach **Beausaint;** kurz vor dem Ortseingang verläßt uns hier die rot-weiße Markierung nach rechts.

An dieser Stelle haben wir die Gelegenheit zu einem kurzen Abstecher. Wir folgen der rot-weißen Markierung bis zur nächsten Kreuzung, dem **Croix de Beausaint.** Hier lassen wir uns gefangennehmen von einem der umfassendsten Panoramen der gesamten Ardennen. Wir wandern zurück zum Anfang des Abstechers und wenden uns nach rechts in Richtung Beausaint.

Dieses stille Dorf mit den grauen Bruchsteinhäusern spielte wohl unter den Römern eine wichtigere Rolle als heute; römische und fränkische Gräber erzählen aus dieser Zeit.

Im Ort folgen wir der ersten Möglichkeit nach *links*. Kurz bevor wir dieses kleine Dorf mit seinen alten Bauernhöfen verlassen, erreichen wir eine Weggabelung mit einer alten Linde und einem Wegkreuz, an der wir geradeaus gehen, um an der nächsten Gabelung an einer Scheune nach *links* zu gehen. Der asphaltierte Weg führt bergab

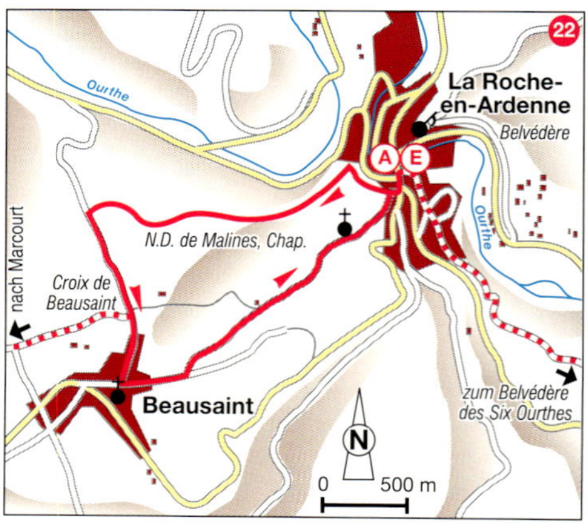

in den Wald hinein. Hier kommen wir zunächst an einem alten, zugewucherten Steinbruch und später an einer Kapelle, *Notre-Dame de Malines*, vorbei. Kurz darauf erreichen wir die ersten Häuser von **La Roche-en-Ardenne.** Unser Weg trifft nach einem scharfen Linksbogen wieder auf die *Rue Corumont*, der wir nach *rechts* bis zur *Place du Bronze* folgen.

Vielleicht nach einer kleinen Stärkung in einem der einladenden Cafés in La Roche brechen wir zu einem Stadtrundgang auf, der unbedingt folgende **Sehenswürdigkeiten** umfassen sollte:

1. Die Ruinen der Burg von La Roche, die mit großer Wahrscheinlichkeit in der Zeit des Zerfalls des lotharingischen Reiches, also gegen Ende des 9. Jahrhunderts, erbaut wurde, sind die Hauptattraktion der Stadt. Sie thront auf einem Fels über der Stadt, der von den benachbarten Höhenzügen allseitig isoliert ist. Mithin war die Burg nur schwer angreifbar, und so mancher Angreifer mußte enttäuscht und geschlagen von dannen ziehen. Im Verlauf der Jahrhunderte erfuhr sie zahlreiche Umbauten, so daß die Burgreste, die heute zu besichtigen sind, aus verschiedensten Epochen stammen. Im 18. Jahrhundert schließlich begann der Verfall, und insbesondere die schweren Stürme des Jahres 1721 fügten dem Gemäuer große Schäden zu. Nachdem dann im 19. Jahrhundert die Ruinen als Steinbruch genutzt wurden, konnte auch die Gemeinde nicht mehr für sie tun, als sie 1852 für 1000 Francs von einem La Rocher Notar zu kaufen und der Öffentlichkeit zugänglich zu machen.

2. Der amerikanische Panzer Pershing M-46 am Quai de l'Ourthe ist als Symbol für die Befreiung von der deutschen Besatzung im Januar 1945 aufgestellt worden.

3. Die Kapelle Ste-Marguerite (17. Jahrhundert) an der alten Straße nach Lüttich am Fuße des Deister Plateaus steht unter Denkmalschutz. Das Oratorium ist teilweise in den Fels gehauen.

4. Das Belvédère, von der Kapelle Ste-Marguerite über einen schmalen Pfad zu erreichen, eröffnet einen prächtigen Rundblick.

5. Das Töpfereimuseum in der Rue Rompre Nr. 28 verdankt seine Existenz einem deutschen Auswanderer. Töpfermeister Wilhelm Kalb aus dem Kannebäckerland im Westerwald gründete 1878 in La Roche eine Töpferei, die noch immer ein florierendes Geschäft ist. Heute wie damals muß allerdings der Ton für die »Grès de La Roche« (Töpferwaren von La Roche) aus dem Westerwald importiert werden.

6. Das Museum der Ardennenoffensive in der Rue Châmont Nr. 5 erinnert an ein trauriges Kapitel in der Geschichte der Stadt. Im Winter 1944 / 45, etwa ein halbes Jahr, nachdem die alliierten Truppen erfolgreich in der Normandie gelandet waren, und nach einem halben Jahr ständigen Rückzugs der deutschen Wehrmacht, versuchten die deutschen Truppen unter Feldmarschall von Rundstedt, den Vormarsch der Alliierten in den Ardennen aufzuhalten. In einer blutigen Schlacht verloren mehr als 100 000 Soldaten ihr Leben, und zahlreiche Orte in den Ardennen – unter anderem La Roche-en-Ardenne – wurden vollständig zerstört. Am bereits feststehenden Ausgang des Krieges änderte diese Schlacht nichts.

Nützliche Informationen i

Ausgangsort und Zufahrt: *La Roche-en-Ardenne* (235 m) liegt an der N 89 (179 km von Köln, 410 km von Frankfurt/M). Zufahrt mit Pkw: von Köln: A 4, A 44 bis Grenze, A 3 / E 40, E 25 über Liège bis Ausfahrt 50 Baraque de Fraîture, N 89 nach La Roche-en-Ardenne. Von Frankfurt: A 66, A 3, A 48 / E 44 über Trier nach Luxemburg, E 25 Richtung Liège bis Ausfahrt 52 Mabompré, N 826, N 860 nach La Roche-en-Ardenne. Zufahrt mit öffentlichen Verkehrsmitteln: Zug- und Busverbindung von Köln über Liège–Guillemins und Melreux-Hotton.
Ausgangspunkt: Place du Bronze in La Roche-en-Ardenne (Parkplätze vorhanden).
Gehzeiten: Insgesamt 2 1/2 Std.; La Roche-en-Ardenne – Beausaint: 1 Std.; Beausaint – La Roche-en-Ardenne: 30 Min.; Stadtrundwanderung: 1 Std.
Unterkunft und Verpflegung: Eine Vielzahl von Hotels und Restaurants in *La Roche-en-*

Ardenne. Jugendherberge in *Champlon* (siehe Wanderung 21). Campingplätze: Floreal, Route de Houffalize 18, Tel. (0 84) 41 21 14; Lohan, Rue de Houffalize 20A, Tel. (0 84) 41 15 45; Le Vieux Moulin, Rue Petite Strument 62, Tel. (0 84) 41 13 80; Le Grillon II, Rue de la Gare 10A, Tel. (0 84) 41 20 62; Camping de l'Ourthe, Rue sous Harzé, Tel. (0 84) 41 14 59; Benelux, Rue de Harzé, Tel. (0 84) 41 15 59; Rogival, Route de Houffalize 28, Tel. (0 84) 41 16 04; Tempelier, Avenue de Villez 12B, Tel. (0 84) 41 15 94; Le Pont du Tram, Rue des Echavées, Tel. (0 84) 41 21 04; Camping du Pouhou, Route de Marche 4, Tel. (0 84) 41 11 74.

Einkehr unterwegs: Nur in La Roche-en-Ardenne.

Auskunft: Syndicat d'Initiative, Place du Marché 15, B-6980 La Roche-en-Ardenne, Tel. (0 84) 41 13 42.

Zusätzliche Tourenvorschläge: 1. Kurz vor Beausaint der rot-weißen Markierung nach rechts in Richtung *Marcourt* (10 km) folgen. **2.** An der Place du Bronze der rot-weißen Markierung in östliche Richtung zum *Belvédère des Six Ourthes* (14 km; siehe auch *Wanderung 23*) folgen.

Wanderkarte: Topographische Karte des IGN 1:50 000, Blatt 60 La Roche-en-Ardenne.

Die Burg von La Roche-en-Ardenne ist eines der beliebtesten Ausflugsziele in den Ardennen.

23 Entlang der Ourthe bei Nadrin

Wie ein Mäander entsteht

Tourencharakter: Rundwanderung mit Anforderungen; Wege zum Teil gut ausgebaut, zum Teil schmale Pfade, teilweise ist Klettern erforderlich.
Beste Jahreszeit: Frühling bis Herbst; bei Hochwasser der Ourthe sind große Teile des Weges nicht begehbar.
Reine Gehzeit / Weglänge:
3 ½ Std / 10 km.
Orientierung / Markierungen:
Einfach. / Rot-weiß.

Diese Wanderung führt uns in das **Tal der Ourthe.** Bevor wir losgehen, ist es empfehlenswert, am Ausgangspunkt der Wanderung den Aussichtsturm zu besteigen, um einen Blick auf die Landschaft zu werfen. Jetzt verstehen wir, woher der Name »Belvédère des Six Ourthes« für diesen Aussichtspunkt rührt. Die Ourthe ist ein stark mäandrierendes Flüßchen, das heißt, ihr Lauf beschreibt zahlreiche Schlingen und hat nichts mit den begradigten Flüssen gemein, deren Anblick wir mittlerweile gewohnt sind. Durch die starke Schlingenbildung der Ourthe ist es an dieser Stelle möglich, den Fluß gleich mehrmals zwischen den Bergen zu erspähen.

Wie entstehen solche »Mäander« genannten Schlingen? Ein Mäander bildet sich im Lauf der Zeit aus einer zuerst schwachen Flußbiegung. Hier sorgt die Zentrifugalkraft dafür, daß das fließende Wasser am sogenannten Prallhang (das äußere Ufer einer Biegung) Material abreißt, das vom Fluß abtransportiert wird. Am gegenüberliegenden Ufer, dem sogenannten Gleithang, ist die Fließgeschwindigkeit nicht so hoch, so daß hier Material abgelagert wird. Durch die Erosion am Prallhang verstärkt der Fluß seine Windungen, und es entsteht ein **Mäander**.

Die Wirkungen von Erosion und Sedimentation am Prallhang bzw. Gleithang können wir auf unserer Wanderung leicht feststellen. Es fällt auf, daß an Gleithängen die Hangneigung relativ flach ist und der Wanderweg dementsprechend breit und somit einfach zu begehen ist. Anders sieht dies an Prallhängen aus, wo die Wege recht schmal und die Hangneigungen sehr steil werden können.

Der Wegverlauf

Wir beginnen unsere Wanderung am Aussichtspunkt **»Belvédère des Six Ourthes«.** Wir lassen den Aussichtsturm rechts liegen und tauchen nach einigen Metern in den Wald ein. Hier beginnt ein Wanderweg, der rot-weiß markiert ist und steil bergab führt. Nach etwa 50 Metern trifft von links ein Pfad auf unseren Weg, dem wir jedoch nicht folgen. Etwas später treffen wir auf eine *Weggabelung*.

An dieser Stelle empfiehlt sich für schwindelfreie und kletterbegabte Personen ein **Abstecher.** Indem wir dem linken Pfad folgen, erreichen wir schon nach wenigen Schritten einen ersten *Aussichtspunkt*, von dem aus wir die herrliche Landschaft genießen können. Zu einer Anzahl weiterer Aussichtspunkte gelangen wir, wenn wir entlang des Grates weiterwandern. Nach etwa 15 Minuten erreichen wir den höchsten Punkt des Grates. Hier brechen wir die Gratwanderung ab und beenden unseren Abstecher, indem wir auf demselben Weg zur *Weggabelung* zurückkehren.

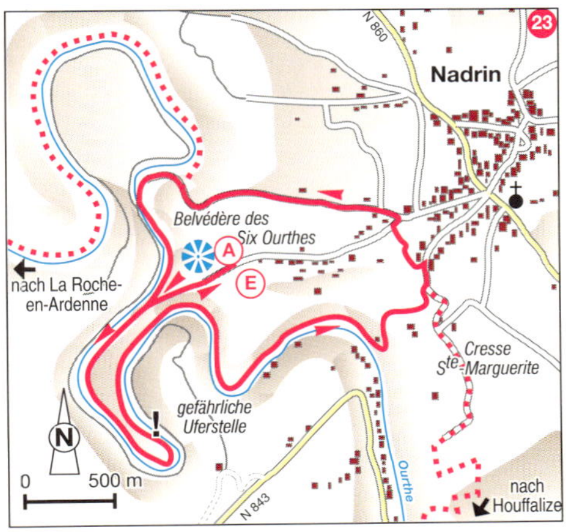

Die Grundmauern dieser Kapelle in Nadrin stammen aus dem 11. Jahrhundert. Sie fasziniert durch ihre schlichte Schönheit.

Nun folgen wir dem rechten Pfad, der uns direkt zum **Ufer der Ourthe** hinunterführt. Dort angekommen, gehen wir flußaufwärts, also nach links weiter. Auf diesem Weg bleiben wir für die nächsten 4,5 Kilometer. An einigen Prallhängen (vor allem an der auf der Karte mit »**!**« bezeichneten Stelle) kann das Weiterkommen sehr schwierig werden. Einige Wege, die auf unseren Pfad treffen, lassen wir links liegen. Etwa 5 Minuten, nachdem wir eine *kleine Brücke* überquert haben, verlassen wir das Ufer der Ourthe und folgen einem schmalen, rot-weiß markierten *Pfad bergauf*. Hier entdecken wir auf einem Felsen oberhalb der Ourthe ein *Heiligenstandbild*. Wenn wir dem Weg weiter bergauf folgen, erreichen wir nach einigen Minuten **Nadrin.** Hier ist vor allem eine Kapelle, deren Grundmauern aus dem 11. Jahrhundert stammen, sehenswert. Wir durchwandern den Ort bis zu der Straße, auf der wir angereist sind. Wer die Wanderung hier abbrechen möchte, kann auf dieser Straße zum Ausgangspunkt zurückgehen.

Wer weiterwandern möchte, biegt vor dem **Sportplatz** nach rechts ab. Nach einigen Metern gabelt sich der Weg, und wir wandern halb links auf einem Feldweg weiter. Auf diesem Schotterweg gehen wir bergab bis zum **Ufer der Ourthe.** Von hier aus gehen wir wieder *flußaufwärts* bis zu der Stelle, an der wir zu Beginn unserer Wanderung die Ourthe erreicht haben. Jetzt folgen wir dem *rot-weiß markierten* Weg bergauf und erreichen nach etwa einer Viertelstunde den Ausgangspunkt unserer Wanderung.

Nützliche Informationen

Ausgangsort und Zufahrt: *Nadrin* (400 m) liegt an der N 860 (192 km von Köln, 400 km von Frankfurt/M). Zufahrt mit Pkw: von Köln: A 4, A 44 bis Grenze, A 3 / E 40, E 25 über Liège bis Ausfahrt 51 Houffalize, N 30, N 860 nach Nadrin. Von Frankfurt: A 66, A 3, A 48 / E 44 über Trier nach Luxemburg, E 25 Richtung Liège bis Ausfahrt 52 Mabompré, N 826 nach Houffalize. Zufahrt mit öffentlichen Verkehrsmitteln: Zug- und Busverbindung von Köln über Liège – Guillemins, Melreux – Hotton und La Roche-en-Ardenne.
Ausgangspunkt: Aussichtspunkt Belvédère des Six Ourthes (Parkplätze vorhanden).
Gehzeiten: Insgesamt 3 1/2 Std.; Belvédère – Heiligenstandbild: 1 Std. 50 Min.; Heiligenstandbild – Kapelle in Nadrin: 20 Min.; Kapelle in Nadrin – Belvédère: 1 Std. 20 Min.
Unterkunft und Verpflegung: Eine Vielzahl von Hotels und Restaurants in *Nadrin* bzw. in *La Roche-en-Ardenne*. Jugendherberge in *Champlon* (siehe Wanderung 21). Camping-

platz in *Nadrin*: Belle Meuse, Rue de Wibrin 14, Tel. (0 84) 44 44 42; außerdem eine Vielzahl von Campingplätzen in *Houffalize*.
Einkehr unterwegs: Nur am Ausgangspunkt.
Auskunft: Fédération Touristique du Luxembourg Belge, 9, Quai de l'Ourthe, B-6980 La Roche-en-Ardenne, Tel. (0 84) 41 10 11.
Sehenswürdigkeiten in der Umgebung:
• *Nisramont:* Etwa 6 km südlich von Nadrin kann man Nisramont mit seinem landschaftlich sehr schön gelegenen **Ourthe-Stausee** besuchen. • *Houffalize:* Etwa 13 km östlich von Nadrin liegt Houffalize, ein kleines Städtchen, welches bereits im Mittelalter gegründet wurde. Leider ist der Ort im Zweiten Weltkrieg stark beschädigt worden. Sehenswert ist vor allem die *Pfarrkirche Ste-Catherine*. • *Mousny:* Der Ort Mousny, etwa 14 km südwestlich von Nadrin, wurde bekannt durch seine **Cailloux de Mousny,** menhirähnliche Quarzfindlinge, denen natürlich auch eine Legende anhängt. Ihr zufolge hat einst ein Hirte einem Wanderer etwas zum Durstlöschen und Hungerstillen verweigert – wohl Grund genug, um sofort, inklusive Hund und Schafherde, in Stein verwandelt zu werden.
Zusätzliche Tourenvorschläge: 1. An der Stelle, wo wir zum ersten Mal zur Ourthe kommen, der rot-weißen Markierung nach rechts in Richtung *La Roche-en-Ardenne* (14 km; siehe *Wanderung 22*) folgen.
2. Statt nach dem Anstieg hinter dem Heiligenstandbild nach links in Richtung Nadrin zu gehen, halten wir uns rechts und folgen der rot-weißen Markierung nach *Houffalize* (17 km).
Wanderkarte: Topographische Karte des IGN 1:50 000, Blatt 60 La Roche-en-Ardenne.

Für den Liebhaber alter Grabstelen lohnt sich ein kleiner Rundgang über den Friedhof von Nadrin.

24 Von trickreichen Raubrittern

Entlang der luxemburgischen Grenze

Tourencharakter: Längere Rundwanderung; Wanderwege zum Teil gut ausgebaut, zum Teil schmale Pfade.
Beste Jahreszeit: Das ganze Jahr über.
Reine Gehzeit / Weglänge:
5 Std. / 14 km.
Orientierung / Markierungen:
Einfach. / Rot-weiß.

Rittersprung – dies ist der Name eines Felsens, den wir auf unserer Wanderung sehen werden. Sein Name ist einer Sage nach darauf zurückzuführen, daß sich ein Raubritter in die Gemahlin des Ritters von Ouren verliebt hatte. Da ihr gemeinsames Glück jedoch durch die Ehe der Herrin von Ouren verhindert wurde, beschlossen sie zu fliehen. Er entwickelte zu diesem Zweck einen ausgeklügelten Fluchtplan: Um eventuelle Verfolger zu verwirren, ließ er sein Pferd neu beschlagen – jedoch mit verkehrt herum angebrachten Hufeisen. Er hoffte, daß der Ritter von Ouren genau in die entgegengesetzte Richtung reiten würde, wenn er die Verfolgung aufnähme.

Er hatte die Rechnung jedoch ohne den Wirt gemacht, denn die Flucht wurde bemerkt und die Verfolgung sofort aufgenommen. Der Hufschlag der neuen Eisen auf dem felsigen Untergrund hatte sie verraten, und schließlich wurden sie auf dem Felsen in die Enge getrieben. Hier bot sich den beiden nur ein einziger Ausweg: der Sprung in die Tiefe des Ourtals. Sie sprangen also in das Wasser der Our. Dabei brach sich das Pferd die Beine, die Reiter blieben unverletzt und konnten fliehen.
Ihr Glück währte jedoch nicht lange, da der Ritter sein Gelöbnis, eine Kapelle zu errichten, nicht einlöste, und deshalb vom Blitz erschlagen wurde.

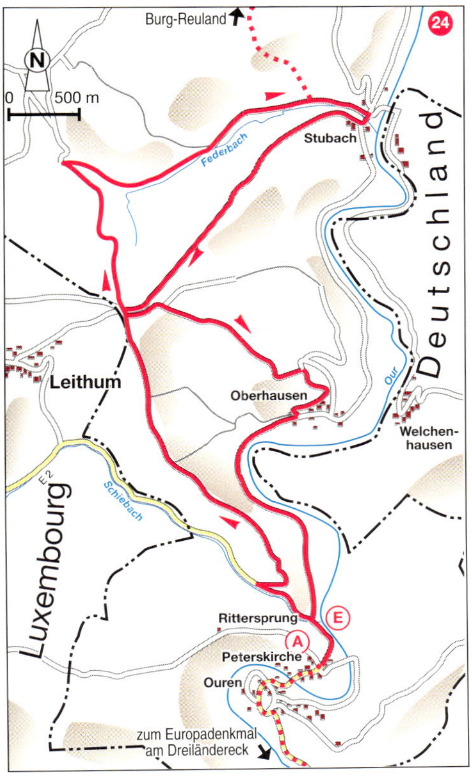

Der Wegverlauf

Wir beginnen unsere Wanderung auf der **Brücke in Ouren,** indem wir auf der Hauptstraße in nordöstlicher Richtung bergauf bis zur *Peterskirche* gehen. Diese Kirche bietet einen merkwürdigen Anblick, da in ihr mehrere Baustile (Romanik, Barock) vereint sind. Oberhalb der Our gehen wir jetzt auf der asphaltierten Straße weiter. Über der Straße erblicken wir einen kleinen *Marienaltar* in einer Höhle im Fels. Kurz darauf kommen wir zu einem markanten Felsen, dem **»Rittersprung«.**

Direkt nachdem wir den **Schiebach** überquert haben, folgen wir der *rot-weißen Markierung* nach links auf einen asphaltierten Weg. In diesem schönen Tal befinden sich zwei Bauernhöfe. Hinter dem zweiten Hof gehen wir rechts auf einem ansteigenden Weg in den Wald hinein. Oben auf dem Bergrücken verlassen wir den Wald und folgen der *rot-weißen Markierung* nach links auf einen Feldweg. Von hier haben wir einen schönen Blick auf das **Ourtal** und somit auch auf das deutsche Ufer der Our.

Auf dem *Feldweg* wandern wir nun bergauf in den Wald hinein, in dem einige Wege von dem unsrigen abzweigen. Wir folgen jedoch der *rot-weißen Markierung* geradeaus. Hin und wieder öffnet sich der Blick nach rechts auf das deutsche *Welchenhausen*, und nachdem wir den Wald verlassen haben, sehen wir links das luxemburgische *Leithum*. Wir passieren einen *Grenzstein* und flanieren die nächsten 250 Meter auf der *belgisch-luxemburgischen Grenzlinie* bis zu einer Wegkreuzung. Hier gehen wir weiter geradeaus bergab, entlang einer Waldschneise. Schon sehen wir rechts das **Federbachtal,** dem wir uns jetzt langsam nähern, aber noch vor der Überquerung des Baches gehen wir nach rechts. Auf diesem Waldweg kommen wir bald an eine Wegga-

Eine kurze Unterholzpartie ist nötig, um auf diesen breiten Wanderweg entlang des Federbachlaufes zu gelangen.

belung, an der wir den Weg geradeaus wählen. Zwar wird hier der Weg recht undeutlich; aber wir können uns leicht am *Lauf des Federbaches* orientieren.

Nach einiger Zeit müssen wir ihn überqueren, um am anderen Ufer nach wenigen Metern durchs Unterholz wieder auf einen *breiten Waldweg* zu treffen. Hier gehen wir nach rechts weiter bachabwärts. An der nächsten Wegkreuzung wenden wir uns zunächst ein Stück nach links, um dann weiter bachabwärts der *rot-weißen Markierung* zu folgen. Diese Markierung begleitet uns bis kurz hinter einen kleinen Bach, wo sie dann nach links in Richtung Burg Reuland abzweigt.

Wir gehen jedoch geradeaus und erreichen bald den Ort **Stubach.** Wir gehen auf der asphaltierten Straße einige Meter nach rechts, um sofort noch einmal nach rechts auf einen kleineren asphaltierten Weg abzubiegen. Dieser Weg führt uns auf einem *langen Anstieg* zunächst durch Wald und anschließend über Felder in Richtung auf den **Grenzübergang nach Luxemburg,** den wir bereits kennen. Kurz vor der Grenze biegen wir nach links auf einen anderen Weg ab, dem wir dann geradeaus bis nach **Oberhausen** folgen. In Oberhausen gehen wir auf der Hauptstraße nach rechts bis **Ouren** zurück. Alternativ kann man auch direkt am *Ufer der Our* entlang zum Ausgangspunkt zurückgehen.

Nützliche Informationen

Ausgangsort und Zufahrt: *Ouren* (340 m) liegt an der N 693 (151 km von Köln, 333 km von Frankfurt/M). Zufahrt mit Pkw: von Köln: A 1 bis Blankenheim, B 51 bis Prüm, A 60 (A 27) bis Ausfahrt 15 St-Vith Sud, N 62 Richtung Oudler, N 693 Richtung Burg Reuland und Ouren. Von Frankfurt: A 66, A 3, A 48 bis Koblenz, A 61 bis Kreuz Bliesheim, A 1 bis Blankenheim. Zufahrt mit öffentlichen Verkehrsmitteln: Zug- und Busverbindung von Köln über Liège – Guillemins und Gouvy.
Ausgangspunkt: Brücke in Ouren (Parkplätze im Ort vorhanden).
Gehzeiten: Insgesamt 5 Std.; Ouren – Grenze Luxemburg: 1 Std. 20 Min., Grenze Luxemburg – Stubach: 1 Std. 10 Min., Stubach – Oberhausen: 1 1/2 Std., Oberhausen – Ouren: 1 Std.

Unterkunft und Verpflegung: Eine Reihe von Hotels und Restaurants in *Ouren, Oberhausen* und *Burg Reuland.* Jugendherberge in *St-Vith,* Tel. (0 80) 22 93 31. Campingplätze in *Ouren* bzw. *Burg Reuland*: Hohenbusch, Luxemburger Str. 44, Tel. (0 80) 22 75 23; International S.A., Ouren 14, Tel. (0 80) 32 92 91.
Einkehr unterwegs: In *Ouren* und *Oberhausen.*
Auskunft: Verkehrsamt, Burgstr. 13, B-4790 Burg Reuland, Tel. (0 80) 32 97 12.

Sehenswürdigkeiten in der Umgebung:
• *Burg Reuland:* Etwa 10 km nördlich von Ouren liegt Burg Reuland mit seiner interessanten **Burgruine.**
Zusätzliche Tourenvorschläge: 1. Kurz vor Stubach der rot-weißen Markierung nach links in Richtung Burg Reuland (3,5 km) folgen. **2.** In Ouren der rot-weißen Markierung weiter nach Süden zum Europadenkmal am Dreiländereck (1,5 km) folgen.
Wanderkarte: Topographische Karte des IGN 1:50 000, Luxembourg Nord, Tourisme.

Ein Teil dieser Wanderung führt entlang des Grenzflusses Our. Hier markiert er die Grenze zwischen Belgien und Deutschland.

25 Die Stadt mit den drei Namen

Clerf, Clervaux oder Klierf?

Tourencharakter: Längere Rundwanderung; Wanderwege zum Teil gut ausgebaut, zum Teil schmale Pfade.
Beste Jahreszeit: Frühling bis Herbst.
Reine Gehzeit / Weglänge:
5 Std. 15 Min. / 16 km.
Orientierung / Markierungen:
Einfach. / Gelbes Kreuz, gelber Punkt.

Ob der Tourist seinen Urlaub in Clerf, Clervaux oder Klierf verbringt, ist dem Einheimischen letztendlich egal. Reisende jeden Zungenschlags sind in diesem beschaulichen Städtchen inmitten des luxemburgischen Öslings herzlich willkommen. Schließlich ist es zu einem wichtigen Fremdenverkehrsort der Region herangereift, denn die schöne Lage an einem Mäander der Clerve inmitten prachtvoller Wälder hat sich herumgesprochen. Von Fluß und Häusern eng umschlungen, thronen über allem die Burg und die Pfarrkirche von **Clerf**.

Die **Burg,** die wir heute als vollständigen Wiederaufbau nach ihrer Zerstörung durch deutschen Beschuß im Zweiten Weltkrieg sehen, geht zurück auf erste Befestigungsanlagen des 12. Jahrhunderts. Sie war Besitztum einiger wichtiger Familien, die allesamt Einfluß auf das Aussehen der Gebäude nahmen. Am längsten hielt sich die Familie Lannoy als Burgherren, die von 1631 bis 1874 mit freundlicher Strenge das Gemeinwesen zu regieren wußte. Von ihr wurde der Nordtrakt der Anlage mit seinen repräsentativen Gebäuden erstellt. Das prächtige Schlößchen »Hôtel du Parc« am gegenüberliegenden Clerve-Ufer entstand erst 1885 unter Graf Adrien de Berlaimon.

Nach ihrer Rekonstruktion ist die Burg heute Sitz des luxemburgischen **Burgenmuseums,** das 22 Burgen des Landes als ansehnliche Modelle präsentiert. Ferner gibt es hier eine Ausstellung zur Ardennenschlacht des Zweiten Weltkriegs und die Fotosammlung des weltberühmten Fotografen Edward Steichen zu sehen.

Neben der Burganlage findet sich die im Stil der rheinisch-maasländischen Romanik 1910–1911 erbaute Pfarrkirche.

Der Wegverlauf

Zunächst gehen wir in **Fischbach** ein Stück auf einem Weg parallel zur Hauptstraße in Richtung Süden bis zu einer Gabelung, an der wir der etwas größeren Straße nach rechts folgen. Sie trägt als Wandermarkierung ein gelbes Kreuz und führt uns bergab durch eine Weidelandschaft. Bald weist uns die Markierung auf einen etwas schmaleren, asphaltierten Weg geradeaus, während die Straße nach rechts abbiegt. Auf diesem Weg erreichen wir **Reuler,** ein kleines Dorf. Dem

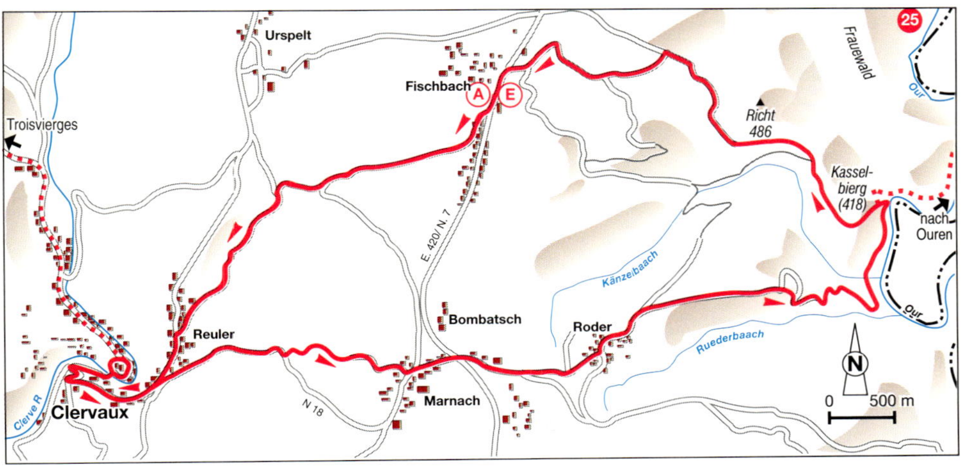

gelben Kreuz folgend, biegen wir hier links in eine etwas größere Straße ein, wandern bergab bis zur Hauptstraße, der *Route de Marnach.*

Hier haben wir die Möglichkeit, einen Abstecher in die Stadt **Clerf** zu unternehmen. Dazu schwenken wir nach rechts und gehen abwärts, immer dieser Straße folgend, in den Ort hinein. Hinter der *Place de la Libération* wandern wir auf der **Promenade de la Clerve** ein wenig an dem namengebenden Flüßchen entlang, bis wir die *Place Benelux* erreichen. Von hier aus kommen wir zur *Grand Rue,* die wir überqueren. Auf der *Montée du Château* gelangen wir schließlich zum **Schloß von Clerf.**

Vom Schloß aus geht es über die Montée du Château, die *Rue Schloff* und die *Montée de l'Eglise* zur Pfarrkirche des Ortes. Nach den Besichtigungen nehmen wir den kürzeren Weg zurück zur Kreuzung, wo wir unseren Abstecher begannen: Über die *Place du Marché,* die *Place de la Libération,* die *Rue Hoh* hinauf zur *Route de Marnach.*

Bald liegt rechts vor uns ein **Campingplatz.** Nachdem die Straße eine Links- und eine Rechtskehre beschrieben hat, geht links ein Waldweg mit unserer Markierung ab. Auf diesem Weg wandern wir durch einen schönen Nadelwald, immer geführt von dem gelben Kreuz. Nach dem Verlassen des Waldes wird unser Pfad zu einem asphaltierten Weg, der uns durch Wiesen und Weiden auf eine Siedlung zuführt. An der Stelle, wo von rechts ein Feldweg und von links ein asphaltierter Weg auf den unsrigen stoßen, wenden wir uns nach links und gelangen in das Dorf **Marnach.**

An einer größeren Kreuzung, geschmückt mit einem hübschen Brunnen, erreichen wir eine Hauptstraße, auf der wir nach links gehen. Eine Brücke führt uns über eine Schnellstraße. Wir verlassen die Straße nach einigen hundert Metern in Richtung *Roder* nach links. Vorbei an großen Antennenmasten von RTL, einem Wasserspeicher und einem Friedhof gelangen wir in dieses Dörfchen, das mit seinem Hotel-Restaurant Gelegenheit für eine Einkehr bietet. Auf dem markierten Weg durchqueren wir den Ort. Am Ortsausgang wählen wir an der Weggabelung den Weg halb rechts und wandern auf diesem, weiterhin mit dem *gelben Kreuz* markierten Weg erst oberhalb eines hübschen Tales, dann entlang ausgedehnter Felder, an einem einsamen Haus vorbei, immer geradeaus und jetzt bergab durch ein Wäldchen.

Bald trifft unser Pfad auf einen *asphaltierten Weg,* hier gehen wir nach rechts und tauchen in einem Linksbogen in einen Wald ein. An der nächsten Gabelung gehen wir nach rechts und wandern bergab durch den Laubwald. An der folgenden Gabelung wenden wir uns nach links. Bald können wir aus dem Wald den schönen Ausblick auf das Tal genießen. Dann geht es weiter bergab über einen schönen breiten Waldweg bis zur nächsten Gabelung. Hier treffen wir wieder auf den mit dem gelben Kreuz markierten Weg, dem wir uns geradeaus, nicht nach rechts oben anschließen. Kurz bevor wir im Tal die **Our** erreichen, folgen wir einer Kehre nach links hinten auf einen mit einem *gelben Punkt* markierten Weg und wandern flußaufwärts.

Hinter einer kleinen Brücke über den **Kënzelbaach** gelangen wir an eine Wegkreuzung, an der wir wieder den mit dem gelben Punkt markierten Weg nach rechts wählen. Nach einiger Zeit wird unser Weg zu einem schmalen Pfad, der zunächst leicht bergauf geht, dann bald als Treppe hinauf zum **Kasselsbierg** führt. Hier oben gehen wir weiter geradeaus, dann links über einige Stufen bergauf. Wir haben wieder die Markierung *gelbes Kreuz* erreicht und steigen über einen steilen Pfad, der gute Trittsicherheit erfordert, hinauf zu zwei Aussichtspunkten über die eindrucksvolle Landschaft an der Our. Es folgt ein langer Anstieg in Serpentinen, bis wir endlich den Bergrücken erreichen. Hier folgen wir auf einem breiteren Weg der bekannten Markierung immer geradeaus durch ein Waldgebiet. Dabei passieren wir einen **Aufschluß im Gestein,** an dem die Schichtung der Ablagerungsstufen deutlich zu erkennen ist.

Die im Stil der rheinisch-maasländischen Romanik erbaute Pfarrkirche von Clervaux ist eines der Wahrzeichen der Stadt.

Der Erbauer des Hôtel du Parc hat den Standort gut gewählt. Der Ausblick auf Clervaux ist einen Abstecher wert.

Der markierte Weg führt uns weiter immer geradeaus durch den Laubwald. Nach einem Rechtsbogen verlassen wir ihn und wandern auf dem nun asphaltierten Weg durch eine Felder- und Weidenlandschaft. Die Markierung dirigiert uns bei einigen Weggabelungen. Nicht die Abzweigung nach links verpassen! Nun liegt links von uns in einiger Entfernung ein kleines Wäldchen, und bald sehen wir vor uns ein Dorf. An den folgenden zwei Gabelungen halten wir uns rechts, gehen durch eine Unterführung und erreichen das Dorf **Fischbach.** Hier treffen wir auf eine Kreuzung mit fünf Wegen, von denen wir den zweiten Weg von links wählen, der parallel zur Hauptstraße verläuft, und finden uns am Ausgangspunkt unserer Wanderung wieder.

Nützliche Informationen

Ausgangsort und Zufahrt: *Clerf* (371 m) liegt an der N 18 (141 km von Köln, 325 km von Frankfurt/M). Zufahrt mit Pkw: von Köln: A 1 bis Blankenheim, B 51 bis Prüm, B 410, N 10 zum Ausgangspunkt. Von Frankfurt: A 66, A 3, A 48 bis Trier, B 51 bis Bitburg, B 50 bis Vianden, N 10 über Stolzembourg zum Ausgangspunkt. Zufahrt mit öffentlichen Verkehrsmitteln: direkte Bahnverbindung von Köln über Liège – Guillemins.

Ausgangspunkt: Fischbach (Parkplätze vorhanden).

Gehzeiten: Insgesamt (ohne Abstecher Clerf) 5 Std. 15 Min.; Fischbach – Reuler: 1 Std. 15 Min., Reuler – Roder: 1 Std. 15 Min., Roder – Our: 1 Std., Our – Fischbach: 1 Std. 45 Min.

Unterkunft und Verpflegung: Eine Reihe von Hotels und Restaurants in *Clerf, Reuler* und *Roder.* Campingplatz in *Clerf*: Camping Officiel, Tel. 9 20 42 (als Vorwahl dient die Landeskennzahl von Luxemburg: 0 03 52, siehe auch Anhang, Telefon).

Einkehr unterwegs: In *Clerf, Roder* und *Reuler.*

Auskunft: Syndicat d'Initiative, Château, L-9712 Clervaux, Tel. 92 00 72.

Sehenswürdigkeiten in der Umgebung:
• *Holler:* Etwa 10 km nördlich von Clerf liegt Holler mit seiner *Pfarrkirche* aus dem 14. Jahrhundert.

Zusätzliche Tourenvorschläge: 1. Anstatt am Kasselsbierg dem gelben Kreuz bergauf zu folgen, nach dem gelben Punkt bis nach *Ouren* (12 km) gehen (siehe auch *Wanderung 24*). **2.** In Clerf über die C. R. 335 nordwärts der gelben Raute in Richtung *Troisvierges* (11 km) folgen.

Wanderkarte: Topographische Karte des IGN 1:50 000, Luxembourg Nord, Tourisme.

26 Eine Märtyrerstadt und eine Stadt im Loch

Von Wiltz nach Esch-sur-Sûre

Tourencharakter: Mittelschwere Streckenwanderung; Wanderwege zum Teil gut ausgebaut; zum Teil schmale Pfade.
Beste Jahreszeit: Frühling bis Herbst.
Reine Gehzeit / Weglänge: 3 1/2 Std.; 10 km.
Orientierung / Markierungen: Einfach. / Gelbes Kreuz, grünes Dreieck.

Zwei malerische Städtchen des Luxemburger Nordens markieren Anfang und Ende dieser Streckenwanderung – von Wiltz nach Esch soll es heute gehen.

Wiltz, in eine Schleife des namengebenden Flüßchens eingebettet, teilt sich in die auf dem hohen Felssporn gelegene *Oberstadt* und die an den Ufern der Wiltz gelegene *Unterstadt.* Letztere wird gut bewacht von dem **Barockschloß** der Oberstadt, in dem ehemals die Grafen von Wiltz residierten. Es geht zurück auf eine Feste des 12. Jahrhunderts, von der jedoch nur die Basis des Hexenturmes verblieben ist, in dem im Mittelalter die verurteilten Frauen auf ihre Hinrichtung warten mußten.

Ein Neubau, der im 17. Jahrhundert begonnen wurde, beherbergte das Grafengeschlecht von Wiltz bis zur Französischen Revolution; dann gehörte es zunächst dem französischen Staat, später einigen Privatpersonen und gewährte zwischen 1851 und 1950 einem Mädchenpensionat Unterkunft. Seither befindet sich in einem Teil des Schlosses ein staatliches Altenheim, im anderen das Folkloremuseum und das Museum der Ardennenschlacht.

Landesweite Reputation hat das Schloß durch ein jährlich stattfindendes Musik- und Theaterfestival erlangt, das in dem großen Amphitheater in den ehemaligen Schloßgärten seine Heimat gefunden hat.

Eine weitere Sehenswürdigkeit der Oberstadt ist das **Justizkreuz** von 1502 am Eingang der Grand Rue (nahe Rathaus); es wurde zum Andenken an die Erlangung der freien Gerichtsbarkeit dieser Stadt aufgestellt. Es trägt die Wappen der Stifter Graf Godart von Wiltz und Anna von Bourscheid, seiner Gattin.

Niederwiltz hat mit seiner spätgotischen Dekanatskirche Sts-Pierre-et-Paul auch Sehenswertes zu bieten: der alte Teil, 1510 vollendet, gehört zu den ältesten Bauwerken Luxemburgs. Im Innern gibt es die Grabmäler der Herren von Wiltz und die Holzfiguren der Schutzheiligen der Zünfte zu besichtigen. Neben der Kirche steht ein Pestkreuz aus dem Jahre 1635.

Doch warum trägt Wiltz den Namen *Cité Martyre,* Märtyrerstadt? Sie erhielt diesen Titel, weil von hier der nationale Streik ausging, der sich 1942 gegen die Einführung der Wehrpflicht durch die nationalsozialistischen Besatzer wandte. Er wurde blutig niedergeschlagen. Zum Andenken daran wurde im Zentrum der Stadt das nationale **Streikdenkmal** errichtet.

Von Wiltz aus wandern wir in südlicher Richtung zu einer anderen wichtigen Fremdenverkehrsbastion des Luxemburger Öslings, nach **Esch-sur-Sûre,** den Hauptort des neu geschaffenen **Naturparks Obersauer.** Dieses romantisch in einem Mäander der Sûre gelegene Örtchen mit gut 300 Seelen wird überragt von einem Felsen, der wie dafür gemacht zu sein scheint, eine Festung zu tragen. Von drei Seiten durch den Fluß, von der vierten durch einen tiefen Felseinschnitt geschützt, überzeugte dieser Ort den Edelmann Maingaud, hier im 10. Jahrhundert seine Burg zu errichten. Aus dieser Zeit ist uns noch der Bergfried erhalten geblieben. Neue Gebäude wie eine Vorburg und eine Schutzmauer kamen im 13. Jahrhundert hinzu, 200 Jahre später wurden ein Rundturm und ein Renaissanceportal ergänzt. Doch allmählich verfiel die beeindruckende Burg, wechselte häufig den Besitzer, konnte aber nicht instand gehalten werden. Seit 1912 gehört sie dem luxemburgischen Staat, der die Burgruine der Öffentlichkeit zugänglich machte.

Die Ortschaft Esch, deren Häuser sich dichtgedrängt den Fels emporzirkeln, ist rundum von Bergen umgeben, was ihr den Namen »Esch im Loch« eingebracht hat. Sie ist ein beliebtes Ziel von Wochenendausflüglern geworden, und der nahegelegene Obersauer-Stausee, Trinkwasserreservoir und Freizeitparadies, tut gewiß das Seine dazu.

Der Wegverlauf

Vom **Hôtel de Ville** aus gehen wir über die verkehrsberuhigte *Grand Rue* leicht bergauf. Auf der rechten Seite überqueren wir die *Rue des Tondeurs* und die *Rue Grande Duchesse Charlotte*. Etwas später folgen wir den Markierungen *gelbes Kreuz* und *grünes*

Ein jährlich stattfindendes, international besetztes Musik- und Theaterfestival hat das Schloß von Wiltz mit seiner Freilichtbühne im Schloßhof bekannt gemacht.

Dreieck nach rechts in die *Rue des Charretiers.* An der nächsten Weggabelung leiten uns die Markierungen nach *halb rechts steil bergauf,* und wir erreichen nach 1,5 km **Roullingen.**

Innerhalb dieser kleinen Ortschaft folgen wir den Markierungen zunächst nach links und dann nach rechts. Am Ortsausgang überqueren wir die *C. R. 318* und laufen nach den Markierungen auf einem asphaltierten Weg über Wiesen und Weiden. Nach etwa 1 km nach links auf einen Feldweg (mit Markierung) in Richtung auf einen Wald. Noch vor dem Eingang in den Wald gabelt sich der Weg, wir tauchen nun links in den Wald hinein. Doch schon nach wenigen Minuten verlassen wir den Wald wieder und folgen den Markierungen nach rechts auf einen Weg an Wiesen und Weiden vorbei. Bald finden wir uns in einem schönen **Nadelwald** wieder, in dem wir immer geradeaus gehen. Der Nadelwald macht einem jungen *Laubwald* Platz, und unser Weg wird zu einem Trampelpfad. Etwas später über einen Bergrücken bergab.

Wir erreichen einen etwas größeren Feldweg, dem wir nach links folgen bis zur *N 12,* auf der wir nach rechts in Richtung **Buderscheid** bis zur Kreuzung mit der *N 15* gehen. Hier gehen wir geradeaus auf eine etwas kleinere Straße in Richtung **Kaundorf.** Bei der Weggabelung, an der wir etwa 500 Meter weiter ankommen, folgen wir dem gelben Kreuz nach links in Richtung auf **Horgershaff.** Dieses Horgershaff ist ein einsames Gehöft am Hang, an dem wir rechts vorbeigehen. Der Weg führt nun bergauf in einen Wald hinein. Solange wir uns im Wald befinden, gehen wir immer geradeaus, bis wir auf eine *asphaltierte Straße* treffen, der wir nach links folgen. Nach wenigen hundert Metern auf dieser Straße taucht rechts ein kleines Wäldchen am Straßenrand auf, hinter dem wir rechts abbiegen. Über einen Trampelpfad gelangen wir wieder in einen Wald. Der Weg führt bergab, und nach etwa 300 Metern gehen wir an einer Weggabelung nach links. Dieser Weg führt bergab nach **Esch-sur-Sûre** und gestattet uns dabei einen wundervollen Blick auf die Ortschaft und die sie überragende Burg. Wir erreichen einen asphaltierten Weg, dem wir nach links folgen. Von nun an können wir uns leicht an

Auch der luxemburgische Teil der Ardennen, der Ösling, ist eine waldreiche Landschaft.

der **Burg,** dem Endpunkt unserer Wanderung, orientieren.

Nützliche Informationen

Ausgangsort und Zufahrt: *Wiltz* (325 m) liegt an der N 12 (197 km von Köln, 342 km von Frankfurt/M). Zufahrt mit Pkw: von Köln: A 1 bis Blankenheim, B 51 bis Prüm, B 410, N 10, N 7 nach Ettelbruck, N 15 bis Esch-sur-Sûre, N 12 bis Wiltz. Von Frankfurt: A 66, A 3, A 48 / E 44 über Trier bis Luxemburg, N 7 bis Ettelbruck. Zufahrt mit öffentlichen Verkehrsmitteln: Zug- und Busverbindung von Köln über Liège – Guillemins und Kautenbach.

Ausgangspunkt: Wiltz (Parkplätze vorhanden).

Gehzeiten: Insgesamt 3 1/2 Std.; Wiltz – Roullingen: 50 Min., Roullingen – Buderscheid: 1 Std. 25 Min., Buderscheid – Esch-sur-Sûre: 1 Std. 15 Min.

Unterkunft und Verpflegung: Eine Reihe von Hotels und Restaurants in *Wiltz* und *Esch-sur-Sûre*. Jugendherberge in *Wiltz*. Campingplätze: in *Wiltz*: Camp Kaul, Tel. 9 53 59; in *Esch-sur-Sûre*: Camp Im Ahl, Tel. 8 95 14.

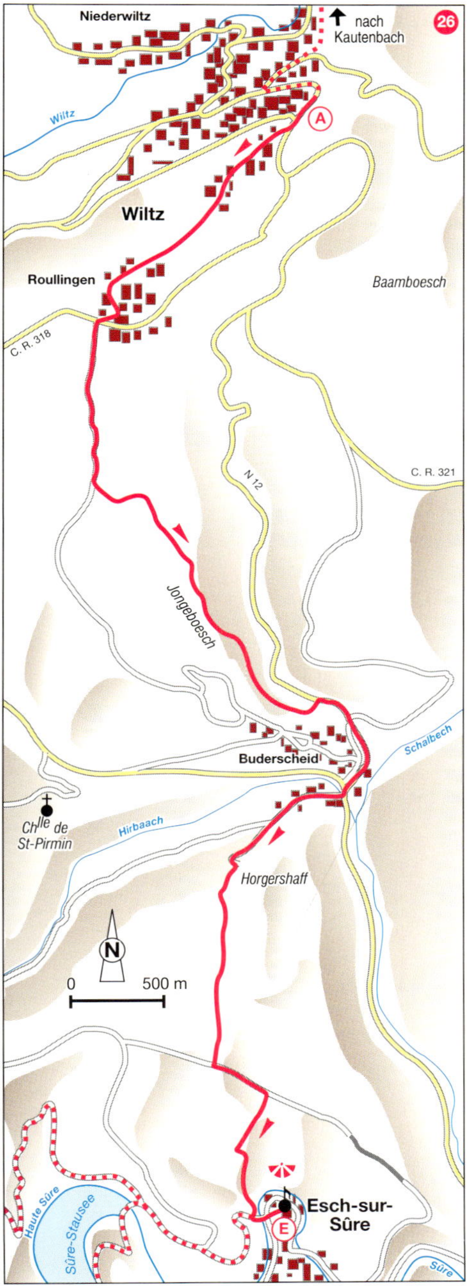

Einkehr unterwegs: In *Wiltz* und *Esch-sur-Sûre*.

Auskunft: Syndicat d'Initiative, Château de Wiltz, L-9516 Wiltz, Tel. 95 74 44; Syndicat d'Initiative, 6, Rue de l'Eglise, L-9560 Esch-sur-Sûre, Tel. 8 93 67.

Sehenswürdigkeiten in der Umgebung:

• *Bastogne:* Etwa 20 km westlich von Wiltz, also schon in Belgien, liegt Bastogne, ein Name, der seit dem Zweiten Weltkrieg fest mit dem Begriff der Ardennenoffensive verknüpft ist. Gegen Ende des Jahres 1944 wollte Hitler noch einmal alle Kräfte mobilisieren und leitete unter den Generalfeldmarschällen Rundstedt und Model eine Offensive in die Wege, die ihm vor allem den wichtigen Hafen Antwerpen sichern und die Alliierten in ihrem Vormarsch stoppen sollte.

Nach ersten Niederlagen in Stavelot und Dinant kam es in Bastogne zu einem schweren Belagerungskampf, bei dem die Stadt fast völlig zerstört wurde. Das **Bastogne Historical Center** stellt zu diesem Thema eine Reihe plastischer Dioramen, großer Schlachtfeldmodelle, vielsprachiger Diapräsentationen und Filme aus. Dies ist sicher ein wichtiger Teil der Friedensarbeit, obschon der Werbeslogan »Das schönste Kriegsmuseum der Welt« reichlich paradox anmutet.

Doch Bastogne kann natürlich auf eine viel weiter entfernte Vergangenheit blicken. In der römischen Zeit lag die Stadt am Kreuzungspunkt dreier wichtiger Fernstraßen; im frühen Mittelalter war sie die einzige Münzstätte der Ardennen.

Ihr Reichtum am Ende des Mittelalters brachte ihr den Namen »Paris der Ardennen« ein. Von der Stadtumfriedung aus jener Zeit ist heute noch das Trierer Tor erhalten geblieben.

Genaueres läßt sich im **Geschichts- und Archäologiemuseum** der Stadt erkunden, und auch das **Museum der religiösen Kunst** ist sehenswert.

Zusätzliche Tourenvorschläge: 1. In Wiltz dem gelben Kreuz zunächst nach Nordosten und dann in Richtung *Kautenbach* (11 km) folgen (siehe auch *Wanderung 28*). **2.** In Esch-sur-Sûre nicht in das Ortszentrum, sondern dem asphaltierten Weg nach rechts zum *Sûre-Stausee* folgen (2 km). Diesen Stausee kann man auf dem »*Circuit du Lac*« umwandern.

Wanderkarte: Topographische Karte des IGN 1:50 000, Luxembourg Nord, Tourisme.

27 Zur größten Burganlage Luxemburgs

Bourscheids beeindruckende Feste

Tourencharakter: Lange Rundwanderung; Wege zum Teil gut ausgebaut, zum Teil schmale Pfade.
Beste Jahreszeit: Frühling bis Herbst.
Reine Gehzeit / Weglänge: 6 Std. / 17 km.
Orientierung / Markierungen: Einfach. / AK, C, gelbes Rechteck, B, Schmetterling, Igel, A.

Eine beeindruckende Feste ist sie wirklich, die **Burg von Bourscheid,** die wir auf unserer Wanderung bewundern können.

Diese größte luxemburgische Burganlage wird zum ersten Mal 1095 als Eigentum des Bertram von Bourscheid urkundlich erwähnt. Zu den Herrschern auf Burg Bourscheid gehörten im Laufe der Jahrhunderte jedoch nicht nur die Grafen von Bourscheid, sondern auch ein so bekanntes Adelsgeschlecht wie die Freiherren von Metternich.

Alle Herrscher hinterließen ihre Spuren, da die Burg bis zur Neuzeit mehrere Male den sich wandelnden militärischen Erfordernissen angepaßt wurde. So entstanden zum Beispiel die Ringmauer um die Oberburg sowie ein Geschützturm. Aber auch die Wohnanlagen wurden den Modeströmungen angepaßt. Zeuge hierfür ist beispielsweise das 1384 errichtete Stolzemburger Haus, ein markantes Gebäude mit hohen gotischen Treppengiebeln. 1785 wurde der gesamte Besitz grundlegend restauriert und durch einen neuen Flügel vergrößert.

Heute gehört die Burg dem luxemburgischen Staat. Sie wird von den »Amis du Château de Bourscheid« unterhalten und restauriert. Sie steht Besuchern offen.

Der Wegverlauf

Wir beginnen unsere Wanderung mit einem langen Aufstieg entlang der Straße nach **Bourscheid.** Wenn die *Burg* von Bourscheid in Sichtweite ist, wird die Straße von einigen Wanderwegen gekreuzt. Nach rechts hinten führen Treppenstufen zu einem Aussichtspunkt, und nach rechts führt ein Wanderweg. Wir wenden uns hier jedoch nach links und folgen dem Waldweg mit den Markierungen *AK, C* und einem *gelben Rechteck* **(Sentier de la Haute Sûre)** an einem Aussichtspunkt vorbei bis zur nächsten Weggabelung, an der wir uns an den Markierungen *C* und *gelbes Rechteck* nach

Am Anfang der Wanderung erscheint sie unerreichbar, dort auf ihrem Felsen. Doch ist der Aufstieg geschafft, bietet sich dem Wanderer dieser herrliche Blick hinab auf die trutzige Burg Bourscheid.

links orientieren. Schon nach wenigen Metern treffen wir erneut auf eine Gabelung: hier gehen wir nach *rechts* und wandern auf einem schmalen Pfad in Serpentinen hinab ins Tal. Wir überqueren ein Bächlein und treffen auf einen anderen Weg, dem wir nun nach rechts bergauf folgen.

Nun können wir der Markierung **gelbes Rechteck** folgen, die uns an einigen Kreuzungen vorbei immer weiter bergauf leitet. Beim Verlassen des Waldes gelangen wir auf einen Asphaltweg, dem wir nach rechts folgen, und auch an der nächsten Kreuzung gehen wir nach rechts (*gelbes Rechteck*) entlang der Straße C. R. 348. Wir erreichen einen Rastplatz hoch oberhalb der **Burg von Bourscheid.** Die Bänke laden dazu ein, den außerordentlich schönen Ausblick auf die Burg in ihrer reizvollen Umgebung zu genießen und nach dem steilen Anstieg wieder Kräfte zu sammeln.

Anschließend folgen wir der Straße bergauf bis zu einer kleinen Kreuzung, an der wir wieder dem *gelben Rechteck* und der *Markierung B* nach links folgen. Wir wandern an Feldern vorbei, links von uns auf einer Bergkuppe sehen wir ein kleines Kreuz. Der asphaltierte Weg leitet uns bald in Serpentinen durch einen Laubwald bergab. Auch hier haben wir einen schönen Ausblick auf die weich geschwungenen

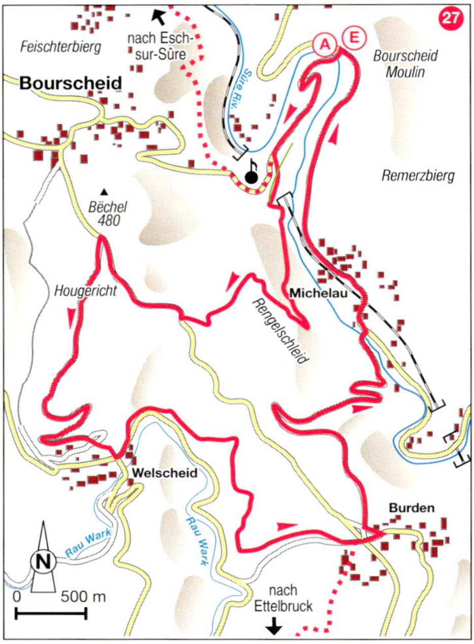

Linien dieser Berglandschaft. Nun müssen wir aufmerksam nach den Markierungen *gelbes Rechteck* und *B* Ausschau halten, denn bald zweigt der markierte Weg nach rechts als steiler Feldweg von der asphaltierten Straße ab, deren Serpentinen wir nochmals kreuzen, bevor wir unten in der Ortschaft **Welscheid** angelangt sind. Hier nehmen wir die Hauptstraße, die nach links aus dem Ort hinausführt und verlassen sie noch kurz vor dem Ortsausgangsschild nach links. Der Feldweg ist mit den Symbolen *Schmetterling, Igel* und immer noch dem *gelben Rechteck* markiert. Noch einige Zeit sehen wir auf der rechten Seite den Ort Welscheid unter uns liegen.

Die Markierung *gelbes Rechteck* leitet uns durch den Wald bis nach **Burden.** Hier verläßt uns die Markierung, und wir folgen der *Rue St-Hubert* bald in die *Rue de la Croix*. Auf dem nächsten kleinen Asphaltweg, nach links an wenigen Häusern vorbei, kommen wir durch Wiesen und Weiden in einen Wald. Wir bleiben auf diesem Weg, der zum Schotterweg wird, wandern in Serpentinen bergab und überqueren eine Brücke (Markierungen *Schmetterling* und *A*).

Nun laufen wir wieder auf Asphalt bergab an Häusern vorbei. Hinter einem Rechtsbogen überqueren wir eine zweite Brücke und gelangen zu einer Hauptstraße, auf der wir nach links den Ort **Michelau** passieren. An der Kreuzung am Bahnhof nehmen wir die Straße N 27 nach *Bourscheid-Moulin / Plage* und *Goebelsmühle*.

Schon bald wandert der Blick wieder zur Burg von Bourscheid. Wir kommen an einer kleinen Kapelle vorbei und gehen zunächst an der Eisenbahnstrecke entlang. Rechts von uns stehen steile Felsen, links sehen wir die Sûre. Wir überqueren die **Brücke über die Sûre** und gelangen wieder an unseren Ausgangspunkt.

Nützliche Informationen

i

Ausgangsort und Zufahrt: *Bourscheid-Moulin* (253 m) liegt an der C. R. 308 (162 km von Köln, 332 km von Frankfurt/M). Zufahrt mit Pkw: von Köln: A 1 bis Blankenheim, B 51 bis Prüm, B 410, N 10, N 7 Richtung Ettelbruck bis Lipperscheid, C. R. 308 bis Bourscheid. Von Frankfurt: A 66, A 3, A 48 / E 44 über Trier bis Luxemburg, N 7 über Diekirch nach Lipperscheid. Zufahrt mit öffentlichen Verkehrsmitteln: Zug- und Busverbindung von Köln über Liège – Guillemins und Ettelbruck.

Ausgangspunkt: Brücke von Bourscheid-Moulin (Parkplätze vorhanden).

Gehzeiten: Insgesamt 6 Std.; Ausgangspunkt – Aussichtspunkt: 1 Std. 35 Min., Aussichtspunkt – Welscheid: 1 Std. 15 Min., Welscheid – Burden: 1 Std. 15 Min., Burden – Michelau: 1 Std. 15 Min., Michelau – Ausgangspunkt: 40 Min.

Unterkunft und Verpflegung: Eine Reihe von Hotels und Restaurants in *Bourscheid-Moulin, Welscheid, Michelau* und im nahen *Bourscheid.* Jugendherberge in *Ettelbruck.* Campingplätze in *Bourscheid-Moulin*: Camp Moulin, Tel. 9 03 31; Camp Um Gritt, Tel. 9 04 49.

Einkehr unterwegs: In *Bourscheid-Moulin, Welscheid* und *Michelau.*

Auskunft: Syndicat d'Initiative et de Tourisme, L-9140 Bourscheid, Tel. 9 03 57.

Öffnungszeiten: Burg von Bourscheid: Täglich 10 Uhr bis 19 Uhr von April bis September.

Auch wenn einzelne Gebäudeteile gerade restauriert werden, steht die Burganlage Bourscheid den Besuchern für einen Rundgang offen.

Sehenswürdigkeiten in der Umgebung:
• *Diekirch:* Etwa 10 km südöstlich von Bourscheid liegt Diekirch. Sehenswert sind hier vor allem die gotische **Alte Kirche** von 1467 sowie die Mosaiken der **Römischen Villa** auf der Esplanade.
Zusätzliche Tourenvorschläge: 1. An der Stelle, an der wir zum ersten Mal dem gelben Rechteck begegnen, geradeaus dem gelben Rechteck bis nach *Esch-sur-Sûre* (20 km) folgen (siehe auch *Wanderung 26*).
2. In Burden weiter dem gelben Rechteck nach *Ettelbruck* (5 km) folgen.
Wanderkarte: Topographische Karte des IGN 1:50 000, Luxembourg Nord, Tourisme.

28 Das kleine Exil des großen Dichters

Vianden an der Our

Tourencharakter: Mittellange Rundwanderung, zum Teil Stadtwanderung; Wege zum Teil gut ausgebaut, zum Teil schmale Pfade.
Beste Jahreszeit: Das ganze Jahr über.
Reine Gehzeit / Weglänge: 3 Std. / 8 km.
Orientierung / Markierungen: Einfach. / Straßenschilder, A, blaues Dreieck, gelbes Kreuz, gelbes Dreieck, gelber Punkt, türkisfarbenes Dreieck.

Victor Hugo, der große Vorreiter der französischen Romantik, war nicht nur ein gefeierter Dichter, Mitglied der Académie Française und Pair von Frankreich, sondern engagierte sich in den bewegten Zeiten des 19. Jahrhunderts auch auf der politischen Bühne. Er setzte sich als Demokrat vehement für die Verbesserung der sozialen Lage des einfachen Volkes ein, wetterte gegen die Todesstrafe und wandte sich schließlich, nach anfänglich freundschaftlicher Beziehung, gegen den selbsternannten Kaiser Napoleon III. 19 Jahre Verbannung kostete ihn seine Agitation in Lyrik und Epik, 19 Jahre, die er hauptsächlich auf den Kanalinseln Jersey und Guernsey verbrachte. Doch auch in London, Brüssel und Vianden fand er Unterschlupf.

Als er sich im Mai 1871 in einer belgischen Zeitung gegen die Niederschlagung der Kommunarden-Revolution, also den Kampf der Pariser Kommune für die föderalistische Republik, und gegen die belgische Regierung wandte, die den geflohenen Revolutionären kein Asyl gewähren wollte, erhielt er die Rechnung vom belgischen Pöbel: Seine Wohnung in Brüssel erbebte unter einem Steinhagel, an die Tür dröhnten die Stöße des Rammbocks, und kein Nachbar kam zur Hilfe. Schließlich ließen die Männer ab, und der Dichter konnte aufatmen, doch wurde er wenige Tage später vom belgischen Justizminister zum Verlassen des Landes aufgefordert. Dies war der Grund für seinen Aufbruch nach Luxemburg, das er schon früher bereist hatte.

Er ließ sich am 8. Juni 1871 in Vianden in einem kleinen Haus an der Our nieder und wurde in der »Luxemburger Zeitung« wie folgt begrüßt: »Möge der Poet in unserem uralten Vianden bei dessen biederen

Während seines Exils in Vianden mußte Victor Hugo auch über diese Brücke über die Our spazieren, um in sein Wohnhaus zu gelangen.

Bewohnern und in der herrlichen Natur, auf den jähen Höhen, wo die Brust so frei atmet, und in den einsamen Schluchten, die der Träumer so gern aufsucht, einen genügenden Ersatz finden!« Hugo genoß die Landschaft und schuf nicht nur zahlreiche Gedichte, die in »L'année terrible« (»das schreckliche Jahr«) Eingang fanden, sondern verewigte geliebte Ansichten des kleinen Landes auch in Aquarellen. Über den Ort seines Exils schrieb er folgende Worte: »In seiner prächtigen Landschaft, die einst ganz Europa aufsuchen wird, besteht Vianden aus zwei zugleich ermutigenden wie eindrucksvollen Dingen: einer finsteren Ruine und einer heiteren Bevölkerung.« Seine Wertschätzung äußerte sich jedoch auch in Taten: als am 15. Juli 1871 der größte Brand in der Geschichte Viandens ausbrach, profilierte er sich als Brandmeister bei den Löscharbeiten in Vertretung des abwesenden Bürgermeisters.

Die Viandener Bürger verehrten ihren demokratischen Gast, und noch heute schmückt sich der Ort mit der Erinnerung an ihn. In dem Haus, in dem er wohnte, direkt an der Brücke über die Our, befindet sich ein kleines Museum, in dem man Handschriften, Zeichnungen und Möbel des Poeten sehen kann. Unsere Wanderung führt uns durch die Stadt Vianden und ihre grüne Umgebung.

Der Wegverlauf

Vom Parkplatz aus gehen wir die Straße **Montée du Château** abwärts und sehen schon zu unserer Linken den Zugang zur **Burg von Vianden,** deren Besuch wir uns nicht entgehen lassen sollten. Auf diesem Fels hoch über der Siedlung ist schon eine römische Festung aus dem 4. Jahrhundert nachgewiesen, der eine karolingische und eine ottonische folgten. Im 12. und 13. Jahrhundert kam das Viandener Grafengeschlecht zur Blüte. Später, als die Burg den Luxemburger Grafen zufiel, begann eine lange Phase des Verfalls, bis im 19. Jahrhundert nur noch »die gewaltig dräuende Ruine«, wie sie Hugo beschrieb, von einstiger Pracht zeugte. Ende des 19. Jahrhunderts besann man sich der beeindruckenden Feste, sicherte die Ruinen und begann den Wiederaufbau. Heute wird die Burg auch für kulturelle Veranstaltungen genutzt (Rittersaal), und ein kleines **Burgmuseum** informiert über die Restaurierung der Burg.

Wir gehen zurück zur *Montée du Château* und machen uns auf den Weg in den Ort. Die Montée geht über in die *Grand Rue,* die uns an den hübschen Häusern der Oberstadt vorbeiführt, in denen heute zahlreiche Hotels von der Beliebtheit des Ortes zeugen. Zu unserer Rechten zeigt sich hier und da sehr altes Mauerwerk: Reste des einstigen Befestigungsgürtels der Oberstadt. Auf der linken Straßenseite, im Haus Nr. 96–98, befindet sich ein kleines **Heimat- und Puppenmuseum.** Ein paar Schritte weiter, diesmal auf der rechten Straßenseite, sehen wir die gotische **Trinitatierkirche** von 1248, in die wir auf jeden Fall einen Blick werfen sollten. Von großem Interesse ist der linke Seitenaltar, ein Meisterwerk des Renaissancebildhauers Ruprecht Hoffmann aus Trier. Aber auch der Kreuzgang ist eine kunsthistorische Kostbarkeit; hier befinden sich Grabmale der Grafen von Vianden.

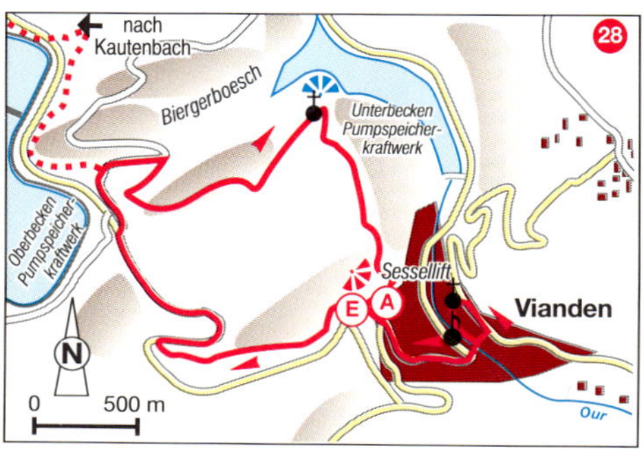

Weiter gehts bergab durch die *Grand Rue.* Wir sehen rechts die kleine *Place de la Résistance,* dann das Rathaus und gelangen schon an die **Brücke über die Our.** Diese Steinbrücke, Nachfolgerin der hölzernen Zugbrücke, die hier bis 1736 stand, trägt eine Statue des Heiligen Nepomuk, des Brückenheiligen (das Original von 1736 befindet sich in der Nikolauskirche). Die gegenüberliegende Brückenseite wird von einer Büste Hugos geziert. Von der Brücke aus haben wir einen hübschen Blick auf die Burg und den Hockelsturm. Am anderen Ourufer erwartet uns die Unterstadt von Vianden.

Gleich hinter der Brücke auf der rechten Seite treffen wir auf das *Musée Victor Hugo,* in dem auch die Touristeninformation untergebracht ist. Wenige Schritte weiter steht die kleine gotische **Nikolauskirche** aus dem Jahr 1256. Nun drehen wir eine Runde durch die Unterstadt: wir folgen der *Rue du Sanatorium* nach links, kommen am *Museum für Spielzeugautos* vorbei (Nr. 96, **Musée Den Dinky**) und nehmen die *Rue Victor Hugo* nach links. Vor uns sehen wir wieder die Our, deren reizende kleine Uferpromenade wir nun zur Brücke zurückschlendern. Über die *Grand Rue* geht es wieder zurück, doch zweigen wir nun kurz hinter dem Puppenmuseum links ab in die *Vieille Rue,* eine malerische kleine Gasse, die in die Montée du Château und zurück zum Parkplatz leitet.

Wir gehen vom **Parkplatz** weiter bergauf. Kurz vor einem Haus auf der rechten Seite beginnt ein Weg in den Wald, mit den Markierungen *Promenade A Corniche, blaues Dreieck* und *gelbes Kreuz.* Nun haben wir einen langen, steilen Anstieg vor uns. Wir kommen an einen Parkplatz, gehen hier

Die Burg von Vianden wurde nach einer langen Periode des Verfalls durch Wiederaufbaumaßnahmen zu Beginn unseres Jahrhunderts vor dem endgültigen Aus bewahrt.

rechts und halten uns auf einem Weg neben der Straße C. R. 322, die hier eine enge Kehre macht. Entlang der Straße geht es immer bergauf. Hinter dem nächsten Parkplatz geht rechts eine Straße bergauf, um die wir uns aber nicht kümmern. Unser Weg zieht weiter geradeaus, links von uns ist Wald, rechts Felder. Rechts taucht wieder eine Parkgelegenheit auf, an der *halb rechts* ein asphaltierter Weg bergab führt. Auf diesem Weg gehen wir zuerst parallel zur Straße, dann folgen wir den Rechts- und Linksbögen. In einem Rechtsbogen geht links ein Weg ab, mit dem unsere bisherige Markierung verschwindet. An der gleichen Stelle zweigt auch rechts ein Waldweg ab, doch wir gehen weiter auf dem asphaltierten Weg, geführt von einem *gelben Dreieck,* durch einen lichten Laubwald hindurch.

Bald verlassen wir den asphaltierten Weg und folgen dem **gelben Dreieck** zunächst nach rechts und dann über einige Gabelungen hinweg. In einem Rechtsbogen lädt uns eine Sitzbank zu einer kleinen Rast mit Ausblick auf das Unterbecken des Viandener Pumpspeicherkraftwerks ein. Dann geht es weiter, immer geführt vom *gelben Dreieck;* immer wieder verleitet uns die schöne Aussicht stehenzubleiben. Wir erreichen eine **Schutzhütte,** unterhalb derer sich die **Kapelle du Bildchen** befindet. Wir lassen uns vom *gelben Dreieck, gelben Punkt* und *türkisfarbenem Dreieck* nach rechts bergab führen, dann immer geradeaus durch den Laubwald. Bald verliert der Weg sein Gefälle. Wir unterqueren den **Sessellift** und haben einen schönen Blick auf Vianden und einen Teil der Burg. Mit unseren Markierungen schlagen wir bald nach rechts einen Weg ein, der mit einigen Stufen nach unten führt, sich dann als schmaler Trampelpfad durch jungen Laubwald entlang einer Reihe interessanter Aussichtspunkte windet. So erreichen wir eine asphaltierte Straße, der wir nach *rechts* bergab folgen. Hier erreichen wir nach wenigen Minuten die **Montée du Château.**

Nützliche Informationen i

Ausgangsort und Zufahrt: *Vianden* (230 m) liegt an der N 10 (167 km von Köln, 299 km von Frankfurt/M). Zufahrt mit Pkw: von Köln: A 1 bis Blankenheim, B 51 bis Prüm, A 60 (E 42), B 51a bis Bitburg, B 50, N 10 bis Vianden. Von Frankfurt: A 66, A 3, A 48 bis Trier, B 51 bis Bitburg. Zufahrt mit öffentlichen Verkehrsmitteln: Zug- und Busverbindung von Köln über Liège – Guillemins und Ettelbruck.
Ausgangspunkt: Parkplatz an der Montée du Château.
Gehzeiten: Insgesamt 3 Std.; Montée du Château – Montée du Château (Stadtrundgang): 1 Std., Montée du Château – Kapelle du Bildchen: 1 Std. 35 Min., Kapelle du Bildchen – Montée du Château: 25 Min.
Unterkunft und Verpflegung: Eine Reihe von Hotels und Restaurants in *Vianden.* Jugendherberge in *Vianden.* Campingplätze in *Vianden*: Camp Op dem Deich, Tel. 8 43 75; Camp du Moulin, Tel. 8 45 01; Camp de l'Our, Tel. 8 45 05.
Einkehr unterwegs: Nur in *Vianden.*
Auskunft: Syndicat d'Initiative, Victor-Hugo-Haus, Rue de la Gare 37, L-9420 Vianden, Tel. 8 42 57.
Öffnungszeiten: Burg: 1.4. bis 1.11. täglich 9.00 bis 14.00 Uhr.
Sehenswürdigkeiten in der Umgebung:
• *Diekirch:* Etwa 15 km südwestlich von Vianden liegt Diekirch, die Wiege des luxemburgischen Tourismus. Der Ort markiert die Grenzen von Gutland, Ösling und Ardennen und kann sich auf eine in die Römerzeit zurückreichende Vergangenheit berufen. Im **Städtischen Museum** gibt es sowohl Zeugnisse dieser als auch weniger ferner Epochen zu besichtigen. Das **Geschichtsmuseum** dagegen bezieht sich vor allem auf die regionalen Geschehnisse während des Zweiten Weltkriegs. Die alte **Kirche** aus dem 15. Jahrhundert, die der Stadt zu ihrem Namen verhalf, fußt auf römischen und romanischen Fundamenten. Die Fresken der Kirche sind sehr sehenswert.
Zusätzlicher Tourenvorschlag: Nachdem wir die C. R. 322 verlassen haben, weiter dem gelben Kreuz nach *Kautenbach* (20 km) folgen (siehe auch *Wanderung 26*).
Wanderkarte: Topographische Karte des IGN 1:50 000, Luxembourg Nord, Tourisme.

29 Durch die Schluchten bei Berdorf

Vom Predigtstuhl zur Teufelsinsel

Tourencharakter: Mittellange Wanderung; Wege zum Teil gut ausgebaut, zum Teil schmale Pfade.
Beste Jahreszeit: Das ganze Jahr über.
Reine Gehzeit / Weglänge: 3 Std. / 9 km.
Orientierung / Markierungen: Leicht. / Roter Punkt, S 1, B 2, F 1, F 2.

Rund um das kleine Städtchen **Berdorf** lädt die **Luxemburgische Schweiz** zum Wandern ein. Dieser Name verspricht eine Landschaft, die durch Felsmassive und tiefe, enge Schluchten beeindruckt.

Die Felsen bestehen aus harten Sandsteinen, die vor ca. 180 bis 230 Millionen Jahren während der geologischen Perioden des Buntsandsteins bzw. des unteren Lias abgelagert wurden. In diesem Zeitraum war Luxemburg Teil einer Küstenregion vor dem ardennischen Festland. Von dort aus wurden Sande durch die Flüsse in das küstennahe Meer transportiert.

Ein Beweis hierfür sind Kreuzschichtungsgefüge, die wir beispielsweise am Adlerhorst sehr deutlich erkennen können. Unter »Kreuzschichtungsgefüge« verstehen wir Schichten, die in einem spitzen Winkel aufeinandertreffen. Eine derartige Struktur weist darauf hin, daß das Sediment aus häufig wechselnden Richtungen herantransportiert wurde, was für eine Küstenregion typisch ist.

Durch die Überlagerungen mit weiteren Sedimenten wurden die Sande mit der Zeit zu Sandsteinen verfestigt. Im Quartär, das heißt innerhalb der letzten zwei Millionen Jahre, schnitten sich die Bäche in die Sandsteine ein. Da die Sandsteine ziemlich widerstandsfähig sind, entstanden tiefe, enge Täler, die als »Klammen« bezeichnet werden.

Auf der folgenden Wanderung werden wir uns von der bizarren Schönheit dieser geologischen Strukturen überzeugen können. Heute sind die Felsen inmitten eines großen Waldgebietes durch gut markierte Wanderwege bestens erschlossen.

Der Wegverlauf

Wir beginnen unsere Wanderung vor der **Kirche in Berdorf.** Wir wandern auf der *Rue de Consdorf* in Richtung Consdorf. Kurz vor dem Ortsausgang stößt von links eine Straße auf unseren Weg. Von nun an begleiten uns für den Rest unserer Wanderung *Wegmarkierungen*, die uns die Orientierung erleichtern. Wir folgen der Markierung *roter Punkt* und gehen geradeaus, bis wir hinter dem **Denkmal für die 10th US Armored Division,** die im Winter 1944/45 in den Ardennen gegen die deutschen Truppen kämpfte, die Straße verlassen. Wir folgen dem roten Punkt und durchqueren einen kleinen Laubwald.

Nach etwa 300 Metern auf einem *Feldweg* gelangen wir wieder in einen Wald und treffen hier auf eine Weggabelung. Wir bie-

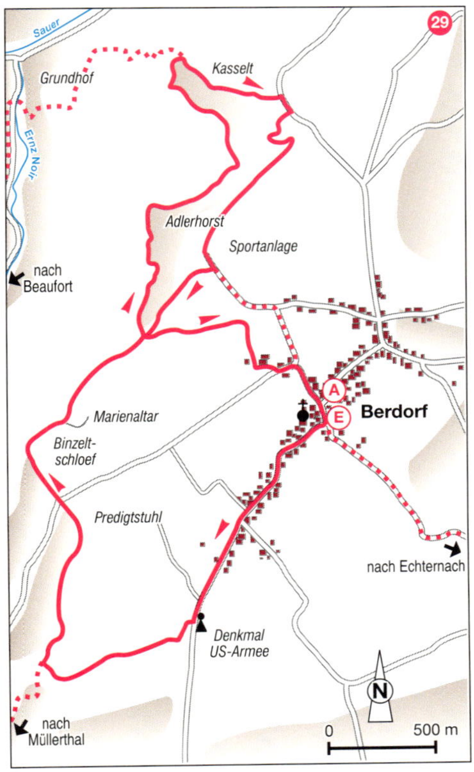

gen nach *rechts* ab und folgen einem Waldweg, der jedoch recht nahe am Feldrain verläuft. Etwa 10 Minuten später gabelt sich der Weg. Nach *links* abbiegend gelangen wir nach wenigen Minuten – relativ steil bergab – an einige Felsmassive. Ein kleines Schild weist uns auf einen Fels mit Namen **Predigtstuhl** hin. Diese Stelle, an der mehrere Wege zusammentreffen, bietet sich für eine kleine Pause auf unserer Wanderung an, die wir dazu nutzen können, die Felsen zu erklimmen, um die sich von oben bietende schöne Aussicht zu genießen.

Wir setzen unsere Wanderung fort, indem wir in nordwestlicher Richtung abwärts laufen. Wir kommen durch eine schmale **Klamm** mit bis zu 20 Meter hohen Felsen an den Seiten. Hinter der Klamm überqueren wir die Landstraße *C. R. 364,* um auf der anderen Straßenseite über eine Treppe in die **Binzeltschloeff** zu gelangen. Am Ende des Anstiegs treffen wir auf eine Vielzahl von Pfaden. Wir setzen unsere Wanderung nach links mit dem Zeichen **S 1** fort. Der zum Teil sehr schmale Weg führt bergab. Auf der rechten Seite befinden sich imposante Felswände, links liegt das Tal der Ernz Noire.

Die in einen Baum geritzte Inschrift *»Bildchen«* macht uns auf eine kleine Sehenswürdigkeit aufmerksam. Wer über eine gute Kondition verfügt, kann einen kurzen Abstecher auf dem steil nach oben führenden Pfad machen. Oben angekommen, erblickt man einen kleinen, mit einer Pietà geschmückten Marienaltar.

Wir wandern weiter auf dem Weg *S 1* und erreichen nach etwa 20 Minuten den **Ruelzbech.** Wir überwinden den Bach und folgen der Markierung **B 2** abwärts. Nach etwa 15 Minuten kreuzen wir einen Asphaltweg und folgen weiter der Markierung *B 2,* die uns an immer eindrucksvolleren Felsmassiven vorbeiführt. Am **Adlerhorst** können wir sehr gut die Kreuzschichtung im Gestein erkennen. Wenige Minuten später erreichen wir eine Felsgruppe, die von Alpinisten als Übungsterrain genutzt wird. Es sind die **Rochers d'escalade de la Wantersbach.** Überall sind Kletterhaken in den Stein geschlagen und zeugen vom emsigen Treiben der Sportkletterer an Übungstagen.

In der Siewersschloeff haben wir die Möglichkeit, über den engen *»Parcours Jean Siebertz«* zum *»Point de vue de 7 gorges«* zu gelangen. Hier eröffnet sich uns eine atemberaubende Aussicht über das Tal der Ernz Noire und ihrer Mündung in die Sauer.

Weiter geht es nun aus dem *B 2,* bis wir am 353 Meter hohen **Kasselt** auf den Weg **F 1** treffen, dem wir nach rechts folgen. Zuvor sollten wir jedoch von hier aus einen Blick in das Tal der Sauer werfen.

Nachdem wir auf dem *F 1* den Wald verlassen haben und der asphaltierten Straße nach rechts gefolgt sind, biegen wir nach ca. 50 Metern wieder *rechts* ab in den Wald. Wir folgen nun der Markierung **F 2,** überqueren eine kleine *Holzbrücke,* hinter der wir rechts abbiegen. Der Weg F 2 verläßt bald den Wald. An einer *Sportanlage* vorbei gehen wir in Richtung *Berdorf.* Wer möchte, kann hier die Wanderung abbrechen und zurück zur Kirche gehen.

Für Unermüdliche jedoch gilt der Weg *F 2* weiterhin. Zwischen Minigolf- und Spielplatz biegen wir nach rechts ab. Hier treffen wir auf ein Denkmal des Abbés und Dichters Josef Keup, der von 1931 bis 1948 Pfarrer in Berdorf war. Halten wir uns an der ersten Kreuzung rechts, so gelangen wir zum Aussichtspunkt **Ile du diable** (Teufelsinsel), der uns eine fabelhafte Aussicht auf die Täler der Ernz Noire und des Halerbachs bietet. Wir folgen nun der Markierung *F 2* durch schmale Felsspalten wieder in das *Tal des Ruelzbechs* hinab. Wir überqueren die kleine Holzbrücke noch einmal und folgen dem Weg **B 2** bergauf nach **Berdorf,** wobei wir ein gutes Stück am Bach entlang wandern können. Uns überrascht die üppige Vegetation, die sich hier durch die hohe Luftfeuchtigkeit zwischen den aufragenden Felsen entfalten kann. Nach dem Wald kommt ein *Feldweg.* Hinter dem **Bauernhof** halten wir uns links bis

Solche extrem schmalen Sandstein-Klammen sind die Hauptattraktionen der Luxemburgischen Schweiz bei Berdorf.

Wie hier beim Predigtstuhl fasziniert die vollkommene Einheit von kahlem Felsgestein und dem Grün der lebendigen Natur.

zur Straße. Von nun an können wir uns am *Berdorfer Kirchturm* orientieren, um an den Ausgangspunkt unserer Wanderung zurückzugelangen.

Nützliche Informationen

Ausgangsort und Zufahrt: *Berdorf* (375 m) liegt an der C. R. 364 (168 km von Köln, 307 km von Frankfurt/M). Zufahrt mit Pkw: von Köln: A 1 bis Blankenheim, B 51 bis Prüm, A 60 (E 42), B 51a bis Bitburg, B 257 nach Echternach, N 10, C. R. 364 nach Berdorf. Von Frankfurt: A 66, A 3, A 48 / E 44 über Trier bis Wasserbillig, N 10 nach Echternach. Zufahrt mit öffentlichen Verkehrsmitteln: Zug- und Busverbindung von Köln über Koblenz und Luxemburg.

Ausgangspunkt: Kirche von Berdorf (Parkplätze vorhanden).

Gehzeiten: Insgesamt 3 Std.; Berdorf – Predigtstuhl: 50 Min.; Predigtstuhl – Ruelzbech: 25 Min.; Ruelzbech – Kasselt: 40 Min.; Kasselt – Ruelzbech: 40 Min.; Ruelzbech – Berdorf: 25 Min.

Unterkunft und Verpflegung: Eine Reihe von Hotels und Restaurants in *Berdorf*. Jugendherbergen in *Beaufort* und Echternach. Campingplätze in *Berdorf*: Camp Belle Vue 2000, Tel. 7 96 35; Camp Bon Repos, Tel. 7 96 31; Camp Petite Suisse, Tel. 7 92 07; Camp Martbusch, Tel. 7 95 45.

Einkehr unterwegs: Nur in *Berdorf.*
Auskunft: Syndicat d'Initiative et de Tourisme. Bureau de Renseignement, Hôtel de Ville, L-6551 Berdorf, Tel. 7 96 43.
Sehenswürdigkeiten in der Umgebung:
• *Beaufort:* Ungefähr 8 km westlich von Berdorf liegt der kleine Ort Beaufort. Sehenswert sind hier vor allem die Ruinen einer aus dem 12. Jahrhundert stammenden **Burganlage.** Die mittelalterliche Burg wurde in verschiedenen Ausbauphasen an veränderte Befestigungserfordernisse und Wohnansprüche angepaßt. Im 17. Jahrhundert jedoch, als eine Verbesserung der Wohnqualität innerhalb der Burg nicht mehr möglich schien, wurde der Grundstein zu einem **Renaissanceschloß** gelegt, das heute noch besichtigt werden kann. Etwa 1 km nordwestlich von Beaufort können außerdem die Überreste einer eisenzeitlichen Befestigungsanlage, die sogenannte **Aleburg,** besichtigt werden.
• *Echternach:* Etwa 6 km östlich von Berdorf liegt Echternach. Die große Zeit dieses Ortes begann gegen Ende des 7. Jahrhunderts, als der angelsächsische Benediktinermönch Willibrord eine **Abtei** gründete, die während des gesamten Mittelalters eine bedeutende Rolle spielte. Die Reliquien des heiligen Willibrord, die sich in der Krypta der mächtigen **Basilika** befinden, machen Echternach zu einem beliebten Wallfahrtsziel (Echternacher Springprozession). Weitere Sehenswürdigkeiten sind die *Kirche St-Peter und* Paul, der *Marktplatz* mit dem *gotischen Rathaus, römische Ausgrabungen* sowie Reste einer *Ringmauer.*
Zusätzliche Tourenvorschläge: 1. Von der Kirche Berdorfs aus auf dem Weg mit der Markierung B 1 in südöstliche Richtung nach *Echternach* (6 km); **2.** Vom Kasselt aus auf dem Weg mit der Markierung B 2 nach Grundhof, weiter auf dem Weg mit der Markierung H nach *Beaufort* (7 km); **3.** Wenn wir vor dem Predigtstuhl vom Feldweg auf den Waldweg wechseln, nicht nach rechts, sondern der Markierung S 2 nach *Müllerthal* (4 km) folgen.
Wanderkarte: Topographische Karte des IGN 1:25000 »Kleine Luxemburger Schweiz und Untersauer«. Hrsg.: Syndicat d'Initiative de la Commune de Wadbillig.

30 Zu einem außergewöhnlichen Kraftwerk

Rund um Revin

Tourencharakter: Leichte Rundwanderung; Wege gut ausgebaut.
Beste Jahreszeit: Das ganze Jahr über.
Reine Gehzeit / Weglänge: 2 Std. 45 Min. (mit Abstecher 4 Std.); 8,5 km (mit Abstecher 13 km).
Orientierung / Markierungen: Einfach. / Keine.

Ein Kraftwerk der besonderen Art werden wir auf dieser Wanderung kennenlernen: ein sogenanntes **Pumpspeicherkraftwerk.** Ein solches Kraftwerk besteht vereinfacht aus zwei verschieden hoch gelegenen Wasserbecken, die durch Rohre miteinander verbunden sind.

Nachts ist die Stromnachfrage bekanntlich niedriger als tagsüber, doch können viele Kraftwerke, insbesondere Kernkraftwerke, ihre Stromproduktion nicht drosseln oder gar einstellen – das erneute »Hochfahren« zu Beginn des Tages käme viel zu teuer.

Daher ist es sinnvoll, den nachts zuviel erzeugten Strom in irgendeiner Art zu speichern, damit er tagsüber in Spitzenlastzeiten zur Verfügung steht. Zu diesem Zweck werden Pumpspeicherkraftwerke eingesetzt, die den zuviel erzeugten Strom in potentielle Energie umwandeln, um hieraus bei Bedarf wieder Strom herzustellen. Das heißt genauer, daß das Wasser nachts aus dem Unterbecken mit elektrisch betriebenen Pumpen in das Oberbecken transportiert wird, um dann tagsüber, zu Zeiten der sogenannten Lastspitzen, wieder in das Unterbecken zu fließen. Hierbei treibt es über Turbinen stromerzeugende Generatoren an.

Es wäre natürlich allzu schön, wenn bei diesem Prozeß keine Energieverluste auftreten würden, doch lehrt uns der Zweite Hauptsatz der Thermodynamik, daß solch ein Perpetuum Mobile unmöglich ist. Aber immerhin sind bei einem Pumpspeicher-

Der Angelsport hat in den Ardennen einen großen Stellenwert, und nach dem Motto »was Hänschen nicht lernt, lernt Hans nimmermehr« trifft man nicht selten auf Angler unter zehn Jahren.

kraftwerk Wirkungsgrade um 80 Prozent erreichbar, und damit ist dieses Verfahren immer noch billiger, als die Lastspitzen in der Stromnachfrage anderweitig abzupuffern.

Unser Kraftwerk, die **Pompage de St-Nicolas les Mazures,** eines von drei Pumpspeicherkraftwerken in den Ardennen (die anderen befinden sich in Vianden und in Coo-Trois Ponts) ist in der Lage, innerhalb von 130 Sekunden aus dem Stillstand bis auf eine Leistung von 780 Megawatt hochzufahren. Für die Stromerzeugung stürzen pro Sekunde 400 Kubikmeter Wasser in das Unterbecken, das Bassin de Whitaker.

Unsere Wanderung führt uns zu eben diesem Bassin de Whitaker. Eine geführte Besichtigung ist nur in Gruppen von mindestens zehn Personen und nur nach Anmeldung möglich (Tel. 24 40 10 28).

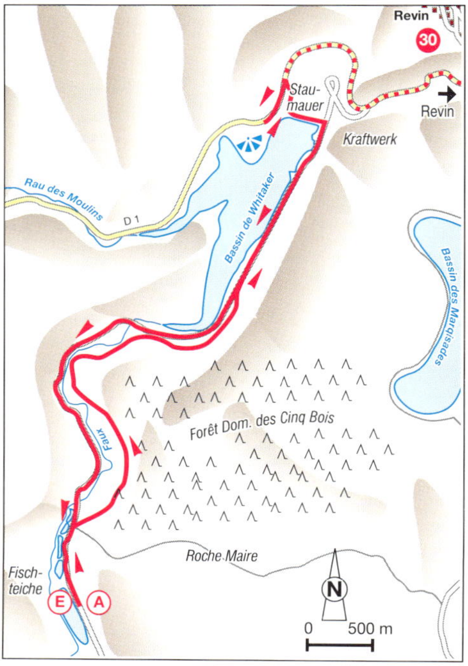

Der Wegverlauf

Wir beginnen unsere Wanderung bei einem Haus, das zu einem ausgedehnten Angelgelände mit mehreren **Fischteichen** gehört. Links von uns befindet sich die Umzäunung dieses Geländes, rechts Wald. Unser Weg wird bald zu einem breiten Waldweg, macht einen Rechtsbogen und führt uns – die Fischteiche sind noch immer in Sichtweite – zu einer Kreuzung, an der wir den *geradeaus* führenden Weg wählen. Wir überqueren einen kleinen Bach und passieren eine Schranke. Rechts geht ein Weg ab, doch wir gehen *geradeaus* weiter. Nun wandern wir etwa 1 Kilometer, rechts von einer großen Brachfläche, immer am Waldrand entlang. Nach einer Linkskurve geht rechts ein Weg ab, aber wir laufen weiter *geradeaus* bergab. Links kommt ein kleiner Bach in Sicht. Hier wird der Weg schmaler und führt erneut zu einer Gabelung, an der wir gera-

deaus bergauf in einen Nadelwald hineingehen. Links von uns ist noch immer der Bach. Wir gelangen auf einen asphaltierten Weg, der am **Bassin de Whitaker** vorbeiführt. Hier bietet sich die Möglichkeit zu einem Abstecher.

Wir gehen nach rechts in Richtung Staumauer, überqueren diese und folgen dem asphaltierten Weg bis zur Straße **D 1.** Hier gehen wir nach links und kommen bald zu einem schönen **Aussichtspunkt**.

Nach dem Abstecher wenden wir uns auf der asphaltierten Straße nach links. Über eine kleine *Brücke* wird der **Faux** überschritten, kurz danach sind wir auf einem Waldweg. Auf diesem wandern wir immer geradeaus den Bach entlang, der hier zu einer Slalomübungsstrecke für Kanu- und Kajakfahrer ausgebaut ist. Nachdem wir nochmals den Bach überquert haben, erreichen wir die Weggabelung, die wir vom Beginn der Wanderung kennen. Wir wenden uns nach *rechts* und gelangen so an unseren Ausgangspunkt.

Nützliche Informationen

Ausgangsort und Zufahrt: *Revin* (153 m) liegt an der D 988 (268 km von Köln, 459 km von Frankfurt/M). Zufahrt mit Pkw: von Köln: A 4, A 44 bis Grenze, A 3 / E 40, A 15 / E 42, A 4 / E 411 bis Ausfahrt 20 Achêne, N 936 bis Dinant, N 96, N 51 bis Fumay, D 988 bis Les Mazures, D 31 bis zum Ausgangspunkt. Von Frankfurt: A 66, A 3, A 48 / E 44 über Trier nach Luxemburg, E 25, A 4 / E 411 bis Ausfahrt 23, N 86, N 40 (D 949) nach Givet, N 51 bis Fumay. Zufahrt mit öffentlichen Verkehrsmitteln: Zugverbindung von Köln über Koblenz, Luxemburg und Charleville – Mézières.
Ausgangspunkt: Angelteiche nördlich der D 31 etwa 3 km westlich von Les Mazures (Parkplätze vorhanden).

Gehzeiten: Insgesamt 2 Std. 45 Min.; Angelgelände – Bassin de Whitaker: 1 Std. 15 Min., Bassin de Whitaker – Angelgelände: 1 1/2 Std.
Unterkunft und Verpflegung: Eine Reihe von Hotels und Restaurants in *Revin* und *Les Mazures*. Campingplätze: in *Les Mazures*: Camping départemental Lac des Vieilles Forges, Tel. 24 40 17 31; in *Revin*: Camping Municipal des Bateaux, Quai Edgar Quinet, Tel. 24 40 15 65; in *Bourg-Fidèle*: La Murée, Chemin de Rocroi, Tel. 24 54 24 45.
Einkehr unterwegs: Keine.
Auskunft: Syndicat d'Initiative, Rue Victor Hugo, F-08500 Revin, Tel. 24 40 19 59.
Sehenswürdigkeiten in der Umgebung:
• *Rocroi:* Etwa 10 km westlich vom Stausee liegt Rocroi, eine kleine Stadt, deren Grundriß bereits erahnen läßt, zu welchem Zweck sie gegründet wurde. König Heinrich II. von Frankreich ließ hier 1555 eine sternförmige **Festung** errichten, die Frankreich an seiner nördlichen Flanke gegen Übergriffe der Spanier schützen sollte. So kam es denn auch, daß hier 1643 eine große spanische Armee von den Franzosen, die von Herzog d'Enghien geführt wurden, in die Flucht geschlagen wurde.
Zwar wurde die Festung in den folgenden Jahrhunderten immer wieder an die sich weiter entwickelnde Militärtechnik angepaßt, doch im 19. Jahrhundert schließlich verlor sie mehr und mehr an Bedeutung. Heute kann man große Teile der Festungsanlagen besichtigen. In einem Festungsmuseum kann man sich zudem umfassend informieren. • *Fumay:* Etwa 9 km nördlich von Revin liegt Fumay. Hier ist vor allem das *Schiefermuseum* sehenswert.
Zusätzlicher Tourenvorschlag: Wenn man auf dem Abstecher den Aussichtspunkt erreicht hat, der D 1 bergab nach *Revin* (3 km) folgen.
Wanderkarte: IGN 1:50 000, Nr. 2908 Revin/Rocroi.

Der Weg zum Pumpspeicherkraftwerk von Revin birgt keine großen Attraktionen, wohl aber eine gute Portion erfrischender Natur.

31 Der Wald als Lebensgrundlage

Das Waldmuseum bei Renwez

Tourencharakter: Leichte Rundwanderung; Wege zum Teil gut ausgebaut, zum Teil schmale Pfade.
Beste Jahreszeit: Das ganze Jahr über.
Reine Gehzeit / Weglänge: 3 Std. 15 Min. / 10 km.
Orientierung / Markierungen: Mittelschwer. / Keine Markierungen.

Die Zeiten, da der Name Ardennen so etwas wie ein Synonym für endlosen, dunklen und gefährlichen Wald war, sind endgültig vorbei. Damals, als noch Bär, Auerochs und Wolf den Wald bevölkerten, als Räuberbanden wie die »Chauffeurs« oder die »Garotteurs« hier marodierten, ihre Opfer folterten und um ihre Habseligkeiten brachten, damals galt noch das Wort Petrarcas: »Der schwarze, fürchterliche Wald«!

Nein, diese Gefahren sind gebannt. Aber schon damals spielte der Ardennerwald für die Einheimischen nicht nur die Rolle des unergründlichen Dunkels – für viele war er auch Möglichkeit, das Einkommen, wenn auch leidlich, zu sichern. Er bildete die einzige Lebensgrundlage.

Unsere Wanderung rund um **Renwez** schließt den Besuch eines **Waldmuseums** ein, das uns von diesen Menschen erzählt. Auf einem Terrain von 5 Hektar kann der Besucher an über 20 liebevoll gestalteten Stationen sein Wissen über die alten Techniken der Forstwirtschaft und der Köhlerei erweitern, einiges über die Lebensweise der Waldarbeiter und über die Entwicklung ihrer Werkzeuge und Maschinen lernen. Das alte Gerät wird auf eine wirklich rührende Art und Weise von staksigen Holzfiguren präsentiert, die von Henri Vastine geschaffen wurden. Nicht zuletzt werden dem Besucher Tiere und Pflanzen der einheimischen Natur nahegebracht. In den Sommermonaten finden zudem immer wieder kleine Festivitäten wie die Preiskrönung des besten Holzhauers statt, auch die Hubertusmesse wird hier unter freiem Himmel abgehalten.

Und warum braucht man ein Waldmuseum inmitten *der* Waldlandschaft schlechthin? Weil der große Ardennerwald immer kleiner wird, weil die alten Laubmischwälder zugunsten der schnell wachsenden Fichten weichen müssen, weil die Umweltverschmutzung auch vor den Ardennen nicht haltmacht, und weil wir uns deshalb darüber klar werden müssen, was der Wald wirklich für uns bedeutet, und wie wir ihn schützen können, damit auch unsere Nachfahren diese unersetzliche Landschaftsform erleben können.

Der Wegverlauf

Nachdem wir das **Waldmuseum** besichtigt haben, gehen wir auf der *D 40* nach Süden in Richtung **Renwez.** Nach etwa 600 Metern biegen wir auf der linken Straßenseite in den Wald ab.

Von unserem Trampelpfad zweigt bald halb links ein Weg ab, um den wir uns

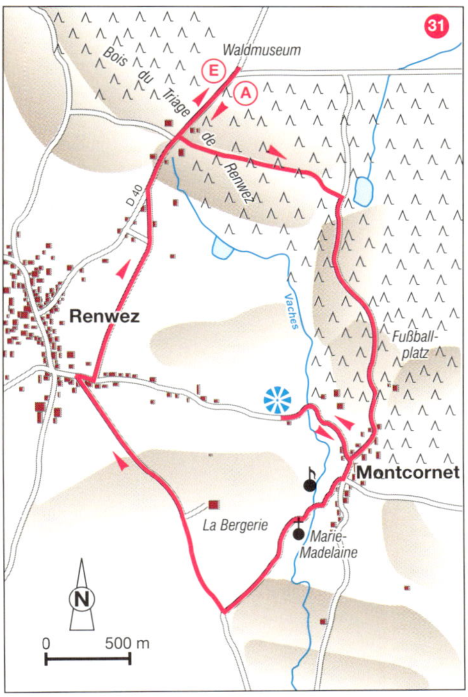

Liebevoll gestaltete Szenen aus dem Leben von Waldarbeitern begleiten den lehrreichen Spaziergang durch das Waldmuseum von Renwez.

nicht kümmern. Erst etwa 800 Meter weiter treffen wir auf einen etwas *breiteren Weg,* dem wir nach rechts immer geradeaus folgen. Bald kommen wir an einem *Fußballplatz* vorbei. Weiter geht's geradeaus bergab, direkt in das Dorf **Montcornet** hinein. Hier halten wir auf die Kirche zu.

Kurz vor der Kirche bietet sich die Gelegenheit zu einem kurzen *Abstecher*: Auf der touristischen **»Route des Fortifications«** ein Stück in Richtung Renwez bis zu einem Aussichtspunkt auf der linken Straßenseite. Von hier aus haben wir einen eindrucksvollen Ausblick auf das **Château de Montcornet.** Eine Tafel belehrt uns, daß der Name des Dorfes auf die Form des Felsens zurückzuführen ist, auf dem es steht: Er erinnert an ein Horn (französisch *mont cornu* für gehörnter Fels).

Die erste Befestigung auf diesem Fels stand wohl schon vor dem 11. Jahrhundert. Das Schloß, auf dessen Ruinen wir heute blicken, war im 16. Jahrhundert ein Vorzeigemodell für Militäringenieure und eine wichtige Feste bei der Verteidigung des Königreichs. Es ging durch die Hände etlicher einflußreicher Herren wie beispiels-

weise Charles de Gonzague, Gründer Charlevilles, der aber wegen Geldmangels den Verfall nicht aufhalten konnte. Heute sind die Ruinen Objekt der Restauratoren, und auch freiwillige Helfer sind auf dem Gelände gern gesehen.

Nach diesem Abstecher gehen wir bis zur **Kirche** zurück, dann links an ihr vorbei und sehen rechts das Château liegen. Hier erreichen wir eine *Weggabelung,* wo wir dem bergab führenden rechten Weg folgen, vorbei an der **Chapelle Marie-Madelaine,** die von Jeanne de Montcornet im Jahre 1305 errichtet wurde.

Unser Weg steigt nun bergauf und ist bald nicht mehr asphaltiert. Rechts und links sind *Felder.* Wir treffen auf einen anderen Feldweg, dem wir nach rechts folgen. Rechts oberhalb können wir die *Ferme La Bergerie* erkennen. Wir gehen nun immer geradeaus in Richtung *Renwez,* erreichen die **D 22,** gehen hier nach rechts und biegen nach etwa 100 Metern wieder nach links ab auf einen Feldweg. Diesem Weg, der ganz leicht bergauf führt, folgen wir für die nächsten 1,5 Kilometer. Dann treffen wir auf die **D 40,** auf der wir nach rechts bis zu unserem Ausgangspunkt zurückkehren.

Schon Charles de Gonzague fehlte Ende des 16. Jahrhunderts das Geld, die Burg von Montcornet zu unterhalten. Heute sind den Restauratoren besonders die freiwilligen Helfer willkommen.

Nützliche Informationen

Ausgangsort und Zufahrt: *Renwez* (275 m) liegt an der D 40 (271 km von Köln, 450 km von Frankfurt/M). Zufahrt mit Pkw: von Köln: A 4, A 44 bis Grenze, A 3 / E 40, A 15 / E 42, A 4 / E 411 bis Ausfahrt 20 Achêne, N 936 bis Dinant, N 96, N 51 bis Fumay, D 988 bis Les Mazures, D 40 nach Renwez. Von Frankfurt: A 66, A 3, A 48 / E 44 über Trier nach Luxemburg, E 25, A 4 / E 411 bis Ausfahrt 25, N 89 über Bouillon, N 58, N 43, A 203 (E 44) über Sedan nach Charleville – Mézières, N 43, D 40 nach Renwez. Zufahrt mit öffentlichen Verkehrsmitteln: Zug- und Busverbindung von Köln über Koblenz, Luxemburg und Charleville – Mézières.

Ausgangspunkt: Waldmuseum nördlich von Renwez (Parkplätze vorhanden).

Gehzeiten: Insgesamt 3 Std. 15 Min.; Waldmuseum – Montcornet: 1 Std. 15 Min., Montcornet – Renwez: 1 Std. 15 Min., Renwez – Waldmuseum: 45 Min.

Unterkunft und Verpflegung: Eine Reihe von Hotels und Restaurants in *Renwez* und *Montcornet*. Campingplatz in *Les Mazures*: Camping départemental Lac des Vieilles Forges, Tel. 24 40 17 31.

Einkehr unterwegs: Im *Waldmuseum*, in *Montcornet* und in *Renwez*.

Auskunft: Syndicat d'Initiative du Canton de Renwez, 8 Rue Victor Hugo, F-08150 Renwez, Tel. 24 54 82 66.

Öffnungszeiten: Waldmuseum: März bis Dezember täglich.

Wanderkarte: IGN 1:50 000, Nr. 2909 Renwez.

32 Zwei Städte raufen sich zusammen

Charleville und Mézières

Tourencharakter: Leichte Stadtwanderung; Wege gut ausgebaut.
Beste Jahreszeit: Das ganze Jahr über.
Reine Gehzeit / Weglänge: 2 1/2 Std. / 6 km.
Orientierung / Markierungen: Einfach. / Straßenschilder.

Ganz im Süden der französischen Ardennen, malerisch an einer Doppelschleife der Maas gelegen, bietet uns die Doppelstadt **Charleville-Mézières** genug Kostbarkeiten, die einen Stadtrundgang rechtfertigen. Erst nach 160 Jahren intensiver Bemühungen konnte am 1. Oktober 1966 das Vereinigungsdokument der Städte *Charleville* und *Mézières* unterzeichnet werden – eine Vernunftehe, wenn man die vielen Jahrhunderte der Feindseligkeiten und Streitereien zwischen den beiden Schwesterstädten bedenkt!

Charleville-Mézières ist heute mit 70 000 Einwohnern die Hauptstadt des französischen Departements Ardenne, wobei *Charleville* mit seinen kulturellen Schätzen eher Touristen anzieht als *Mézières* mit dem Sitz der Verwaltungsbehörden. Doch auch *Mézières* hat Sehenswertes zu bieten, wie wir im Verlaufe der Stadtwanderung feststellen werden.

Vorweg ein paar wichtige Daten zur Stadtgeschichte: **Mézières** gilt als die ältere Siedlung und wird auf ein römisches *castellum maceriae* (lateinisch für Festungsmauern) zurückgeführt. Es befand sich im Bereich der heutigen *Place du Château*. Bis zum 5. Jahrhundert entwickelte sich hier eine gallo-romanische Siedlung, die jedoch von »Barbaren« zerstört wurde. Auch in *Charleville* ist eine römische Villa nachzuweisen, doch gewann erst im 9. Jahrhundert der Marktflecken **Arches** (heute ein Stadtteil Charlevilles) zunehmend an Bedeutung. Hier hatte *Karl der Kahle* eine Residenz. Um das Jahr 1000 wurde Mézières gegründet, und bald schon entwickelte sich unter dem Grafen von Rethel und Nevers eine aufstrebende Siedlung innerhalb starker Befestigungsmauern. 1233 erhielt sie das Stadtrecht.

1565 fielen durch die Hochzeit mit Henriette von Clèves das Herzogtum Nevers und die Grafschaft Rethel in die Hände von Louis de Gonzague, einem Sproß aus einer alten lombardischen Herzogfamilie. Sein Sohn, Herzog Charles de Gonzague, gründete 1606 eine Stadt auf dem Gebiet des Örtchens *Arches*, gab ihr den Namen »Charleville«, ließ an zentraler Stelle die repräsentative *Place Ducale* (Herzogsplatz) errichten und sicherte ihr einige Privilegien wie die Befreiung von der Salzsteuer. In diesen Privilegien, die der Stadt **Charleville** einen rasanten Aufschwung bescherten, liegt wohl der Grund für die historischen Rivalitäten zwischen den beiden Schwesterstädten.

Im Verlaufe des Krieges von 1870 / 71, des Ersten und des Zweiten Weltkrieges wurde *Mézières* immer wieder von umfangreichen Zerstörungen heimgesucht und hat infolgedessen heute weit weniger alte Bausubstanz als *Charleville*. Doch auch *Mézières* kann mit der hochgotischen **Basilika Notre-Dame** aus dem 15. Jahrhundert und den Wehrtürmen der alten Befestigungsanlage einige Sehenswürdigkeiten bieten.

Die Stadt *Charleville* hat ihrerseits nicht nur durch die zahlreichen historischen Bauwerke Bedeutung erlangt: Hier wird ein berühmter Sohn der Stadt, der Dichter **Arthur Rimbaud,** geehrt.

Rimbaud wurde am 20. Oktober 1854 in der Rue Thiers geboren. Streng von seiner Mutter erzogen, wuchs er mit drei Geschwistern auf. Sein Vater, ein Hauptmann, kam schon bald nach der Geburt seines vierten Kindes nicht mehr aus dem Krieg zurück. Rimbaud, Musterschüler des Gymnasiums, begann schon als Fünfzehnjähriger, seine Empfindungen in Form von unkonventionellen, direkten, ja oft brutal-urwüchsigen Gedichten herauszuschleudern. Obwohl mit gerade zwanzig Jahren schon ein berühmter und gefeierter Dichter, erkannte er, daß ihn die Poesie nicht von seiner inneren Rastlosigkeit erlösen konnte. Er begann

Mit dieser 1901 geschaffenen Büste ehrt die Stadt Charleville-Mézières ihren berühmtesten Sohn Arthur Rimbaud.

als Vagabund durch die Welt zu ziehen, kämpfte in verschiedenen Armeen, lebte im afrikanischen Dschungel mit den Eingeborenen, verdingte sich als Handlungsreisender. 1891 starb er, beinamputiert und von seinem intensiven Leben und seinen unstillbaren Leidenschaften innerlich verzehrt, in einem Hospital in Marseille. Beigesetzt ist er auf dem Friedhof in *Charleville*. Sein Werk, welches einen hohen Stellenwert nicht nur in der französischen Lyrik besitzt, wird von seiner Heimatstadt in einem eigens eingerichteten Museum in der **Alten Mühle** geehrt. Hier finden wir auch Originalschriften einiger seiner Dichtungen. Auf unserer Stadtwanderung werden wir mehrere Bauwerke sehen, die von Rimbauds Leben in Charleville erzählen.

Der Wegverlauf

Wir beginnen unseren Rundgang im **Zentrum von Mézières,** gegenüber dem **Rathaus,** einem prachtvollen Bau des 18. Jahrhunderts, der zeitweise die Schule für Militäringenieurswesen beherbergte. Wenn wir das Kriegerdenkmal westlich des Platzes hinter uns lassen, sehen wir vor uns am östlichen Rand des Platzes eine kleine Treppe, die wir hochsteigen. Über die *Place du Château* (hier soll das römische Kastell gestanden haben) erreichen wir die *Place de la Basilique*. Vor uns erhebt sich in schwarz beschlagenem, ursprünglich gelbem Sandstein die Kirche **Notre-Dame-d'Espérance,** erbaut von 1499 bis 1615. Diese gotische Basilika besticht durch die – angesichts der langen Bauzeit – erstaunliche Stilkonstanz und ihre recht nüchterne Erscheinung. Im Innern sind unter anderem eine Mutter Gottes aus dem 17. Jahrhundert und ein schwarzes Weihwasserbecken aus der Renaissancezeit sehenswert.

Vom Kirchenausgang gehen wir nach links, überqueren die *Rue Monge* und steigen durch einen kleinen Park auf die **Promenade des Remparts** hinab. Rechts von uns sehen wir schon die **Tour du Roi,** einen der wenigen Zeugen der Stadtmauer aus dem 16. Jahrhundert. Wir folgen der Promenade des Remparts nach rechts, biegen wieder nach rechts zur Basilika ab und gehen links an ihr vorbei. Die *Place de la Basilique* verlassen wir nun über die *Rue Presbytère* bergab und gelangen auf die *Avenue Louis Tirman*. Wir sehen links von uns die **Tour de l'Ecole,** ebenfalls ein Überbleibsel der alten Stadtumfriedung.

Unser Rundgang führt uns jedoch nach rechts über den *Quai Malaret* auf die **Ave-**

nue d'Arches, die die beiden Schwesterstädte miteinander verbindet. Wir gehen also nach links, überqueren die *Maas* und erreichen nach circa 1 Kilometer die Fußgängerzone (unsere Straße heißt nun **Rue Thiers**). Das **Haus Nr. 12,** leider ziemlich heruntergekommen, erinnert mit einer Tafel daran, daß hier Arthur Rimbaud geboren wurde. Wir biegen nach rechts in die *Rue de la Paix* und laufen auf die *Place Winston Churchill* mit einem Kriegerdenkmal zu. Mehr Aufmerksamkeit zieht hier jedoch eine Kuriosität zu unserer Linken auf sich: am **Institut International de la Marionette,** der einzigen Schule für Marionettenspieler in Europa, überrascht uns ein überdimensionales Wesen, dessen goldener Kopf aus einem Dachfenster schaut und dessen goldene Beine in einem Torbogen zu sehen sind. Im Bauchbereich sehen wir nur eine kleine, zumeist geschlossene Bühne.

Aber zur vollen Stunde öffnet sich das Theater, und wir erkennen die goldenen Hände des großen Wesens, die uns ein kleines Marionettentheaterstück vorführen. Diese Kreation von Jacques Monestier (»Le Grand Marionettiste«) erinnert uns daran, daß sich Charleville-Mézières zu einem Treffpunkt von Marionettenspielern aus aller Welt entwickelt hat und alle drei Jahre ein Festival des Marionettentheaters ausrichtet.

Wir verlassen den Platz über die *Rue Pierre Gillet.* Wir befinden uns hier in einem Viertel, in dem viel alte Bausubstanz über die Kriege erhalten blieb und eine dem Auge sehr angenehme Einheit bildet. Nachdem wir rechts in die *Rue du Petit-Bois* und gleich wieder links in die *Rue de l'Eglise* gebogen sind, stehen wir vor der Kirche **St-Rémy,** auch aus dem hiesigen gelben Sandstein gebaut und mit einer eindrucksvollen Rosette über dem Portal. Wenn wir der Straße folgen, stehen wir nach wenigen Minuten auf der ausladenden **Place de l'Agriculture** mit der *Städtischen Bibliothek.* Dieses Gebäude beherbergte zu Zeiten Rimbauds das Gymnasium, in dem er als besonders guter Schüler auffiel.

Wir gehen weiter bis zum Maasufer und dann flußabwärts bis zur **Alten Mühle,** einem prachtvollen Hochbarockbau aus der Zeit Louis' XIII. Damals stellte die Mühle der Stadt einen wichtigen Teil des herrschaftlichen Besitzes dar. Heute gibt es in diesem Gebäude das Rimbaud-Museum und ein Volkskundemuseum zu besichtigen. Wir können noch einen kleinen Abstecher über die hübsche Fußgängerbrücke auf die Maasinsel unternehmen, um den kleinen Park zu besuchen, dann aber wenden wir uns zurück und sehen uns am **Quai Rimbaud Nr. 7** das Haus, in dem Rimbaud von 1869 bis 1875 wohnte, an. Nun gehen wir durch die *Rue Moulin* auf die **Place Ducale,** das

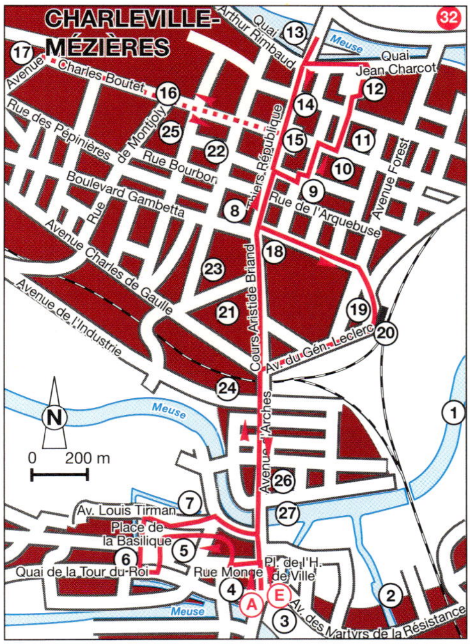

(1) *Maas,* (2) *Ostkanal,* (3) *Mühlenkanal,* (4) *Place de l'Hôtel de Ville mit Rathaus,* (5) *Kirche Notre-Dame-d'Espérance,* (6) *Tour du Roi,* (7) *Tour de l'Ecole,* (8) *Geburtshaus von Arthur Rimbaud,* (9) *Place Winston Churchill mit dem internationalen Marionetten-Institut,* (10) *Rue du Petits-Bois,* (11) *Kirche St-Rémy,* (12) *Place de l'Agriculture mit der städtischen Bibliothek,* (13) *Alte Mühle mit Volkskunde- und Rimbaud-Museum,* (14) *Rue du Moulin,* (15) *Place Ducale,* (16) *Place Jaques Bozzi,* (17) *Friedhof mit Grab von Rimbaud,* (18) *Avenue Jean Jaurès,* (19) *Park mit Rimbaud-Büste,* (20) *Bahnhof,* (21) *Rue de Tivoli,* (22) *Rue du Théâtre,* (23) *Rue Madame de Sévigné,* (24) *Rue Voltaire,* (25) *Rue de Longueville,* (26) *Quai Henri Roussel,* (27) *Pont d'Arches*

Das Institut International de la Marionette wirbt für sich zu jeder vollen Stunde, wenn der Grand Marionettiste die Puppen tanzen läßt.

Herzstück Charlevilles. Dieser Platz, der zu den schönsten Europas zählt, wurde zwischen 1611 und 1627 erbaut, und die Konzeption dieser architektonischen Meisterleistung wird *Clément Métézeau* zugeschrieben, dem Bruder des Architekten der Pariser Place des Vosges.

Die Place Ducale ist den strengen Regeln der Geometrie entworfen. Sie liegt genau im Kreuzungspunkt der Nord-Süd- und Ost-West-Achsen und wird von 23 Häusern umschlossen, die mit ihren Laubengängen im Erdgeschoß, den zwei Fenstergeschossen und ihren hohen Walmdächern ein wahrhaft homogenes Ganzes bilden. Inmitten des Platzes erinnert ein Brunnen an Charles de Gonzague, der sich mit diesem städtebaulichen Kunstwerk ein Denkmal gesetzt hat.

Wir überqueren den Platz und gelangen auf die *Rue de la République*, dann die *Rue Thiers*. Wir biegen nach links in die *Avenue Jean Jaurés* mit einigen prachtvollen Villen ab. Am Ende der Straße erwartet uns vor dem Bahnhof ein kleiner Park, in dem eine schlichte Büste von 1901 an Jean Arthur Rimbaud erinnert. Wir durchqueren den Park, gehen die *Avenue du Général Leclerc* entlang bis zur *Avenue d'Arches*, in die wir nach links einbiegen, um wieder zum Ausgangspunkt zurückzugelangen.

Nützliche Informationen

Ausgangsort und Zufahrt: *Charleville-Mézières* (150 m) liegt an der E 44 (283 km von Köln, 435 km von Frankfurt/M). Zufahrt mit Pkw: von Köln: A 4, A 44 bis Grenze, A 3 / E 40, A 15 / E 42, A 4 / E 411 bis Ausfahrt 20 Achêne, N 936 bis Dinant, N 96, N 51 bis Fumay, D 988 bis Charleville-Mézières. Von Frankfurt: A 66, A 3, A 48 / E 44 über Trier nach Luxemburg, E 25, A 4 / E 411 bis Ausfahrt 25, N 89 über Bouillon, N 58, N 43, A 203 (E 44) über Sedan nach Charleville-Mézières. Zufahrt mit öffentlichen Verkehrsmitteln: Zugverbindung von Köln über Koblenz, Luxemburg.
Ausgangspunkt: Parkplatz Place de l'Hôtel de Ville im Stadtteil Mézières.
Gehzeiten: Insgesamt 2 1/2 Std.; Place de l'Hôtel de Ville – Place Ducale: 1 Std. 40 Min., Place Ducale – Place de l'Hôtel de Ville: 50 Min.
Unterkunft und Verpflegung: Eine Reihe von Hotels und Restaurants in *Charleville-Mézières*. Jugendherberge in *Charleville-Mézières*. Campingplatz in *Charleville-Mézières*: Camping municipal du Mont-Olympe, Rue des Paquis, Tel. 24 32 44 80.
Einkehr unterwegs: Eine Vielzahl von Möglichkeiten in *Charleville* und *Mézières*.
Auskunft: Bureau Municipal du Tourisme, 4 Place Ducale, F-08000 Charleville-Mézières, Tel. 24 32 44 80.
Öffnungszeiten: Alte Mühle: täglich 10.00 bis 12.00 und 14.00 bis 18.00 Uhr.
Sehenswürdigkeiten in der Umgebung:
• *Sedan:* Etwa 19 km östlich von Charleville-Mézières liegt Sedan, ein Ort, der traurige Berühmtheit erlangte durch zahlreiche Schlachten, die hier zwischen Deutschen und Franzosen geschlagen wurden. In Deutschland berühmt wurde vor allem die Schlacht vom 1. September 1870, die Frankreich zur Kapitulation und Napoléon III. zur Abdankung veranlaßte. Über die Geschichte dieser und anderer Schlachten kann man sich heute in einem Museum informieren, das in der **Festung von Sedan** untergebracht ist. Die Festung selbst, mit deren Bau 1424 begonnen wurde, kann natürlich auch besichtigt werden. Immerhin ist sie mit ihren 35 000 Quadratmetern auf sieben Niveaus die ausgedehnteste Festungsanlage ganz Europas und erlaubt einen phantastischen Blick auf die Stadt und die umliegenden Wälder. • In der Stadt selbst kann eine **Teppichmanufaktur** besichtigt werden.
Zusätzlicher Tourenvorschlag: Wer das Grab von Rimbaud auf dem Friedhof von Charleville sehen möchte, nimmt von der Place Ducale den Nordausgang, die Rue Mantove, und geht auf dieser Straße (Rue de Flandre, Avenue Charles Boutet) immer geradeaus (einfache Strecke: 1 km; Öffnungszeiten des Friedhofs: 1.10.–31.3.: 8.00 bis 17.00 Uhr, 1.4.–30.9.: 8.00 bis 20.00 Uhr).
Wanderkarte: IGN 1:50 000, Nr. 3009 Charleville-Mézières; Stadtpläne sind im Verkehrsamt erhältlich.

33 Bei den vier Aymonskindern

Monthermé und seine Felsen

Tourencharakter: Mittelschwere Rundwanderung; Wege zum Teil gut ausgebaut, zum Teil schmale Pfade.
Beste Jahreszeit: Frühling bis Herbst.
Reine Gehzeit / Weglänge:
3 Std. 15 Min. / 10 km.
Orientierung / Markierungen: Mittelschwer. / Zum Teil weiße Balken.

An wie vielen Stellen in den Ardennen haben sie wohl ihre Spuren hinterlassen, die vier **Aymons-Söhne**? So mancher Ort schmückt sich mit dieser Legende, so mancher Fels wird wegen seines Aussehens mit dieser abenteuerlichen Geschichte in Verbindung gebracht.

So finden wir auch bei Monthermé Erinnerungen an die vier kämpferischen Söhne des Grafen Aymon aus Dordonne und ihr monströses Schlachtroß Bayard, das die vier Brüder Renaud, Alard, Guichard und Richard gemeinsam mühelos auf seinem Rücken tragen konnte. Eines Tages wurden sie König Karl vorgestellt, dem ihr Vater ergeben war. Bei Hofe wurde ein Fest ausgerichtet, doch kam es beim Schachspiel zwischen Renaud und Bertolais, dem Neffen Karls, zu einer Auseinandersetzung, in der Renaud seinen Gegner mit dem Schachbrett (!) erschlug. Sofort machte sich Renaud mit seinen Brüdern auf die Flucht in die dunklen Ardennenwälder. Mit Hilfe des Magiers Maugis bauten sie sich eine Burg, doch die Truppen des Königs spürten sie auf. Es kam zum Kampf, in dessen Verlauf sich die vier Brüder zurückzogen und jahrelang in den Wäldern umherirrten. Sie versteckten sich vor dem Vater, der dem König geschworen hatte, die Söhne zu bestrafen. Als die vier schließlich doch reumütig nach Hause zurückkehrten, wurde ihnen von den Eltern vergeben.

Nun machten sie sich auf in die Gascogne, wo sie als tapfere Krieger ihren Mann standen. Die Gemarkung Montauban machte man ihnen für ihre Heldentaten zum Geschenk. Doch Renaud, der das Kämpfen satt hatte, zog sich das Büßerhemd an und pilgerte durchs Land. Schließlich beteiligte er sich als Maurer an den Bauarbeiten für den Kölner Dom. Dort starb er an den Folgen einer Schlägerei nach einem Saufgelage.

Die vier Brüder haben sich hier bei **Monthermé** verewigt; der Höhenzug »Les 4 Fils d'Aymon« südlich des Ortes zeigt auf seinem Rücken vier deutliche Spitzen, die die reitenden Brüder versinnbildlichen sollen.

Der Wegverlauf

Vom Ausgangspunkt aus gehen wir zunächst die wenigen Schritte zum **Roche à Sept Heures,** um die wundervolle Aussicht auf Monthermé zu genießen, das tief unter uns am Rande einer von der Maas umflossenen Quarzitrippe liegt. Links im Hintergrund gewahren wir den Felsen **Les 4 Fils d'Aymon** mit seinen vier Vorsprüngen. Sodann wandern wir auf der *D 989* ein Stück nach links, und schon nach wenigen Metern biegen wir auf einen Feldweg nach rechts in einen Wald ab, wo wir am Forsthaus **Maison Forestière des Cerceaux** vorbeikommen.

An den folgenden Weggabelungen gehen wir jeweils geradeaus. Unser Pfad führt uns durch eine Waldschneise, die eigens für eine Hochspannungsleitung angelegt wurde. Etwas später erreichen wir einen großen ehemaligen **Steinbruch**, den wir auf einem teilweise zugewucherten Pfad durchqueren. Dem breiten Weg, auf den wir nun treffen, folgen wir nach rechts unten, bis er auf eine schmale Straße mündet. Hier nach links und auf dieser ansteigenden Straße bleiben, auch nachdem sie eine scharfe Rechtskurve macht und an der **Fontaine Mouret** vorbeiführt.

Unser Weg macht eine Linkskehre. Die nachfolgende Gerade verlassen wir etwa nach halber Länge, indem wir links in den Wald eintauchen, um anschließend sofort wieder rechts, also parallel zum asphaltierten Weg, zu gehen. Dieser leicht bergauf führende Pfad ist mit einem **weißen Balken** markiert. An der nächsten Kreuzung folgen wir der Markierung nach rechts, um etwas später wieder nach links abzubiegen. An der folgenden Kreuzung gehen wir nach rechts und gelangen auf einen Asphaltweg, dem wir ein paar Meter nach rechts folgen, um alsbald wieder links auf einem breiten Schotterweg in den Wald zu kommen.

Nach kurzer Zeit erreichen wir den markanten **Roc de la Tour** aus dem Mittelkambrium. Die hellen, geschieferten Quarzitblöcke konnten bislang dem Absturz entgehen, weil sie sich vertrauensvoll an ihren Nachbarn anlehnen. Von hier oben haben wir einen phantastischen Ausblick auf die bewaldete Berglandschaft der Ardennen. Das kleine Plateau des Roc de la Tour ist zudem ein idealer Platz für ein Picknick. Wir gehen auf unseren alten Weg zurück und folgen ihm nach rechts bergab. An einigen Weggabelungen und -kreuzungen gehen wir jeweils geradeaus, bis wir auf die *D 31* treffen.

Von hier aus können wir zu einem kleinen Abstecher starten, der uns nach rechts zum Aussichtspunkt **Roche aux Corpias** bringt (ca. 1 km einfache Strecke).

Von unserem Abstecher zurückgekehrt, folgen wir nun der asphaltierten Straße nach Süden in Richtung *Tournavaux* und *Haulmé*. Wenig später zweigt rechts ein Weg nach **Tournavaux** ab, auf dem wir schnell in die Ortschaft gelangen. Hier überqueren wir die **Semoy** und gehen hinter der Brücke geradeaus, bis wir wieder am Flußufer sind. Für die nächsten 3,5 Kilometer bleiben wir auf diesem Weg am Ufer entlang, bis wir zur Straße **D 1** kommen.

Auf dieser gehen wir nach rechts in Richtung **Monthermé** und überqueren erneut die *Semoy*, kurz bevor sie in die Maas mündet. Über die *Rue André Compain* und die *Rue Mermoz* gehen wir zunächst geradeaus, um etwas später in die *Avenue Victor Hugo* abzubiegen. Am Ende dieser Straße nehmen wir links die *Rue de la Promenade* und erreichen die **D 989,** der wir bergauf folgen.

Vom Roche à Sept Heures aus blickt man auf die Maasschleife, die den Ort Monthermé umarmt.

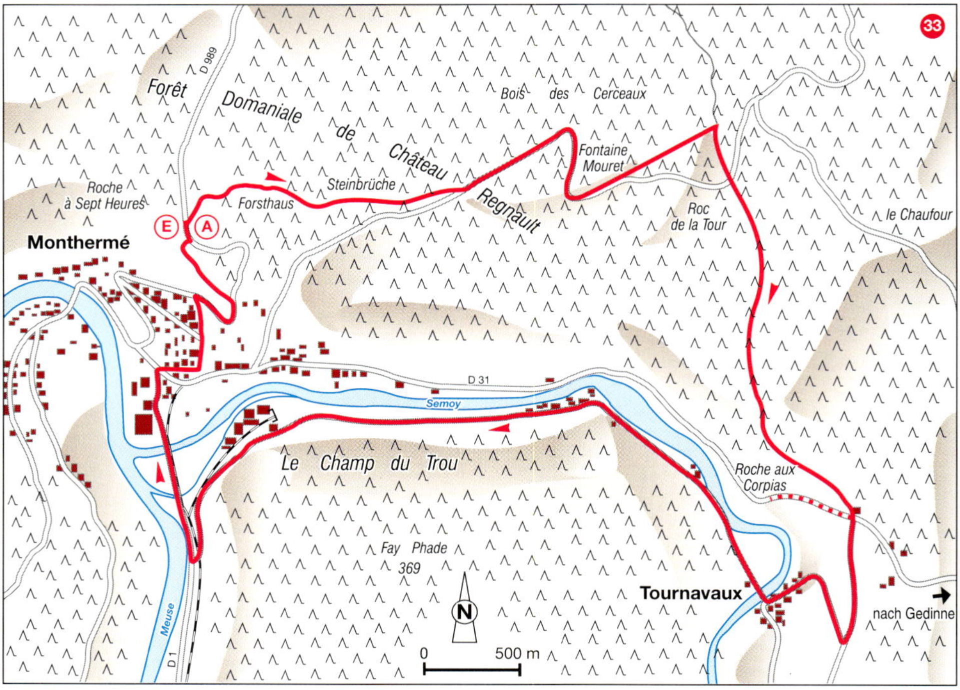

Nach einer *Linkskehre* sowie weiteren 300 Metern haben wir die Gelegenheit, die asphaltierte Straße zu verlassen, indem wir nach links auf einen Schotterweg schwenken. Auf diesem Weg, der an einigen Stellen eine schöne Aussicht auf Monthermé und das Maastal bietet, gelangen wir nach wenigen Minuten an unseren *Ausgangspunkt.*

Nützliche Informationen

Ausgangsort und Zufahrt: *Monthermé* (150 m) liegt an der D 1 (279 km von Köln, 471 km von Frankfurt/M). Zufahrt mit Pkw: von Köln: A 4, A 44 bis Grenze, A 3 / E 40, A 15 / E 42, A 4 / E 411 bis Ausfahrt 20 Achêne, N 936 bis Dinant, N 96, N 51 bis Fumay, D 988 bis Revin, D 1 nach Monthermé. Von Frankfurt: A 66, A 3, A 48 / E 44 über Trier nach Luxemburg, E 25, A 4 / E 411 bis Ausfahrt 25, N 89 über Bouillon, N 58, N 43, A 203 (E 44) über Sedan nach Charleville-Mézières, D 1 nach Monthermé. Zufahrt mit öffentlichen Verkehrsmitteln: Zug- und Busverbindung von Köln über Koblenz, Luxemburg, Charleville-Mézières und Bogny.

Ausgangspunkt: Roche à Sept Heures oberhalb von Monthermé an der D 989 (Parkplätze vorhanden).

Gehzeiten: Insgesamt 3 Std. 15 Min.; Roche à Sept Heures – Roc de la Tour: 1 Std., Roc de la Tour – Semoybrücke: 45 Min., Semoybrücke – Roche à Sept Heures: 1 1/2 Std.

Unterkunft und Verpflegung: Eine Reihe von Hotels und Restaurants in *Monthermé.* Campingplätze in *Monthermé*: Camping municipal des Rapides de Phade, Route de Thilay, Tel. 24 53 06 73; Camping l'Echina, Tel. 24 53 05 56; Camping du Port Diseur, Rue A. Compain, Tel. 24 53 01 21.

Einkehr unterwegs: Am *Ausgangspunkt,* in *Tournavaux* und in *Monthermé.*

Auskunft: Office du Tourisme, Syndicat d'Initiative de Monthermé, 38 Rue Pasteur, F-08800 Monthermé, Tel. 24 53 02 11.

Wanderkarte: IGN 1:50 000, Nr. 3008 Fumay.

Die anlehnungsbedürftigen Quarzitblöcke des Roc de la Tour sind eines der Ziele dieser Wanderung.

34 Vom Tabak und von Touristen

Vresse-sur-Semois

Tourencharakter: Mittelschwere Rundwanderung; Wege zum Teil gut ausgebaut, zum Teil schmale Pfade.
Beste Jahreszeit: Frühling bis Herbst.
Reine Gehzeit / Weglänge:
3 1/2 Std. / 11 km.
Orientierung / Markierungen:
Schwierig. / Rot-weiß.

Tobago, eine Insel der Kleinen Antillen, gab ihren Namen für eine Pflanze, die dem unteren Semoistal zu einer kurzen wirtschaftlichen Blüte verhalf: »Tobago«, aus dem die Spanier »Tabaco«, die Franzosen »Tobac« und die Wallonen dann »Toubac« machten. 1791, also knapp 250 Jahre, nachdem Monsieur Nicot den ersten Tabak nach Frankreich gebracht hatte, wurde das allgemeine Anbauverbot dieser Pflanze von der französischen Regierung aufgehoben. 1855 wagte der Lehrer Pierret aus Mouzaive an der Semois die ersten Anbauversuche in seinem Gärtchen. Die zarte Pflanze, die besonders pflegebedürftig ist und vom Samen bis zur vollendeten Zigarre zwei Jahre ins Land streichen läßt, gedieh prächtig in dem milden Klima an der Semois. Der große Erfolg rief Nachahmer auf den Plan, und das untere und mittlere Semoistal wurde zu einem bedeutenden Anbaugebiet eines wegen seines unvergleichlichen Geschmackes weltweit berühmten Tabaks.

Doch im Laufe unseres Jahrhunderts wurde diese Industrie von den großen Tabakkonzernen in die Knie gezwungen; ein Tabakproduzent nach dem anderen gab auf. Heute ist außer den Trockenständen hier und da auf den Höfen wenig übriggeblieben aus der großen Tabakzeit. Zwar gibt es noch einige standhafte Tabakproduzenten in der Gegend (Bohan, Frahan – am besten in dem sehr sehenswerten Tabakmuseum in Vresse nachfragen, wo zur Zeit eine Pflanzung steht), doch bringen heute die Touristen, die man mit dieser besonderen Wirtschaftsgeschichte anlockt, weit mehr »Ertrag« als die Tabakproduzenten!

Der Wegverlauf

Vom Ausgangspunkt an der **Brücke von Vresse** aus gehen wir auf die *Hauptstraße*, der wir ein kleines Stück in Richtung Membre folgen. Im ersten Linksbogen der Straße gehen wir geradeaus auf eine *Kapelle* zu. Vor der Kapelle wenden wir uns nach links und folgen dem asphaltierten Weg mit **rot-weißer Markierung** auf seinem langgezogenen Aufstieg in ein schönes Waldgebiet. Erst kurz bevor dieser Weg den Wald verläßt, führt uns die *rot-weiße Markierung* nach links vorne auf einen Waldweg, vorbei an einer Schranke. Wir wandern erst durch einen Nadelwald, dann durch einen Laubwald, dabei halten wir uns immer an die *rot-weiße Markierung*. Der Weg führt bergab, links windet sich die Semois. Wenn wir ein ziemlich neues Appartmenthaus erreichen, gabelt sich der Weg, und wir gehen ein Stück *bergauf*. Über Stufen gelangen wir auf einen asphaltierten Weg, dem wir geradeaus bergab folgen. Nach 20 bis 30 Metern wenden wir uns nach links auf einen anderen asphaltierten Weg.

Schon bald blicken wir links auf die **Kirche von Membre** herab. Wir gehen links an der *Kirche* vorbei, überqueren die Hauptstraße und gehen geradeaus auf die Semois zu. Kurz vor Erreichen des Flusses biegen wir nach links in die **Rue de la Fontaine** und gelangen über eine Treppe auf die *Brücke* über die Semois. Hinter der Brücke wenden wir uns direkt nach links und an einem kleinen **Laden** vorbei, in dem Holzgeräte aus hiesiger Produktion angeboten werden. Am **Campingplatz** wandern wir rechts vorbei, bergauf in den Wald hinein. An der ersten Kreuzung wählen wir die Richtung halb rechts bergauf und bleiben dabei bis zu einer Stelle, an der H-förmig vier Wege auf-

Nicht nur wegen der schönen Wälder, sondern vor allem aufgrund des Tabakanbaus ist die Region um Vresse bekannt geworden.

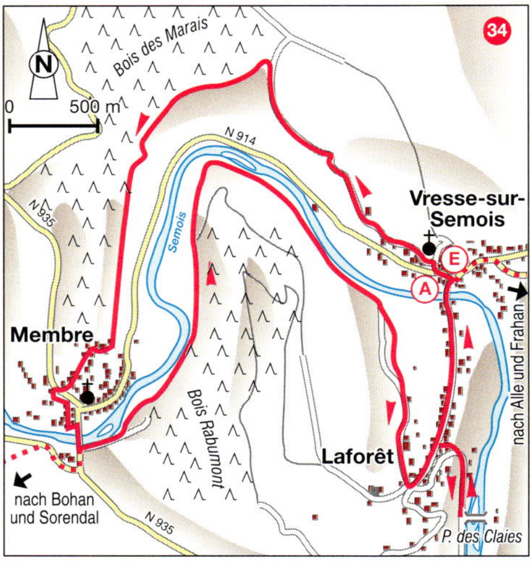

einander zulaufen. Wir marschieren geradeaus am Ufer der Semois entlang.

An der nächsten Gabelung können wir einen Abstecher an die **Semois** für eine kleine Rast nutzen: statt halb rechts gehen wir weiter geradeaus und überqueren eine Wiese, an deren Ende wir nach links bergab auf eine große Wiese am Semoisufer gelangen.

Nach diesem Abstecher geht es zurück zur Weggabelung, an der wir nun den halbrechten Weg bergauf nehmen. An der nächsten Gabelung nach links und eine Waldlichtung durchqueren. Ab jetzt ist der Weg wieder **rot-weiß markiert,** und wir folgen der Markierung über mehrere Gabelungen hinweg. In einem Laubwald erblicken wir in einer Wegkehre links unter uns die Semois. Bald erreichen wir wieder das Uferniveau, und der Weg wird schmaler. Rechts sehen wir Felsen, unser Pfad kann hier an einigen Stellen ein wenig überwuchert sein. Am gegenüberliegenden Ufer liegt ein Campingplatz.

An der nächsten Gabelung nicht geradeaus, sondern den Pfad, der nach links auf Uferniveau über einen Bach hinweg führt, nehmen. Weiter geradeaus, bis an der nächsten Gabelung ein breiterer Weg nach rechts bergauf steigt. Wenn von rechts hinten ein Weg mündet, folgen wir ihm nach links. Rechts von uns befindet sich nun Wald, links sehen wir Weiden und die ersten Häuser des Dorfes **Laforêt.** Wo der Weg in eine Asphaltstraße mündet, gehen wir nach links an einem Brunnen vorbei. Wir treffen auf die *Rue Ste-Agathe* mit dem Marionettentheater *Theâtre Noisette*. Hier finden Treffen von Marionettenspielern statt, werden Ausstellungen veranstaltet und natürlich auch Theater gespielt.

In dem malerischen Dorf gehen wir auf die Kirche zu. Von hier aus besteht die Möglichkeit, einen lohnenswerten Abstecher zum **Pont des Claies** zu machen: hinter der Kirche rechts, nach wenigen Metern links in die *Rue du Pont des Claies*. Diese Straße wird bald zum Schotterweg, dem wir einige hundert Meter bis zu einer Gabelung folgen. Hier links abwärts zum Ufer, und da ist der *Pont des Claies* vor uns: eine flache Brücke über die Semois, gebaut aus Holzstämmen und Ästen, die Matten aus dünneren Zweigen tragen. Diese Brücke diente früher dem Transport von Tabak und Getreide über die Semois. Mittlerweile wird sie nur für die Touristen Jahr für Jahr neu erbaut.

Zurück zur Kirche auf die Hauptstraße und nach rechts wenden. Wir verlassen Laforêt und kehren über den Pont St-Lambert nach **Vresse-sur-Semois** zum Ausgangspunkt zurück.

Nützliche Informationen

Ausgangsort und Zufahrt: *Vresse* (180 m) liegt an der N 914 (258 km von Köln, 402 km von Frankfurt/M). Zufahrt mit Pkw: von Köln: A 4, A 44 bis Grenze, A 3 / E 40, E 25 über Liège bis Ausfahrt 50 Baraque de Fraîture, N 89 über St-Hubert nach Menuchenet, N 95, N 945, N 819, N 914 nach Vresse. Von Frankfurt: A 66, A 3, A 48 / E 44 über Trier nach Luxemburg, E 25, A 4 / E 411 bis Ausfahrt 25, N 89 nach Menuchenet. Zufahrt mit öffentlichen Verkehrsmitteln: Zug- und Busverbindung von Köln über Namur, Dinant und Paliseul.
Ausgangspunkt: Brücke von Vresse (Parkplätze vorhanden).
Gehzeiten: Insgesamt 3 1/2 Std.; Vresse – Membre: 1 Std. 20 Min., Membre – Laforêt: 1 Std. 40 Min., Laforêt – Vresse: 30 Min.
Unterkunft und Verpflegung: Eine Reihe von Hotels und Restaurants in *Membre* und *Vresse-sur-Semois*. Campingplätze: in *Vresse-sur-Semois*: Le Jardinet, Rue d'En

Eine touristische Attraktion ist der Pont des Claies über die Semois bei Laforêt. Eine solche Brücke diente früher dem Tabaktransport und wird heute für die Touristen jährlich neu errichtet.

Haut 37, Tel. (0 61) 50 04 75; in *Membre*: La Membrette, Rue de Vresse 84, Tel. (0 61) 50 04 22.

Einkehr unterwegs: In *Membre* und *Vresse-sur-Semois*.

Auskunft: Centre Touristique et Culturel, Rue Albert Raty 112, B-5550 Vresse-sur-Semois, Tel. (0 61) 50 08 27.

Sehenswürdigkeiten in der Umgebung:
• *Vivy:* Etwa 14 km östlich von Vresse kann man in Vivy einen Blick zu den Sternen wagen: Im **Observatoire Astronomique** warten ein Planetarium und ein Lehrsaal auf Neugierige. • *Alle-sur-Semois:* Etwa 6 km südöstlich von Vresse gibt es in Alle-sur-Semois ein Museum des Schieferabbaus **(Ardoisalle).** Es umfaßt einen ehemaligen unterirdischen Schieferbruch im Semoistal, in dem die Schönheit dieses Werkstoffes offenbart wird, sowie eine Ausstellung zu Techniken dieses Handwerks.

Zusätzliche Tourenvorschläge: 1. Nachdem wir in Membre die Semois überquert haben, nicht links abbiegen, sondern geradeaus. Bald geht rechts eine Straße ab. Von ihr zweigt ein rot-weiß markierter Weg nach links ab. Wenn man ihm folgt, erreicht man *Bohan* (2 km) und *Sorendal* (8 km). **2.** In Vresse auf der Hauptstraße nach rechts. Hinter der Kirche der rot-weißen Markierung nach rechts in Richtung *Alle* (9 km) und *Frahan* (16 km) (siehe auch *Wanderung 35*) folgen.

Wanderkarte: Topographische Karte des IGN 1:50 000, Blatt 63 Gedinne.

35 Von Kraftbrühen und Kreuzrittern

Die Burganlage von Bouillon

Tourencharakter: Mittelschwere Rundwanderung; Wege zum Teil gut ausgebaut, zum Teil schmale Pfade.
Beste Jahreszeit: Frühling bis Herbst.
Reine Gehzeit / Weglänge: 2 Std. 45 Min. / 9 km.
Orientierung / Markierungen: Mittelschwierig. / 14, 15, rot-weiß, gelb-weiß, Straßenschilder, 16, 17, 18.

Bouillon – auch wenn man bei diesem Namen in erster Linie an die heißgeliebte Kraftbrühe denkt – ist für den Historiker fast ein Synonym für eine wehrhafte und prächtig erhaltene Burg des Mittelalters.

Hoch über der kleinen Stadt, geradezu mit ihrem Felsuntergrund verwachsen, scheint sie noch heute das Treiben auf dem Fluß tief unter ihr zu bewachen. Als langgestrecktes (340 Meter), aber schmales Bauwerk paßt sie sich bestens der engen Schleife an, die die Semois hier beschreibt. Natürlich kann man hübschere Burgen und Schlösser in den Ardennen entdecken, doch was Wehrhaftigkeit, Bautechnik und allgemeine historische Bedeutung betrifft, steht die **Burg von Bouillon** allen voran.

Untrennbar verbunden ist der Name dieses beschaulichen Örtchens mit dem Ardennergrafen Gottfried von Bouillon (ca. 1060–1100), Herzog von Niederlothringen, der 1096 den ersten Kreuzzug zur Befreiung des heiligen Landes anführte. (Ob er für diese waghalsige Unternehmung die berühmte Kraftbrühe ersann, mag glauben, wer möchte.) Alles in allem gibt es Argumente genug, um mit einer Wanderung in der Waldlandschaft bei Bouillon auch eine Stadt- und Burgbesichtigung zu verbinden.

Die vielen Gebäudeteile, aus denen sich die Burganlage zusammensetzt, stammen natürlich nicht aus ein und derselben Epoche – die Burg wurde, wie so viele ähnliche Anlagen, im Laufe der Geschichte den militärischen Gegebenheiten angepaßt. Von der ursprünglichen, mittelalterlichen Bausubstanz ist nicht mehr viel erhalten; auf jeden Fall gehören die Mauern des »Ursprünglichen Saals« dazu. Sie sind wohl Teil der ersten verbürgten Wehranlage auf diesem Fels, 1050–1067 von Gottfried II. dem Bärtigen errichtet. Kreuzritter Gottfried erbte die Burg von seinem Onkel und veräußerte sie 1096 sogleich an den Lütticher

An einer der engsten Schleifen der Semois scheint die Burg von Bouillon förmlich aus dem Fels zu wachsen.

Fürstbischof Otbert, der damit seinen ohnehin großen politischen Einfluß ausbaute. Im folgenden Jahrhundert begann eine lange Serie von Attacken, Belagerungen und Eroberungen.

1430 fiel Bouillon, zu dieser Zeit unter der Machthoheit Lüttichs, an die Familie von der Marck. Ihr Sproß Wilhelm, genannt »Keiler der Ardennen«, machte im 15. Jahrhundert durch manche Brutalität von sich reden. Er tötete den Lütticher Fürstbischof und erzwang vom Domkapitel die Souveränität des Herzogtums Bouillon. Dies blieb nicht ungesühnt – drei Jahre später wurde er hingerichtet. Seine Nachkommen hatten allerdings mehr Erfolg, errangen schließlich eine gewisse Unabhängigkeit, wobei sie sich immer eher den französischen Herrschern zugetan fühlten als den Lütticher oder Luxemburger Herren.

1676 konfiszierte Ludwig XIV. das Herzogtum und übergab es der Familie La Tour d'Auvergne. Während der Revolution fiel die Burg an Frankreich, 1815 an Luxemburg und 1830 schließlich an das Königreich Belgien.

Die **Burganlage** präsentiert sich heute dem Besucher als ein unübersichtliches Konglomerat von Bauteilen aus neun Jahrhunderten. Der markante Österreichische Turm, der dem Besucher einen guten Überblick über die Anlage gewährt, datiert ins 16. Jahrhundert. Er erhielt seinen Namen nach dem Bauherren, Gregor von Öster-

reich, Fürstbischof von Lüttich. Neben den oberirdischen Gebäuden zählen auch die ausgedehnten unterirdischen Verteidigungsanlagen und Zivilbauten zur Burganlage. Der größte Teil zeugt von den starken Befestigungsbestrebungen des 17. und 18. Jahrhunderts und insbesondere von dem Wirken des berühmten französischen Festungsarchitekten Vauban, der hier 1680 die neuesten militärtechnischen Erkenntnisse umsetzte. Von ihm stammen zum Beispiel der Uhrturm, der 60 Meter tiefe Brunnen und die Treppe zum Haus des Festungskommandanten.

Natürlich bietet die Burg auch eine Folterkammer zur Besichtigung an – ein schauerliches Vergnügen, hier aber sicherlich ohne historische Berechtigung.

Wer sich genauer über die Entstehungsgeschichte der Burg, über den Kreuzritter Gottfried und über die Lebensweise der Menschen in den Ardennen informieren möchte, dem sei das **Musée Ducal** im alten Gouverneurspalast empfohlen.

Diese Wanderung begleitet auch durch die **Stadt Bouillon.** Sie stand immer ein wenig im Schatten ihrer großartigen Wehranlage, doch sollte man wissen, daß in Bouillon das Druckereiwesen schon früh zur Blüte kam: Hier arbeitete Pierre Rousseau, Buchdrucker und Verleger, der Werke von Voltaire, Diderot und Mirabeau herausbrachte.

Heute lebt die Stadt hauptsächlich vom Tourismus, daneben von Holzverarbeitung, Schuhherstellung (insbesondere Holzschuhe) und von ihren kleinen Druckereien.

Eine beschauliche, kleine Steinbrücke überspannt die Semois kurz vor Bouillon. Im Hintergrund ist der Aussichtsturm zu sehen, der das erste Ziel dieser Wanderung ist.

Der Wegverlauf

Vom Startpunkt, dem Parkplatz am **Quai de la Tannerie,** gehen wir semoisabwärts am Ufer entlang. Im Prallhang der Semois, den wir auf einem Trampelpfad erreichen, führt eine Vielzahl von schmalen Pfaden, die einiges an Trittsicherheit erfordern, in Serpentinen steil bergauf. Letztlich ist es egal, welchem dieser Wege mit den Markierungen *14, 15, rot-weiß* oder *gelb-weiß* wir folgen, zumal alle zu einem Höhepunkt der Wanderung lenken, dem Aussichtsturm **Belvédère** oberhalb von Bouillon. Er liegt an einem breiten Waldweg auf dem Hochplateau oberhalb des Ortes.

Nachdem wir den Ausblick genossen haben, folgen wir den Markierungen **14** und **rot-weiß** auf dem breiten Waldweg nach Westen. An einigen Weggabelungen richten wir uns nach den rot-weißen Markierungen und gelangen so auf den **»Parcours Vita«**, einen »Trimm-Dich-Pfad«. An einer der nächsten Gabelungen verlassen wir jedoch den Parcours Vita, indem wir nach rechts der rot-weißen Markierung folgen. Nun oberhalb der **Abbaye Notre-Dame de Clairefontaine** steil bergab bis zu einem asphaltierten Weg, den wir nach *links* fortsetzen.

Dieser nicht mehr markierte Weg läuft an der Semois entlang, bis der Blick auf die gewaltige **Burganlage von Bouillon** am anderen Ufer fällt. Nach Überquerung einer *Brücke* schwenken wir nach links und wandern ein wenig die *Uferpromenade* entlang, passieren ein Kriegerdenkmal, gehen durch die Tore »*Bastion de Bretagne*« und »*Bastion du Dauphin*«, beides Reste der alten Stadtmauer (um 1640), umlaufen also den Mäander auf seiner Innenseite bis zum **Pont de Liège.** Hier schwenken wir nach *rechts* in die Stadt hinein, biegen gleich links in die *Ruelle des Petits Escaliers* und erreichen über einige Stufen die *Rue des Augustins.* Schon stehen wir vor der katholischen **Pfarrkirche,** einem gelben Sandsteinbau. Der Rue des Augustins nach links folgend, kommen wir zur *Rue du Butz,* von der, etwas versteckt, ein kleines Gäßchen nach links abgeht: diese *Ruelle du Passage,* an deren Eingang das Château ausgewiesen ist, führt uns durch eine Insel kleiner romantisch-charmanter Häuschen hinauf zur *Rue du Nord.* Wir folgen ihr bis zur Kreuzung und gehen links in die **Rue du Château,** der Auffahrt zur Burg von Bouillon.

Schon von dem groß angelegten Parkplatz, der jetzt den Platz ehemaliger Stallungen und Gesindehäuser einnimmt, haben wir einen berauschenden Ausblick über die Semois und die Stadt. Wir können nun die Besichtigungen unternehmen, mit denen Bouillon jährlich an die 130 000 Touristen

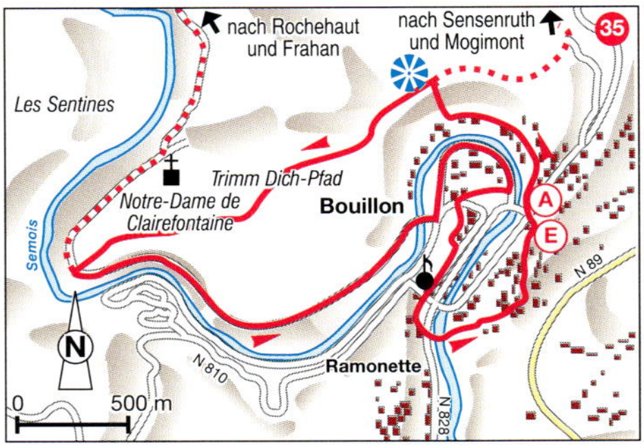

anlockt: die Burg und das Musée Ducal warten auf unseren Besuch.

Hernach steigen wir wieder hinab über die *Rue du Château, Ruelle du Passage, Rue du Butz* bis zur Kirche, gehen aber vor der Kirche nach rechts in die *Rue de la Prison.* Diese macht gleich einen Rechtsbogen und führt uns abwärts parallel zum Semoisufer. Über eine enge Treppe *(Ruelle du Pont Levis)* gelangen wir nach links auf den *Quai du Rempart.* Flußaufwärts stoßen wir auf den **Pont de France,** über den wir die Semois überqueren. Am anderen Ufer halten wir uns rechts, an einem Parkplatz vorbei und nehmen den kleinen Fußweg aufwärts (*rot-weiße Markierung,* später Wanderwege *17, 18*). Rechts von uns der kleine Bach *Chantraine,* den wir bald überqueren.

Immer weiter geht es bergauf zusammen mit den drei Markierungen. An einer Gabelung verläßt uns die Markierung 17 geradeaus bergauf, wir gehen nach *links* über den Bach, müssen durch einen dunklen **Tunnel,** dann einem asphaltierten Weg nach rechts folgen (Markierungen *16, 18*). So kommen wir auf die *Rue des Champs,* auf der wir nach rechts gehen. An der nächsten Gabelung nehmen wir die Straße nach links, an der darauffolgenden Gabelung diejenige nach rechts **(Rue au-dessus de la Ville).** Nach etwa 200 Metern sehen wir links unten und rechts oben Stufen einer langen **Treppe.** Wer noch genug Schwung in den Beinen hat, kann die Treppe nach oben gehen bis zum *Chemin du Christ,* was ihm mit einer phantastischen Aussicht belohnt wird. Anderenfalls nehmen wir die Treppe nach links unten, über die wir schnell mitten in die Stadt, in die *Rue des Hautes Voies,* gelangen. Wir gehen nach rechts, überqueren die *Place St-Arnould* Richtung Ufer und wandern zurück zu unserem Ausgangspunkt.

Nützliche Informationen

Ausgangsort und Zufahrt: *Bouillon* (221 m) liegt an der N 89 (247 km von Köln, 391 km von Frankfurt/M). Zufahrt mit Pkw: von Köln: A 4, A 44 bis Grenze, A 3 / E 40, E 25 über Liège bis Ausfahrt 50 Baraque de Fraîture, N 89 über St-Hubert nach Bouillon. Von Frankfurt: A 66, A 3, A 48 / E 44 über Trier nach Luxemburg, E 25, A 4 / E 411 bis Ausfahrt 25, N 89 nach Bouillon. Zufahrt mit öffentlichen Verkehrsmitteln: Zug- und Busverbindung von Köln über Liège-Guillemins, Jemelle, Libramont, Bertrix und Carlsbourg.
Ausgangspunkt: Quai de la Tannerie (Parkplätze vorhanden).
Gehzeiten: Insgesamt 2 Std. 45 Min.; Quai de la Tannerie – Kloster Clairefontaine: 1 Std. 10 Min., Kloster Clairefontaine – Ortseingang Bouillon: 35 Min., Ortseingang Bouillon – Quai de la Tannerie: 1 Std.
Unterkunft und Verpflegung: Eine Reihe von Hotels und Restaurants in *Bouillon.* Jugendherberge: Auberge de Jeunesse de Bouillon, Chemin du Christ 16, B-6830 Bouillon, Tel. (0 61) 46 81 37. Campingplätze in *Bouillon*: Moulin de la Falize, Vieille Route de France 33, Tel. (0 61) 46 62 00; Camping communal Halliru, Route de Corbion, Tel. (0 61) 46 60 09; Camping de l'Eauwé, Champ Bodher, Tel. (0 61) 46 73 12; Les Gouttelles, Scierie devant Dohan 5, Tel. (0 61) 46 67 13.
Einkehr unterwegs: Nur in *Bouillon.*
Auskunft: Syndicat d'Initiative, Château, B-6830 Bouillon, Tel. (0 61) 46 62 57.
Zusätzliche Tourenvorschläge: 1. Wenn wir an der Abbaye Notre-Dame de Clairefontaine nicht nach Bouillon zurückgehen, sondern nach rechts der rot-weißen Markierung folgen, erreichen wir *Rochehaut* (12 km) und *Frahan* (14 km) (siehe auch *Wanderung 34*). **2.** Am Belvédère nicht nach links, sondern der rot-weißen Markierung nach rechts in Richtung *Sensenruth* (5 km) und *Mogimont* (10 km) folgen.
Wanderkarte: Topographische Karte des IGN 1:50 000, Blatt 67-70 Bouillon-Villers devant Orval.

36 An den Mäandern der Semois

Beschauliches Herbeumont

Tourencharakter: Mittelschwere Rundwanderung; Wege zum Teil gut ausgebaut, zum Teil schmale Pfade.
Beste Jahreszeit: Frühling bis Herbst.
Reine Gehzeit / Weglänge: 5 Std. 45 Min. / 17 km.
Orientierung / Markierungen: Mittelschwierig. / 7, 3, 1, 2, 5, 11, 10.

Die Semois scheint wirklich viel Zeit zu haben! Sie hat es gar nicht eilig auf ihrem Weg von der Quelle in Arlon in der lieblichen Landschaft der Gaume bis zur Mündung bei Monthermé. Immer wieder wechselt sie unschlüssig die Richtung, pendelt hin und her und umfließt in weichen Rundungen die verträumten Ortschaften an ihren Ufern. So macht sie aus den 80 Kilometern Abstand von der Quelle zur Mün-

Einen imposanten Anblick bietet die ehemalige Eisenbahnbrücke Viaduc de Conques, die man im Verlaufe der Wanderung unterquert.

dung schließlich ganze 198 Kilometer, die ihr Quellwasser hinter sich bringen muß, bevor es sich in die Maas ergießt.

Ihr Name hat im Laufe der Jahrhunderte viele Änderungen erfahren: aus *Sesomiris* wurde *Sesmarus,* hieraus entwickelte sich *Sesmoys,* dann sprach man von der *Semoir.* Und auch heute noch trägt sie zwei Namen: Aus der belgischen Semois wird nach ihrem Grenzübertritt die französische Semoy. Ety-

mologen deuten den Namen mit »Fluß der Felsen«.

Die Semois, mal wild, mal sanft; ein kapriziöser Fluß, der wie kein anderer Sinnbild der Ardennen ist. Mal schaukelt sie die

Es erinnert nicht mehr viel an die alte Burg von Herbeumont. Trotzdem lohnt sich eine kurze Rast hier oben, um den Ausblick auf die Semoismäander zu genießen.

bunten Kajaks und Kanus vorbei an steilen Felsen und über sprudelnde Wehre hinweg. Mal umfließt sie leise gurgelnd die grünen Stiefel der Angler, die ihr so manchen Fisch entreißen. Hier plätschert sie über Myriaden kleiner Kiesel, dort wiegt sie sanft die langen Arme des Seegrases. Und auf ihrem langen Weg trifft sie allerlei Fabelwesen und Sagengestalten, Hexen, Feen und Riesen, die einst an ihren Ufern ihr Unwesen trieben.

Wandern wir heute entlang diesem romantischen Gewässer, folgen wir einer seiner tausend Schleifen, hier, in der Nähe des beschaulichen Örtchens Herbeumont.

Der Wegverlauf

Vom Ausgangspunkt, **der Grand Place in Herbeumont,** nehmen wir die *Rue du Port* und erreichen bald einen kleinen Platz, auf dem wir uns nach links wenden. Nach Überquerung der kleinen Brücke gehen wir an der nächsten Weggabelung halb rechts bergauf und folgen dem Schild »*Château*«.

Schon bald erreichen wir die Bergkuppe mit den **Burgruinen** von Herbeumont. Die Burg wurde im 13. Jahrhundert von Jehan de Rochefort erbaut und 1657 von den Truppen Ludwigs XIV. von Frankreich zerstört. Hier oben können wir uns nicht nur an den Zeugen mittelalterlicher Geschichte erfreuen, sondern haben einen beeindruckenden Ausblick auf die enge Mäanderführung der **Semois** sowie die weich gerundete, bewaldete Mittelgebirgslandschaft rund um Herbeumont.

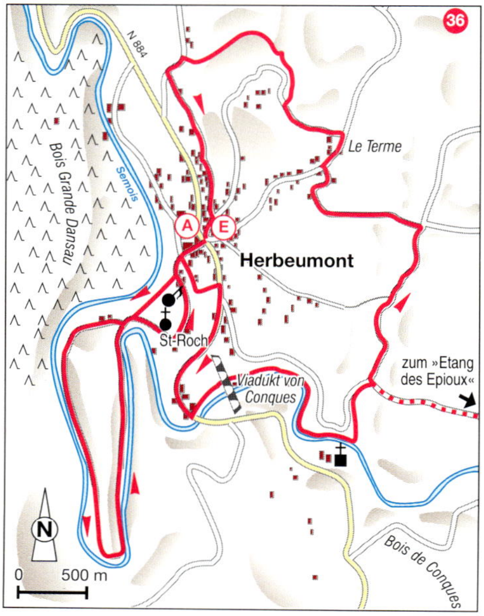

Wir gehen zurück bis zum *Parkplatz* und wenden uns nach links, bevor wir die Straße erreichen. Hier leiten uns die **Markierungen 7** und **3** bergab auf einem schmalen Pfad im Laubwald bis zu einer asphaltierten Straße. Wir folgen ihr wenige Meter geradeaus bis zu einer Kreuzung, an der wir uns für die **Markierung 3** entscheiden. Dieser Schotterweg führt uns zunächst an Weiden und Hecken vorbei, dann in einen Wald, wo er abschüssig wird. Wir erreichen das **Ufer der Semois.** Hin und wieder zweigen Wege ab, aber wir bleiben auf dem Uferweg mit der *Markierung 3* und erwandern einen malerischen Mäander der Semois. Nach circa 3,5 Kilometer steigt der Weg wieder bergauf. In der Steigung zweigt nach links hinten der Weg Nr. 7 als schmaler Pfad ab, wir gehen jedoch weiter geradeaus bis zur *asphaltierten Straße*, die wir schon von vorhin kennen. Diesmal folgen wir ihr nach rechts bergauf und sehen rechts unter uns einen Campingplatz, gehen an der **Chapelle St-Roch** vorbei und erkennen bald die Stelle, an der wir zuvor zur Burg abgebogen sind.

Nun überqueren wir die Brücke, um direkt rechts in die *Avenue des Combattants* abzubiegen. Über die *Avenue René Demarteau* erreichen wir die **Rue de Bravy,** der wir nach rechts in Richtung Florenville folgen. Wir müssen unter einer kleinen Unterführung durchgehen (Vorsicht, Autoverkehr!), können aber gleich dahinter auf einem Feldweg parallel zur Straße weiterwandern. Kurz vor der Brücke über die Semois biegen wir links auf einen asphaltierten Weg mit den *Markierungen 1, 2, 5* und *11* ab. Rechts erstreckt sich ein Campingplatz entlang dem Flußufer. Wir unterqueren den imposanten **Viaduc de Conques.**

Nach einigen hundert Metern wird der Weg zu einem schmalen Pfad, der Trittsicherheit verlangt. Noch immer folgen wir dem Verlauf der Semois (*Markierungen 2, 5, 11),* sehen am anderen Ufer die alte **Priorei von Conques** und lassen Wege, die nach links abbiegen, unbeachtet. Auf einer kleinen Brücke überwinden wir einen Bach, wandern ein Stück bergauf, vorbei an einem *Grillplatz* und einem kleinen Parkplatz. Wir wählen nun den *breiten, geschotterten Waldweg* nach links. Dabei verlassen wir das Semois-Ufer und folgen dem **Bächlein Antronge** bergauf. An der nächsten Kreuzung gehen wir links über eine *Brücke,* nehmen direkt dahinter den asphaltierten Weg nach rechts mit der **Markierung 2,** dem wir bis zu einer Kreuzung hinter einem zweiten *Grillplatz* folgen.

Nun nach links in einem Nadelwald bergauf. Wir erreichen die **Rue de la Hulette,** eine breite Betonstraße, der wir nach rechts bis zum Hinweisschild »Les Fourches« folgen. Hier biegen wir links auf die asphaltierte Straße ab, die schon bald einen Rechtsbogen beschreibt. Kurz hinter diesem Bogen führt rechts ein schmaler Weg mit der **Markierung 10** in den Wald hinein (leicht zu übersehen!). Wir gehen durch ein Tor, den steilen Pfad bergab, vor dem Bach links und einige Zeit an seinem Ufer entlang, bevor wir ihn überqueren können. Jetzt stoßen wir auf einen *breiteren Weg,* dem wir nach links folgen. Das Bächlein fließt nun links von unserem abschüssigen Weg durch einen Laubwald. An der nächsten Gabelung folgen wir der **Markierung 10** nach halb links und bleiben am Bachufer. Hinter einem Tor kommen wir auf einen asphaltierten Weg, den wir nach links gehen und auch an der nächsten Gabelung nicht verlassen. Erst wenn von links ein *Schotterweg* auf unseren Weg trifft, wenden wir uns nach links und wandern durch Wald und Weiden bis zur asphaltierten **Rue Champs Simon.** Wir biegen bald rechts in die *Rue de la Plite* und erreichen den Ausgangspunkt, die *Grand Place.*

Nützliche Informationen

Ausgangsort und Zufahrt: *Herbeumont* (306 m) liegt an der N 884 (245 km von Köln, 389 km von Frankfurt/M). Zufahrt mit Pkw: von Köln: A 4, A 44 bis Grenze, A 3 / E 40, E 25 über Liège bis Ausfahrt 50 Baraque de Fraîture, N 89 über St-Hubert, N 884 über Bertrix nach Herbeumont. Von Frankfurt: A 66, A 3, A 48 / E 44 über Trier nach Luxemburg, E 25, A 4 / E 411 bis Ausfahrt 25, N 89, N 884 nach Bertrix. Zufahrt mit öffentlichen Verkehrsmitteln: Zug- und Busverbindung von Köln über Liège – Guillemins, Jemelle, Libramont, Florenville.
Ausgangspunkt: Grand Place in Herbeumont (Parkplätze vorhanden).
Gehzeiten: Insgesamt 5 Std. 45 Min.; Ausgangspunkt – Chapelle St-Roch: 2 Std., Chapelle St-Roch – Viaduc de Conques: 50 Min., Viaduc de Conques – Rue de la Hulette: 1 Std. 35 Min., Rue de la Hulette – Ausgangspunkt: 1 Std. 20 Min.
Unterkunft und Verpflegung: Eine Reihe von Hotels und Restaurants in *Herbeumont.* Jugendherberge: Auberge de Jeunesse de Herbeumont, Rue de la Hulette 17, B-6887 Herbeumont, Tel. (0 61) 41 13 68. Campingplätze in *Herbeumont*: Champ le Monde, Rue de Bravy 3, Tel. (0 61) 41 17 41; La Côte d'Aise, Rue Lingle 13, Tel. (0 61) 41 23 56; Bains et Garenne, Rue de la Garenne 8, Tel. (0 61) 41 25 93.
Einkehr unterwegs: Nur in *Herbeumont.*
Auskunft: Royal Syndicat d'Initiative Herbeumont, Avenue des Combattants 7, B-6803 Herbeumont, Tel. (0 61) 41 24 12.
Sehenswürdigkeiten in der Umgebung:
• *Chassepierre:* Etwa 11 km südlich von Herbeumont, an der Semois gelegen, überrascht der Ort Chassepierre mit seiner anheimelnden ländlichen Architektur. Hier veranstalten im August Künstler und Handwerker einen großen Markt. Auch die Kirche des Ortes ist hübsch anzusehen. Spaziergänge in der näheren Umgebung führen zum Kalvarienberg bei Laiche, zur Grotte »Trou des Fées« bei Chauffour und zum Dolmen von Azy.
Zusätzlicher Tourenvorschlag: Kurz bevor wir die Antronge zum zweiten Mal überqueren, der Markierung 1 nach rechts zum *Naturschutzgebiet Etang des Epioux* (4 km) folgen.
Wanderkarte: Topographische Karte des IGN 1:50 000, Blatt 67-70 Bouillon-Villers devant Orval.

37 Im goldenen Tal

Orval und sein Kloster

Tourencharakter: Leichte Rundwanderung; Wege gut ausgebaut.
Beste Jahreszeit: Das ganze Jahr über.
Reine Gehzeit / Weglänge: 2 Std. 45 Min. / 8 km.
Orientierung / Markierungen: Mittelschwer. /Rot-weiß, gelb, weiße Raute, blau-schwarz, gelb-weiß.

Trotz aller widrigen Umstände im Laufe der Geschichte ist **Orval** noch heute ein sehr lebendiges **Kloster.** Die fleißigen Zisterziensermönche, die in diesem idyllischen Tal (*Orval* bedeutet »Goldtal«) ihr gottgeweihtes Leben verbringen, sind offen für den Kontakt mit allen, die bei ihnen Einkehr suchen. Doch auch, wer sich nur für die alten Ruinen der Abtei oder die köstlichen Dinge aus klösterlicher Produktion interessiert, ist herzlich willkommen. Spazieren wir also ein wenig durch die Gemäuer der mittelalterlichen Klosteranlage, die im Jahre 1070 von italienischen Benediktinern gegründet wurde.

Als diese sich nach einigen Jahrzehnten zurückzogen, gelangte der angefangene Bau in die Hände der Zisterzienser. Die erste, 1124 geweihte Kirche erhielt schon 1200 eine Nachfolgerin. Die Klosterbrüder betrieben Landwirtschaft auf verschiedenen Gütern, die ihnen von großzügigen Spendern übereignet wurden.

Im 13. Jahrhundert fielen zahlreiche Gebäude einem großen Feuer zum Opfer, doch der Orden erholte sich von diesem Schlag. Eine Eisenhütte, die seit dem 16. Jahrhundert betrieben wurde, sowie der reformatorische Einfluß des Abtes Bernard de Mont Gaillard Anfang des 17. Jahrhunderts brachten dem Kloster neuen Aufschwung. Mit den Einkünften wurden weitere Gebäude finanziert, eine neue Kirche entstand 1782. Elf Jahre später der große Schock: Im Priorat von Conques fanden die Mönche Unterschlupf, nachdem französische Revolutionstruppen ihr Kloster geplündert und gebrandschatzt hatten. Das Ordensleben in Orval war für über 100 Jahre erloschen. Erst 1926 gelangte das Gebäude in die Hände der Trappisten, die aus den Ruinen des 18. Jahrhunderts ein neues Kloster entstehen ließen.

Zu besichtigen gibt es heute nicht nur die Ruinen des Klosters aus dem 12. Jahrhundert, die so malerisch im milden Grün von bewegten Zeiten erzählen, sondern auch das kleine Abteimuseum mit wechselnden Ausstellungen, den Heilkräutergarten, das kleine Pharmaziemuseum, die Mathildenquelle und Teile der neuen Klosteranlage. Nicht zuletzt wird eine audio-visuelle Einführung in die Geschichte des Klosters angeboten.

Der Wegverlauf

Nachdem wir die **Abtei** besichtigt haben, gehen wir auf der *N 840* nach Süden, überqueren die *N 88,* und verlassen die N 840 erst in einer scharfen *Linkskehre.* Hier geradeaus in den Wald hinein. Nach wenigen Metern schon gabelt sich der Weg, und wir folgen nicht der rot-weißen Markierung nach rechts, sondern gehen *geradeaus.*

Von dem bergauf führenden Weg gehen einige Wege ab. Wir folgen zunächst der *gelben Markierung* und etwas später halb links der *Markierung mit der weißen Raute.* Die Steigung nimmt jetzt ab, und wir treffen auf einen breiteren Weg, den wir – der weißen Raute folgend – überqueren. Nach etwa 200 Metern erreichen wir erneut eine Weggabelung, wo wir der *blau-schwarzen Markierung* bergab folgen.

Ein reges Treiben herrscht hier in den Anlagen der Abtei von Orval, doch dank der organisatorischen Fähigkeiten der Zisterzienser wird den vielen Touristen ein informativer Besuch der Abteiruinen ermöglicht.

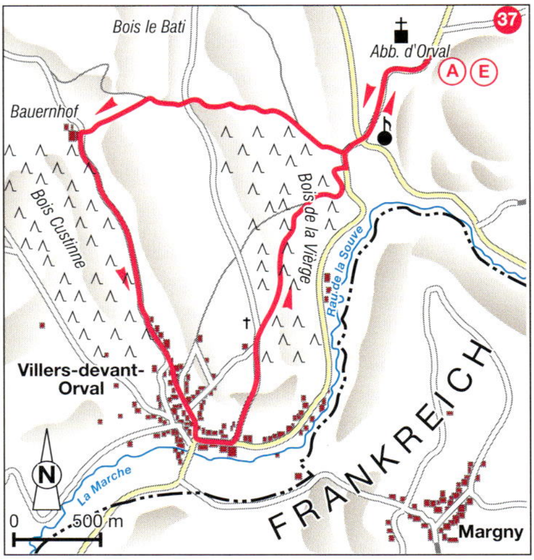

Etwas später kommen wir zu einem **Bauernhof,** vor dem wir nach links auf einen asphaltierten Weg abbiegen. An Wäldern, Wiesen und Weiden vorbei erreichen wir auf diesem Weg bald das kleine Dorf **Villers-devant-Orval.** Auf der *Rue des Routis Bas* gehen wir auf die Kirche zu, neben der sich ein sehenswertes altes **Waschhaus** befindet.

Auf der Hauptstraße nach links und nach wenigen hundert Metern links in den *Sentier d'Orval* abbiegen. Dieser asphaltierte Weg bringt uns bergauf zu einer Weggabelung mit einem *Wegkreuz.* Hier verlassen wir den Asphalt und gehen nach halb rechts leicht bergauf (gelb-weiße Markierung).

Eine stimmungsvolle Einheit von sakraler Architektur und blühender Natur umgibt den Besucher der Abtei von Orval.

Von der Bergkuppe, die wir etwas später erreichen, können wir einen schönen Ausblick auf die Landschaft bis ins nahegelegene Frankreich hinein genießen. Die *gelbweiße Markierung* führt uns durch einen Wald hinab bis zur N 840. Von hier aus kehren wir zurück zur **Abtei**.

Nützliche Informationen

Ausgangsort und Zufahrt: *Orval* (243 m) liegt an der N 88 (261 km von Köln, 365 km von Frankfurt/M). Zufahrt mit Pkw: von Köln: A 4, A 44 bis Grenze, A 3 / E 40, E 25 über Liège, A 4 / E 411 Richtung Bruxelles bis Ausfahrt 27, N 85 über Florenville, N 88 nach Orval. Von Frankfurt: A 66, A 3, A 48 / E 44 über Trier nach Luxemburg, E 25 bis Ausfahrt 29, N 87, N 83 nach Florenville. Zufahrt mit öffentlichen Verkehrsmitteln: Zug- und Busverbindung von Köln über Liège – Guillemins, Jemelle, Libramont, Florenville.
Ausgangspunkt: Kloster von Orval (Parkplätze vorhanden).
Gehzeiten: Insgesamt 2 Std. 45 Min; Kloster von Orval – Villers-devant-Orval: 1 Std. 40 Min., Villers-devant-Orval – Kloster von Orval: 1 Std. 5 Min.
Unterkunft und Verpflegung: Eine Reihe von Hotels und Restaurants in *Villers-devant-Orval* und vor allem im nahen *Florenville*. Campingplätze in *Florenville*: La Rosière, Rive Gauche de la Semois, Tel. (0 61) 31 19 37; Camping de la Semois, Rue de Chassepierre 5B, Tel. (0 61) 31 21 87.
Einkehr unterwegs: In *Villers-devant-Orval* und am *Kloster*.
Auskunft: Syndicat d'Initiative, Place Albert 1, B-6820 Florenville, Tel. (0 61) 31 12 29.
Sehenswürdigkeiten in der Umgebung:
• *Florenville:* Etwa 8 km nördlich von Orval liegt Florenville mit seinem interessanten **Druckereimuseum.** • *Avioth:* Etwa 12 km südöstlich von Orval, schon in Frankreich gelegen, wartet der kleine Ort Avioth mit einer überraschend prachtvollen gotischen **Kathedrale** auf, der »Kathedrale der Felder«.
Wanderkarte: Topographische Karte des IGN 1:50 000, Blatt 67/70 Bouillon-Villers devant Orval.

38 Auf den Spuren der Römer

Etalle, das alte Stabulum

Tourencharakter: Leichte Rundwanderung; Wege gut ausgebaut.
Beste Jahreszeit: Das ganze Jahr über.
Reine Gehzeit / Weglänge: 6 Std. / 20 km.
Orientierung / Markierungen: Schwierig. / Keine.

»Die spinnen, die Römer«, sagt einer der berühmtesten gallischen Zeitgenossen Julius Cäsars, als er mit seinen beiden Freunden über die lange, gerade Römerstraße inmitten der belgischen Ardennen wandert. Sie wollen dem hiesigen Völkchen zeigen, daß nicht, wie Cäsar behauptet, die Belgier »der tapferste Stamm der Gallier« sind. Nein, einmal mehr bewahrheitet sich, daß man den Galliern aus dem kleinen Dorf in Aremorica in dieser Beziehung nichts vormachen sollte. Und so wandern sie also über die gut ausgebauten Straßen der römischen Besatzer, oftmals kilometerlang schnurgeradeaus, ruhen sich vielleicht mal an der einen oder anderen Wegstation aus und treffen sich schließlich zum Kräftemessen mit den gemütvollen Einheimischen. Ihr Wettstreit besteht darin, möglichst viele Römerlager zu verwüsten (vgl. Großer Asterix-Band 24, »Asterix bei den Belgiern«).

Warum sollen wir es ihnen nicht nachmachen – das Wandern, nicht das Kräftemessen?! Hier in der Gegend von Etalle haben wir jedenfalls die Gelegenheit, entlang einer alten **Römerstraße** – mittlerweile ein recht unauffälliger Feldweg – hin zu einem verfallenen **Römerlager** mitten im Wald zu wandern. Dies sind Zeugnisse einer Zeit, in der das machtvolle Reich im Süden Europas seine Arme immer weiter ausstreckte. Und was ist die beste Armee ohne Straßen, um sie vorwärts zu treiben? So wissen wir auch von den Ardennen, daß sich hier wichtige Verkehrsachsen wie die Straße von Durocortorum (Reims) nach Colonia Claudia Ara Agrippinensis (Köln) durch die Landschaft zogen. Entlang solcher Straßen bildeten sich Siedlungen wie Arlon oder Bastogne, aber auch kleine Verkehrsstützpunkte wie Stabulum (lateinisch für Stall), aus dem das heutige **Etalle** (*étable,* französisch für Stall) entstand.

Vielleicht entscheiden wir uns nach dieser langen Wanderung für ein gepflegtes Wildschweinmahl, das nicht nur in Aremorica, sondern auch hier in den Ardennen hochgeschätzt wird.

Der Wegverlauf

Wir beginnen unsere Wanderung, indem wir von der **Kirche Etalles** aus auf der *N 83* in Richtung Arlon gehen. Wir überqueren die Semois und bleiben auch hinter einem Kreisverkehr auf der N 83, auf der wir etwas später den *Ruisseau de l'Enclos* überqueren. Von der leicht bergauf führenden Straße führen rechts und links einige kleinere Wege ab. Bald folgen wir einem Hinweisschild auf die **Ferme Bellevue** auf einem schmalen asphaltierten Weg nach links. Einige Meter weiter biegen wir jedoch gleich nach *rechts* auf einen anderen asphaltierten Weg ab. Auf diesem gehen wir an der nächsten Weggabelung *halb links*. Der nunmehr geschotterte Weg ist Bestandteil einer **»Chaussée Romaine«**. Nach etwa 2,5 Kilometern immer geradeaus (Feldwege, die abgehen, ignorieren) erreichen wir eine Wegkreuzung, an der wir rechts abbiegen.

Auf unserem asphaltierten Weg sind wir bald in **Vance.** Auf der Rue de la Semois gehen wir links an der Kirche vorbei und überqueren die *N 83*. Wir orientieren uns an den Hinweisschildern *Chantemelle* und biegen bald rechts in Richtung auf diesen Ort ab. Dieser asphaltierte Weg führt mitten durch einen Wald. Kurz nachdem wir an einem Friedhof vorbeigekommen sind, erreichen wir **Chantemelle**. Hier gehen wir nach links in Richtung *Kirchplatz*. Danach rechts in Richtung *Buzenol*. Auf der asphaltierten Straße, die quer durch einen Wald führt, bleiben wir immer geradeaus bis zum Ortseingang von Buzenol.

In der Höhe des *Ortseingangsschildes* sehen wir links eine kleine Asphaltstraße, die sich nach oben in den Wald windet.

Rinderhaltung spielt in den Ardennen eine wichtige Rolle. Die Rinder mit der wie verwaschen aussehenden Zeichnung gehören zur Rasse der Blanc Bleu Belge.

Wo einst Cäsars Legionen marschierten, erfreuen sich heute Wanderer an der Landschaft der Gaume.

Hier steigen wir hoch, bis am Ende der Asphaltierung rechts ein Schotterweg abzweigt, dem wir in den schönen *Buchenwald* folgen. Nach ca. 600 Metern ist der Weg vor einer Gabelung nicht mehr geschottert. Wir nehmen den ein wenig abschüssigen Weg geradeaus. Wir folgen diesem Weg immer geradeaus, lassen die Wege rechts und links unbeachtet. Erst an einer Weggabelung, an der rechts ein *Hochwald*, links jedoch eine junge **Buchenpflanzung** zu sehen sind, nehmen wir den Weg, der halb rechts weiterführt. Nach ca. 400 Metern, wenn der Weg langsam abschüssig wird, tauchen rechts auf dem Hügel die Ruinen von **Montauban** auf. Wir klettern die Böschung hoch, die uns noch von diesem interessanten Ort trennt und finden uns an den Resten eines mittelalterlichen Schloßturmes im Süden der Anlage wieder. Vor 2500 Jahren ließen sich auf diesem Hügel unsere Vorfahren nieder und umgaben die neue Zuflucht mit einem Schutzwall.

Um 200 n. Chr., Rom hatte sich auch dieses Fleckchens bemächtigt, wurden beim Einfall der Germanen alte Schutzwälle in Windeseile erneuert, erhöht und verlängert. Da machte man auch vor alten, relieftragenden Grabstelen und Meilensteinen nicht

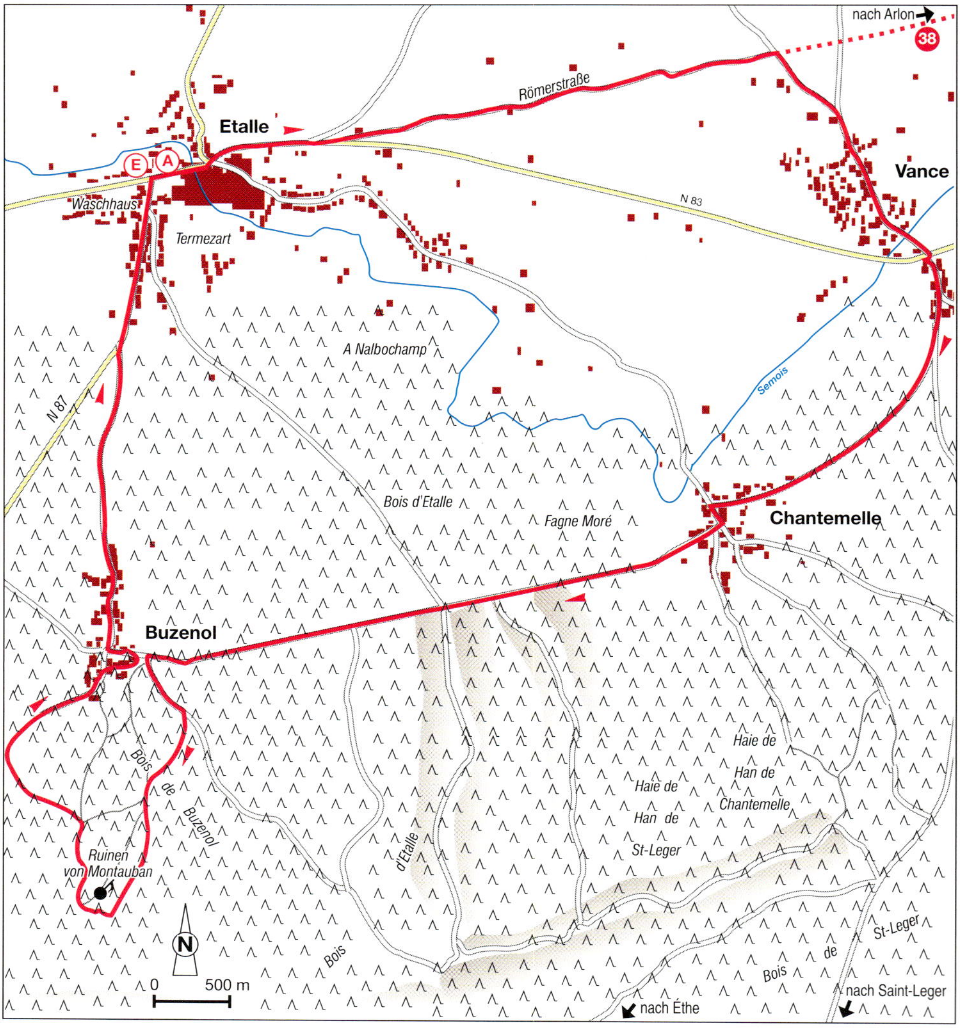

halt, wenn es an Baumaterial mangelte. So wurden auch in Montauban inmitten grober Bausteine Teile von Friesen entdeckt, die uns Aufschluß geben über das tägliche Leben dieser Menschen. Als historische Kostbarkeit ist das Fragment einer Grabstele zu werten, die die »Trierer Mähmaschine« *(Moissoneuse de Trévires)* abbildet, von der Plinius der Ältere in seiner »Naturgeschichte« aus dem 1. Jahrhundert n. Chr. berichtet.

Die Stelen auf diesem Areal sind natürlich Repliken – die Originale wurden in das **Museum** gebracht, das sich im nordwestlichen Bereich des Geländes befindet.

Wir sollten uns ein wenig Zeit für diesen historischen Ort nehmen, für die Ruinen, die eine so prachtvolle Einheit mit der satten Flora dieser Gegend bilden. Genießen wir die Ruhe und den Frieden, die nun Besitz von den Gemäuern genommen haben, obwohl sie einst zum Schutz in kriegerischen Auseinandersetzungen errichtet wurden.

In Richtung Norden, links vom Museum, verlassen wir diesen friedlichen Platz. Abwärts geht es bis zur Straße, auf der wir rechts bis nach **Buzenol** folgen, einem Dorf, in dem wir en passant die typische Architektur der **Gaume-Landschaft** studieren können. An der ersten Gabelung im Ort wählen wir den rechten Weg (*Rue du Musée*) und sehen bald links das **Waschhaus.** Es ist an einen Hügel gelehnt, aus dem die Quelle sprudelt, die durch eine Steinrinne direkt in das kleine, helle Kalksteingebäude geleitet wird. Es steht auf zwei hübschen Rundbögen, denen die Erhöhung des Straßenniveaus leider arg zugesetzt hat. Im rechten Giebel befindet sich eine kleine Luke zum Holzspeicher. Bedauerlicherweise ist das Gebäude provisorisch mit Wellblech gedeckt.

Wir gehen weiter bis zur *Kreuzung*, hier nach links und an der nächsten Gabelung halb links. An etlichen der hellen, graugedeckten Häuser können wir nun die Bauweise der Gaume entdecken: alles unter einem Dach! Neben dem Wohntrakt mit Fenstern und einer kleinen Tür sehen wir die Scheune mit großem Tor sowie den Stall mit einer kleinen Stalltür.

Wenn wir der Straße immer weiter folgen, stoßen wir auf die **Kirche** von Buzenol, die auch ihr typisches Gaume-Gesicht behalten hat. Sie fällt inmitten der Häuser nur durch ihren Turm und ihre etwas erhöhte Position auf.

An den nächsten Gabelungen lassen wir uns in Richtung Etalle führen, am *Friedhof* vorbei, bis zum Wald. Halb rechts halten wir uns an der nächsten Kreuzung, gehen durch Wald und Felder auf einer Betonpiste bis zu einer Kreuzung, an der links ein Transformatorenhäuschen zu sehen ist. Wir gehen nach links, folgen dem Linksbogen und bleiben immer auf dieser Straße, die uns mittlerweile nach **Etalle** gebracht hat. Wir biegen nach rechts auf eine größere Straße, an der nächsten Kreuzung dann wieder nach rechts ab und stehen gleich vor der **Kirche,** unserem Ausgangspunkt.

Nützliche Informationen

Ausgangsort und Zufahrt: *Etalle* (347 m) liegt an der N 83 (238 km von Köln, 334 km von Frankfurt/M). Zufahrt mit Pkw: von Köln: A 1 über Blankenheim, B 51 über Prüm, A 60, B 51a über Bitburg, B 257, N 11 bis Luxemburg, E 25 Richtung Bruxelles bis Ausfahrt 29, N 87, N 83 nach Etalle. Von Frankfurt: A 66, A 3, A 48 / E 44 über Trier nach Luxemburg. Zufahrt mit öffentlichen Verkehrsmitteln: Zug- und Busverbindung von Köln über Liège – Guillemins, Jemelle, Habay.

Ausgangspunkt: Kirche von Etalle (Parkplätze vorhanden).

Gehzeiten: Insgesamt 6 Std.; Etalle – Vance: 1 Std. 50 Min., Vance – Chantemelle: 50 Min., Chantemelle – Ruinen von Montauban: 1 Std. 40 Min., Ruinen von Montauban – Buzenol: 45 Min., Buzenol – Etalle: 55 Min.

Unterkunft und Verpflegung: Eine Reihe von Hotels und Restaurants in *Etalle, Vance, Chantemelle* und *Buzenol.* Campingplatz in *Tintigny*: Camping Caravaning de Chênefleur, Chemin Ansart-Han, Tel. (0 63) 44 40 78.

Einkehr unterwegs: In *Etalle, Vance, Chantemelle* und *Buzenol.*

Auskunft: Syndicat d'Initiative du Grand Etalle, Rue du Moulin 20, B-6740 Etalle, Tel. (0 63) 45 67 87.

Sehenswürdigkeiten in der Umgebung:

• *Arlon:* Ungefähr 16 km östlich von Etalle liegt **Arlon**, wohl die älteste Stadt Belgiens. Die Kelten errichteten hier ein kleines Gemeinwesen, das schließlich nach der römischen Invasion zu einer blühenden Stadt heranwuchs.

Als die fränkischen »Barbaren« das Ardennenland überrollten, wurde im 5. Jahrhundert eine Stadtbefestigung konstruiert, von der noch heute ein kleiner Teil inklusive eines Wehrturms erhalten ist. Auch die Thermen und die Überreste einer Basilika (die älteste christliche Kirche Belgiens) sind ansehnliche Zeugen der römischen Kultur, wie sie keine andere Stadt Belgiens aufzuweisen hat. Die Exponate der gallo-romanischen Abteilung des **Luxemburgischen Museums** sind einzigartig.

In Arlon befinden sich außerdem die *Quellen der Semois*, deren Einfassung 1972 gestaltet wurde.

Zusätzlicher Tourenvorschlag: Statt die Römerstraße vor Vance zu verlassen, geradeaus in Richtung *Arlon* (11 km) gehen.

Wanderkarte: Topographische Karte des IGN 1:50 000, Blatt 68/69 Arlon-Sterpenich und Blatt 71/72 Virton-Houwald.

39 Das Tal der sieben Schlösser

Durch das Eischtal

Tourencharakter: Mittelschwere Streckenwanderung; Wege zum Teil gut ausgebaut, zum Teil schmale Pfade.
Beste Jahreszeit: Frühling bis Herbst.
Reine Gehzeit / Weglänge: 3 1/2 Std. / 11 km.
Orientierung / Markierungen: Einfach. / Gelb.

»Sieben auf einen Streich« – das werden wir nicht schaffen auf unserer Wanderung! Zwar wird das malerische Eischtal, das wir uns bei dieser Tour vornehmen, von sieben Schlössern in seiner natürlichen Schönheit unterstützt, doch geben wir uns mit vieren dieser Prachtbauten zufrieden. So treffen wir also im Verlauf unserer Wanderung auf die Burg Hollenfels, das Schloß Neu-Ansembourg, die Burg Alt-Ansembourg sowie die Burg Septfontaines.

Die **Burg Hollenfels** am Ausgangspunkt unserer Wanderung wurde urkundlich das erste Mal im 11. Jahrhundert erwähnt. Erneuert und erweitert wurde die Anlage im 16. Jahrhundert, etwa ein Jahrhundert, bevor französische Truppen die Burg bei einem Angriff teilweise zerstörten. Der Turm der Burg sowie eine große Halle sind jedoch erhalten.

Das in Privatbesitz befindliche **Schloß Neu-Ansembourg** stammt aus den Jahren 1638 / 39. Interessant sind vor allem das schöne Barocktor sowie die Gartenanlagen des Schlosses.

Alt-Ansembourg wurde im 12. Jahrhundert errichtet und im 14. und 16. Jahrhundert ausgebaut. Da die Burg heute von ihren Eigentümern bewohnt wird, ist eine Besichtigung nicht möglich.

Die **Burg von Septfontaines** schließlich wurde um 1100 errichtet und mehrere Male ausgebaut, bevor sie Ende des 18. Jahrhunderts niederbrannte. In unserem Jahrhundert schließlich wurde sie restauriert.

Der Wegverlauf

Wir beginnen unsere Wanderung auf dem Platz vor der **Kirche von Hollenfels.** Auf diesem Platz befindet sich auch die Jugendherberge, die in einem Teil des **Schlosses von Hollenfels** untergebracht ist. Wir gehen auf der *C. R. 113* in Richtung *Tuntange,* biegen jedoch bereits an der nächsten Kreuzung – der Markierung mit dem *gelben Balken* folgend – nach links ab. Es handelt sich um einen asphaltierten Weg, der uns nach kurzer Zeit bergab in einen Wald bringt. Bald führt links ein Pfad leicht bergauf, auf dem wir zu einer mitten im Wald stehenden alten **Kirche** gelangen. Über eine Treppe und einen Waldweg erreichen wir wieder die kleine Straße, die wir zuvor verlassen hatten. Wir gehen nach rechts und kurz danach, wenn wir auf die *C. R. 105* treffen, nochmals nach rechts. Hier können wir das **Schloß Neu-Ansembourg** samt seiner großen Gartenanlage bewundern.

Wenn wir auf der Straße weitergehen, kommen wir nach **Ansembourg,** einem kleinen Ort, der von einer Burg überragt wird, die jedoch nicht besichtigt werden kann. Wir bleiben auf der Straße und biegen bei der zweiten Möglichkeit nach links in Richtung auf *Dondelange* ab.

Kurz nachdem wir auf dieser Straße die **Eisch** überquert haben, geht rechts ein *gelb markierter* schmaler Pfad ab. Dieser zum Teil zugewucherte ansteigende Feldweg bringt uns zu einem etwas breiteren Waldweg, dem wir nach rechts folgen.

Nach Verlassen des Waldes gehen wir auf einem Feldweg in Richtung **Roodt-sur-Eisch.** Innerhalb des Ortes passieren wir die **Kirche,** biegen einmal rechts und anschließend wieder links ab, um am *Ortsausgang* einem nach halb rechts führenden asphaltierten Feldweg zu folgen, der geradewegs auf einen Wald zuläuft. In diesem Laubwald biegen wir sofort nach rechts ab und folgen dann immer der **gelben Markierung.** Kurz nachdem wir an einem *Campingplatz* vorbeigekommen sind, leitet uns die gelbe Markierung nach rechts, und wir erreichen die *C. R. 104,* der wir ebenfalls nach rechts folgen. Nach etwa 500 Metern zweigt die

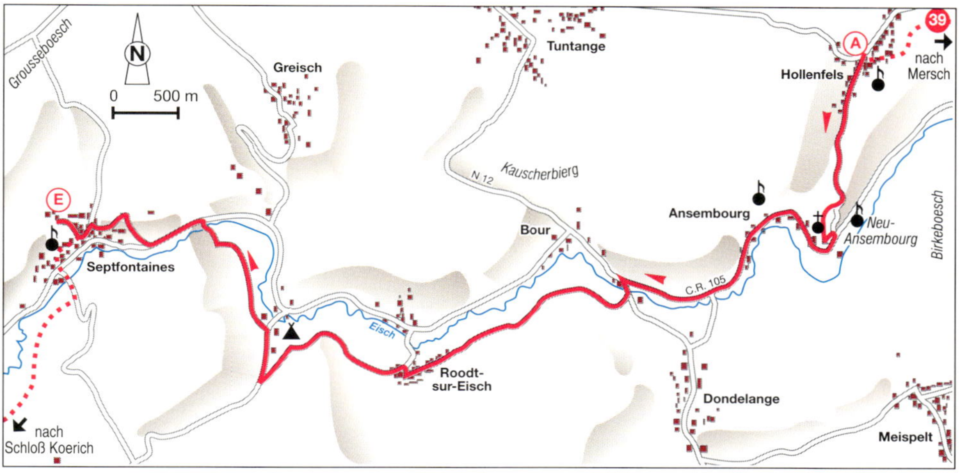

gelbe Markierung wieder nach links ab auf einen Waldweg. Sie leitet uns etwa 1 Kilometer am Waldrand entlang, bis wir nach rechts abbiegen, um die *Eisch* zu überqueren.

Wir erreichen wieder die **C. R. 105,** der wir ein kurzes Stück nach links folgen. Wenig später biegt rechts ein Waldweg ab, der zunächst oberhalb eines *Campingplatzes* verläuft; hier immer geradeaus, bis wir auf einen Asphaltweg treffen, dem wir nach links bergab folgen. Wir erreichen jetzt **Septfontaines** mit seiner *Kirche* aus dem 16. Jahrhundert sowie seinem **Schloß,** dem Endpunkt unserer Wanderung.

Die luxemburgische Eisch wird in ihrem malerischen Tal von sieben Schlössern gesäumt.

PRIVE

Nützliche Informationen

Ausgangsort und Zufahrt: *Hollenfels* (326 m) liegt an der C. R. 113 (191 km von Köln, 314 km von Frankfurt/M). Zufahrt mit Pkw: von Köln: A 1 über Blankenheim, B 51 über Prüm, B 410, N 10, N 7 Richtung Luxemburg bis Mersch, C. R. 105, C. R. 113 nach Hollenfels. Von Frankfurt: A 66, A 3, A 48 / E 44 über Trier nach Luxemburg, N 7 nach Mersch. Zufahrt mit öffentlichen Verkehrsmitteln: Zug- und Busverbindung von Köln über Liège – Guillemins und Mersch.
Ausgangspunkt: Burg von Hollenfels (Parkplätze vorhanden).
Gehzeiten: Insgesamt 3 ½ Std.; Hollenfels – Ansembourg: 50 Min., Ansembourg – Roodt-sur-Eisch: 1 Std. 10 Min., Roodt-sur-Eisch – Septfontaines: 1 ½ Std.
Unterkunft und Verpflegung: Eine Reihe von Hotels und Restaurants in *Hollenfels* und *Septfontaines*. Jugendherberge in *Hollenfels*. Campingplätze: in *Mersch*: Camp Krounebierg, Tel. 32 85 78; in *Septfontaines*: Camp an der Hoh, Tel. 30 93 84; Camp Simmerschmelz, Tel. 30 70 72.
Einkehr unterwegs: In *Hollenfels* und *Septfontaines*.
Auskunft: Administration Communale, 2 Rue de Hollenfels, L-7481 Tuntange, Tel. 6 35 35; Syndicat d'Initiative, L-8392 Septfontaines, Tel. 30 93 84.
Sehenswürdigkeiten in der Umgebung:
• *Mersch:* Ungefähr 9 km nordöstlich von Hollenfels liegt Mersch. Sehenswert sind hier vor allem das **Schloß,** das auf das 12. Jahrhundert zurückgeht, und die römische **Villa Marisca** aus dem 1. Jahrhundert n. Chr.
Zusätzliche Tourenvorschläge: 1. In Hollenfels der C. R. 113 in die andere Richtung (gelb-markiert) bis nach *Mersch* (9 km) folgen. **2.** In Septfontaines weiter der gelben Markierung bis nach *Schloß Koerich* (6 km) folgen.
Wanderkarte: Topographische Karte Luxemburg 1:20 000, Blatt 16 Mersch.

Das Barockportal ist eine besondere Kostbarkeit des Schlosses von Neu-Ansembourg.

40 Was mich nicht umwirft, macht mich stärker

Die Stadt Luxemburg

Tourencharakter: Leichte Stadtwanderung; Wege gut ausgebaut.
Beste Jahreszeit: Das ganze Jahr über.
Reine Gehzeit / Weglänge:
1 Std. / 2 km.
Orientierung / Markierungen:
Einfach. / Straßenschilder.

»Was mich nicht umwirft, macht mich stärker«, dies könnte das Motto der Luxemburger im Laufe ihrer schweren Stadtgeschichte gewesen sein. Die für uns heute rein optisch so reizvolle Lage der Stadt in und hoch über den Tälern von Pétrusse und Alzette war ein Anlaß, in frühester Geschichte an dieser Stelle Bollwerke und Befestigungen zu errichten.

Günstig an der Kreuzung zweier wichtiger Römerstraßen gelegen, wurde hier im 4. Jahrhundert der erste Beobachtungsturm gebaut, dem im 10. Jahrhundert ein Wall mit Graben folgte. So entstand das Kastell Lucilinburhuc, welches im Jahre 963 vom Grafen Siegfried aus der Sippe »Ardennerhaus« dem Vorbesitzer, der Abtei St-Maximin, abgehandelt wurde. Sofort baute Siegfried hier ein repräsentatives Schloß, das zum Keim einer Siedlung wurde, die sich sowohl auf dem Felsen (Oberstadt) als auch im Alzettetal (Unterstadt) ausbreitete. Gleichzeitig wurde die aufstrebende Stadt Hauptstadt eines Territoriums des gleichen Namens.

Im Mittelalter gesellten sich zu der alten Stadtmauer zwei weitere Ringmauern, um der wachsenden Siedlung Schutz zu gewähren, und auch die Unterstadt wurde befestigt. Doch all diese Bollwerke sollten die Stadt nicht vor einer sehr wechselvollen Herrschaftsgeschichte bewahren. Das 1354 zum Herzogtum erhobene Land wurde zum Spielball politischer Interessen – verkauft, vererbt, erstürmt oder ausgehungert – , den

Bürgern von Luxemburg blieb wenig erspart. Burgunder, Franzosen, Spanier, Niederländer, Österreicher, Hessen und Preußen – die Liste der Truppen, die im Verlaufe der Jahrhunderte einmarschierten, findet beinahe kein Ende.

Ende des 17. Jahrhunderts wurde die Festung **Luxemburg** auf Befehl Ludwigs XIV. durch den französischen Militäringenieur Vauban noch einmal verstärkt, doch das reichte den habsburgischen Herrschern, in deren Hände Luxemburg 1713 fiel, noch immer nicht. Sie durchlöcherten den Bockfelsen und entwickelten ein unterirdisches System von Gängen und Räumen, das eine Gesamtlänge von 23 Kilometern erreichte. Hier fanden neben den Soldaten auch ihre Pferde Platz. Küchen, Bäckereien und Werkstätten wurden ebenfalls unterirdisch angesiedelt.

Die Stadt Luxemburg wurde zur beinahe uneinnehmbaren Festung, die schnell den Titel »Gibraltar des Nordens« erhielt. Eine Phase französischer Herrschaft ab 1795 endete 1814 mit dem Untergang Napoleons, und die Stadt Luxemburg wurde als Hauptstadt des neu geschaffenen Großherzogtums Luxemburg Mitglied des Deutschen Bundes, wobei König Wilhelm I. der Niederlande die Krone trug.

Eine große Konferenz in London entschied 1867 die Neutralisierung Luxemburgs, nachdem Napoleon III. sein Interesse bekundet hatte, dieses strategisch wichtige Land der niederländischen Krone abzukaufen.

Österreich, Großbritannien, Frankreich, Preußen, Rußland, die Niederlande, Belgien, Italien und Luxemburg beschlossen zudem die Schleifung der mächtigen Wehranlagen, die inzwischen mehr Territorium einnahmen als die eigentliche Stadt. Von den Kasematten verblieb noch ein Netz von 17 Kilometer Länge.

In der zweiten Hälfte des 19. Jahrhunderts begann die Industrialisierung des Großherzogtums dank bedeutender Eisenvorkommen im Süden, was sich in zunehmendem Wohlstand der Stadt niederschlug. Im Ersten und Zweiten Weltkrieg wurde Luxemburg von deutschen Truppen besetzt, was die leichte Verletzbarkeit der garantierten Neutralität aufzeigt. Als 1942 die deutschen Machthaber junge Luxemburger in die Wehrmacht einberufen wollten, kam es zu einem Aufstand, der blutig niedergeschlagen wurde. 8000 Luxemburger wurden verschleppt, 791 standrechtlich exekutiert. Diese Ereignisse ließen in den Luxemburgern endlich ein Nationalbewußtsein aufkeimen. Trotzdem ist die Politik des Großherzogtums heute vom europäischen Gedanken beseelt; die Stadt Luxemburg ist Sitz bedeutender Institutionen der Europäischen Union. Stadtbildprägend sind allerdings heute die Paläste des Geldes: mit den fast 150 Banken sowie den zahlreichen ausländischen Bankfilialen und Holdinggesellschaften entstand aus dem »Gibraltar des Nordens« ein »Gibraltar des Geldes«. Luxemburg ist inzwischen zu einer in allen Belangen kontrastreichen Stadt herangereift, die mit Recht auf ihre Weltoffenheit stolz sein kann.

Stadtrundgang

Unser Stadtrundgang soll an der **Place de la Constitution** beginnen, denn hier macht uns der wunderschöne Ausblick auf das Tal der *Pétrusse* Lust auf eine Entdeckungsreise. Wir haben einen guten Blick auf den **Pont Adolphe,** der in einem kühnen Bogen das Tal überspannt (1903 erbaut, 85 Meter Spannweite, 46 Meter hoch, 211 Meter lang). Der Platz, auf dem wir uns befinden, wird von einem Obelisken geschmückt, dem *Monument du Souvenir* mit der goldenen Frau *(Gëlle Fra)* auf seiner Spitze. Dieses Denkmal soll uns an die Leiden der Luxemburger in den Weltkriegen und im Koreakrieg erinnern.

Wir verlassen den Platz an seinem östlichen Ende und gehen durch die *Rue Athenée* zur *Rue Notre-Dame.* Dabei sehen wir rechts die Nationalbibliothek in einem Gebäude aus dem 17. Jahrhundert und daneben die Kathedrale **Notre-Dame,** die im Jahr 1621 als Kirche des Jesuitenkollegs geweiht wurde. Dieser Bau, der Merkmale der Gotik, der Renaissance und des Frühbarocks in sich vereint, wurde 1778 zur Stadtpfarrkirche und gut 100 Jahre später, 1880, zur Bischofskirche erhoben. Heute ist diese Kathedrale Wallfahrtsziel der Luxemburger, die in der Zeit der Oktave (3. bis 5. Sonntag

Auf der Place d'Armes werden im Sommer regelmäßig die beliebten Flohmärkte abgehalten. Im Hintergrund der Cercle Municipal, das Stadtpalais.

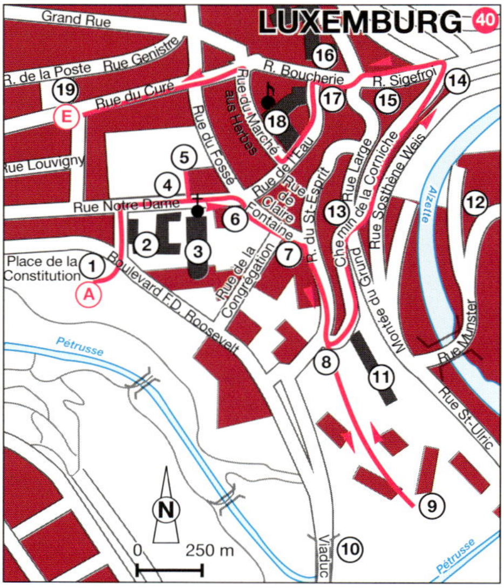

① ***Kriegsdenkmal »Monument du Souvenir«,*** ② ***Nationalbibliothek,*** ③ ***Kathedrale Notre-Dame,*** ④ ***Rathaus,*** ⑤ ***Place Guillaume II mit Denkmal Großherzog Guillaume II und Denkmal Michel Rodange,*** ⑥ ***Außenministerium,*** ⑦ ***Place Clairefontaine mit Denkmal Großherzogin Charlotte,*** ⑧ ***Plateau du St-Esprit,*** ⑨ ***Zitadelle,*** ⑩ ***Denkmal der Nationalen Solidarität,*** ⑪ ***Staatsarchiv,*** ⑫ ***Stadtteil Grund,*** ⑬ ***Grundtor,*** ⑭ ***Bockkasematten,*** ⑮ ***Kirche St-Michel,*** ⑯ ***Staatsmuseum,*** ⑰ ***Complex Ilot du Rost,*** ⑱ ***Parlament und Großherzoglicher Palast,*** ⑲ ***Place d'Armes mit Stadtpalais »Cercle Municipal«***

nach Ostern) zum Bildnis der Trösterin der Betrübten pilgern.

In der Krypta kann das Grabmal König Johanns des Blinden (1296–1346, König von Böhmen) besucht werden, dessen Gebeine nach einer wahren Odyssee über die Jahrhunderte hinweg hier ihre letzte Ruhe gefunden haben. Die Gruftkirche beherbergt die Sarkophage der Luxemburger Bischöfe und der Angehörigen der großherzoglichen Familie.

In der *Rue Notre-Dame* angekommen, schwenken wir nach rechts, dann sofort wieder links, die Treppen hoch zur **Place Guillaume II.,** wo wir ein Reiterstandbild des Königs der Niederlande und Großherzogs von Luxemburg (1792 bis 1849) entdecken. Außerdem können wir die neoklassizistische Fassade des **Rathauses** von 1838 bewundern. Neben der Treppe erinnert ein Denkmal an den bedeutendsten luxemburgischen Dichter **Michel Rodange.**

Wir gehen zurück zur *Rue Notre-Dame,* folgen ihr nach links und passieren den Haupteingang der Kathedrale, ein Renaissanceportal, sowie das Außenministerium (Nr. 5), die ehemalige Residenz des Festungsgouverneurs aus dem Jahre 1751.

Auf der *Place de Clairefontaine,* die wir bald erreichen, überrascht eine neue Statue der Großherzogin Charlotte, die von 1919 bis 1964, von den Luxemburgern hoch geachtet und verehrt, die Geschicke des kleinen Landes leitete.

Den hübschen, neugestalteten Platz verlassen wir nun über die *Rue de St-Esprit,* an deren Ende sich ein schöner Ausblick auf die Kasematten und die Unterstadt eröffnet. Noch ein Stück weiter, und der Ausblick wird noch umfassender: das **Plateau du St-Esprit,** ein modern gestalteter Platz, lädt zu einer kleinen Rast mit Blick auf das Tal der Alzette ein. Am Südende des Platzes stehen Reste einer 1685 von Vauban erbauten Zitadelle und das Denkmal der Nationalen Solidarität.

Wir gehen zurück, am Brunnen vorbei und dann in Serpentinen einen Fußweg hinab und passieren das Staatsarchiv in dem Gebäude der preußischen Garnisonskaserne. Wir befinden uns nun auf dem **Chemin de la Corniche,** der uns über das Grundtor von 1632 führt und verschiedene schöne Blickwinkel auf den Stadtteil **Grund** im Tal der Alzette zu bieten hat.

Am Ende der Corniche befindet sich der Eingang zu den **Bockkasematten.** Zuerst können wir hier auf einem Panorama-Plateau noch einmal den Ausblick genießen und uns mit Hilfe der Tafel orientieren. Dann besteht die Möglichkeit, die berühmten Kasematten im Bockfelsen zu erwandern; Schießscharten, Gefängnis, Brunnen, Wohnräume und vieles mehr wollen entdeckt werden.

Vom *Chemin de la Corniche* gelangen wir auf die *Rue Sigefroi,* gehen hier nach links und erreichen die Kirche **St-Michel** mit ihrem barocken Haubenturm. Dieser älteste Sakralbau der Stadt ist Nachfolger der Schloßkapelle von Graf Siegfried, die 987 erstmals erwähnt wurde und 1509 einem Feuer zum Opfer fiel.

Wenige Schritte weiter befinden wir uns auf dem **Marché aux Poissons,** einem sehr geschichtsträchtigen Platz, denn hier befand sich der erste Marktplatz der jungen Siedlung an der Kreuzung zweier antiker Römerstraßen. Nordwestlich sehen wir das Gebäude der **luxemburgischen Staatsmuseen** mit den Abteilungen Geschichte, Kunst und Naturkunde, biegen vorher aber links in die *Rue du Rost* ab. Hier kommen wir in einen Altstadtbereich, der frisch restauriert ist: Der alte **»Complex Ilot du Rost«** zu unserer Linken wurde für die Abgeordnetenkammer instand gesetzt. Die *Rue du Rost* geht über in die *Rue de* l'Eau, von der wir nach rechts in die *Rue du Marché aux Herbes* einbiegen. Wir stehen nun vor dem neugotischen **Parlamentsgebäude** (1858 / 59) und dem berühmten Renaissancebau des **Großherzoglichen Palastes** (1573), dessen prachtvolle Fassadendekoration in Mitteleuropa ihresgleichen sucht.

Wir folgen der Straße weiter geradeaus, gehen links in die *Rue du Curé* und sehen nach einigen hundert Metern Fußgängerzone die **Place d'Armes.** Dieser rechteckige Platz ist der Mittelpunkt der neueren Oberstadt und wird dominiert vom **Cercle Municipal,** dem Stadtpalais, einem Gebäude vom Anfang des Jahrhunderts, in dem wir auch die Touristeninformation finden. Ringsum in den hübschen, hellen Häusern befinden sich Restaurants und Cafés, in denen im Sommer die Gäste auch im Freien unter Schatten spendenden Bäumen bewirtet werden.

Das **Denkmal für Dicks & Lentz,** das heißt für die Nationaldichter Edmont de la Fontaine (genannt Dicks; hauptsächlich mundartliche Prosa und Theaterstücke) und Michel Lentz (mundartliche Lyrik) stammt aus dem Jahre 1903. In den Sommermonaten finden auf diesem Platz regelmäßig Flohmärkte statt, und häufig sorgen hier Musikanten und wandernde Schausteller für die Kurzweil der Passanten.

Hier soll der geführte Spaziergang sein Ende finden. Wer zurück zum Ausgangspunkt gehen möchte, erreicht diesen über eine Fußgängerpassage zur *Place Guillaume II.* und die *Rue Atheneé.*

Blick über die Kirche St-Jean-Baptiste im Stadtteil Grund auf die Eisenbahnbrücke über die Alzette.

Nützliche Informationen

Ausgangsort und Zufahrt: *Luxemburg / Luxembourg* (356 m) liegt an der E 25 (193 km von Köln, 289 km von Frankfurt/M). Zufahrt mit Pkw: von Köln: A 1 über Blankenheim, B 51 über Prüm, A 60, B 51a bis Bitburg, B 257, N 11 bis Luxemburg. Von Frankfurt: A 66, A 3, A 48 / E 44 über Trier nach Luxemburg. Zufahrt mit öffentlichen Verkehrsmitteln: Zug- und Busverbindung von Köln über Koblenz.
Ausgangspunkt: Place de la Constitution (Parkplätze vorhanden).
Gehzeiten: Insgesamt 1 Std. (ohne Besichtigungen).
Unterkunft und Verpflegung: Eine Vielzahl von Hotels und Restaurants in *Luxemburg.* Jugendherberge in *Luxemburg.* Campingplatz in *Luxemburg-Kockelscheuer:* Tel. 47 18 15.
Einkehr unterwegs: Eine Vielzahl von Möglichkeiten in *Luxemburg.*
Auskunft: Syndicat d'Initiative et de Tourisme Ville de Luxembourg, Place d'Armes, B. P. 181, L-2011 Luxembourg, Tel. 22 28 09.
Wanderkarte: Stadtpläne im Verkehrsamt.

Anhang

Praktische Hinweise

Anreise:
Mit dem Auto: Die Ardennen sind sehr gut an das europäische Fernstraßennetz angebunden und deshalb leicht mit dem Auto zu erreichen.

Mit der Eisenbahn: Die Ardennen verfügen über ein relativ dichtes Schienennetz. Von deutschen Städten aus sind die Ardennen jedoch häufig nur nach Umsteigen zu erreichen. Auskünfte erteilen zum Beispiel: Generalvertretung der Belgischen Eisenbahnen (SNCB), Hauptbahnhof, D-50667 Köln, Tel. (02 21) 13 47 61; Generalvertretung der Französischen Eisenbahnen (SNCF), Rüsterstr. 11, D-60325 Frankfurt/M., Tel. (0 69) 72 84 45.

Ärztliche Versorgung: Krankenversicherte EU-Bürger haben im Falle einer Krankheit, die während eines Aufenthaltes in Belgien, Frankreich oder Luxemburg auftritt, einen Anspruch auf Erstattung anfallender Kosten. Teilweise erfolgt diese Erstattung erst nach Rückkehr in das Heimatland. Näheres hierzu kann man bei den Krankenkassen erfragen.

Auskunft: Informationsmaterial über die Ardennen erhält man bei nationalen oder regionalen Fremdenverkehrsämtern. Hier einige Adressen:
Belgien: Commissariat Général au Tourisme (CGT), Rue de Marché aux Herbes 61, B-1000 Bruxelles, Tel. (02) 5 13 90 90; Belgisches Verkehrsamt, Berliner Allee 47, D-40212 Düsseldorf, Tel. (02 11) 32 60 08; Fédération du Tourisme, Boulevard de la Sauvenière 77, B-4000 Liège, Tel. (0 41) 22 42 10; Fédération Touristique, Quai de l'Ourthe 9, B-6980 La Roche-en-Ardenne, Tel. (0 84) 41 10 11; Fédération du Tourisme, Rue Notre-Dame 3, B-5000 Namur, Tel. (0 81) 11 29 98.
Frankreich: Französisches Fremdenverkehrsamt, Kaiserstr. 12, D-60311 Frankfurt/M., Tel. (0 69) 7 56 08 30; Office de Tourisme, F-08200 Sedan, Tel. 24 27 24 24.
Luxemburg: Office National du Tourisme, Rue d'Anvers 77, B. P. 1001, L-1010 Luxembourg, Tel. 40 08 08; Luxemburgisches Verkehrsamt, Bismarckstr. 23-27, D-41061 Mönchengladbach, Tel. (0 21 61) 20 88 88; Luxemburgisches Verkehrsamt, Berliner Promenade 17–19, D-66111 Saarbrücken, Tel. (06 81) 3 50 54.

Autofahren: Es gelten folgende Geschwindigkeitsbeschränkungen: *Belgien / Luxemburg:* 60 km/h in Ortschaften, 90 km/h auf Landstraßen, 120 km/h auf Autobahnen; *Frankreich:* 50 km/h in Ortschaften, 90 km/h auf zweispurigen Landstraßen (bei Nässe: 80 km/h), 110 km/h auf vierspurigen Landstraßen (bei Nässe: 100 km/h), 130 km/h auf Autobahnen (bei Nässe: 110 km/h). Die Kraftstoffpreise liegen in Frankreich über den deutschen Preisen. In Belgien und Luxemburg hingegen ist das Tanken billiger.

Diplomatische Vertretungen: *Belgien:* Deutsche Botschaft, Avenue de Tervuren 190, B-1150 Bruxelles, Tel. (02) 7 70 58 30; Deutsches Generalkonsulat, Avenue Rogier 7 a, B-4000 Liège, Tel. (0 41) 23 59 95. *Frankreich:* Deutsche Botschaft, 13-15, Avenue Franklin D. Roosevelt, F-75008 Paris, Tel. (1) 42 99 78 00; Deutsches Generalkonsulat, 15, Rue de Buthégnémont, F-54000 Nancy (Cédex), Tel. 83 96 12 43. *Luxemburg:* Deutsche Botschaft, Avenue Emile Reuter 20-22, L-2420 Luxembourg, Tel. 4 53 44 51.

Fahrräder: Die Ardennen mit dem Rad zu erkunden, kann ebenfalls große Freude bereiten. Allerdings muß man hierzu über Fahrräder mit Gangschaltung und – wegen der teilweise steilen Anstiege – über eine gute Kondition verfügen. An vielen Orten, vor allem an Bahnhöfen, können Fahrräder gegen ein relativ geringes Entgelt gemietet werden.

Feiertage:
Belgien: Neujahr (Renouvellement de l'année, 1.1.), Ostermontag (Lundi de Pâques), Tag der Arbeit (Fête du travail, 1.5.), Christi Himmelfahrt (Ascension), Pfingstmontag (Lundi de Pentecôte), Nationalfeiertag (Anniversaire de l'inauguration du roi, 21.7.), Mariä Himmelfahrt (Assomption, 15.8.), Allerheiligen (Toussaint, 1.11.), Waffenstillstandstag (Armistice, 11.11.), Weihnachten (Noël, 25.–26.12.).
Frankreich: Neujahr (Jour de l'An, 1.1.), Ostermontag (Lundi de Pâques), Tag der Arbeit (Fête du travail, 1.5.), Waffenstillstandstag 1945 (Armistice 1945, 8.5.), Christi Himmelfahrt (Ascension), Pfingstmontag (Lundi de Pentecôte), Nationalfeiertag (Fête Nationale, 14.7.), Mariä Himmelfahrt (Assomption, 15.8.), Allerheiligen (Toussaint, 1.11.), Waffenstillstandstag 1918 (Armistice 1918, 11.11.), Weihnachten (Noël, 25.12.).
Luxemburg: Neujahr (1.1.), Ostermontag, Maifeiertag (1.5.), Christi Himmelfahrt, Pfingstmontag, Nationalfeiertag (23.6., fällt dieser Tag auf einen Sonntag, ist der folgende Montag Feiertag), Mariä Himmelfahrt (15.8.), erster Montag im September, Allerheiligen (1.11.), Allerseelen (2.11.), Weihnachten (25.–26.12.).

Höhlen: In den Ardennen existiert eine Vielzahl von Höhlen, von denen einige für Besucher zugänglich sind: Grotte de Comblain-au-Pont, Grottes de Han, Grotte La Merveilleuse, Grotte des Mille et Une Nuits, Grotte du Pont d'Arcole, Grotte de Ramioul, Grotte de Remouchamps, Grottes de Rochefort.

Kartenmaterial: Die besten *Straßenkarten* für die Ardennen sind die Michelin-Karten. Zur Verfügung stehen hierbei die Karten Nr. 53 (Arras, Charleville-Mézières, St-Quentin), Nr. 213 (Bruxelles, Liège), Nr. 214 (Mons, Luxembourg), Nr. 215 (Grand-Duché de Luxembourg) und Nr. 409 (Belgique, Luxembourg).
Wanderkarten werden in der Regel nur von den Verkehrsvereinen herausgegeben und vertrieben. Sie erteilen hierüber bereitwillig Auskunft.
Sehr gut zum Wandern geeignet sind aber auch die *topographischen Karten,* die über einschlägige Fachbuchhandlungen oder direkt bei folgenden Institutionen zu beziehen sind: *Belgien:* Institut Géographique National, Abbaye de la Cambre 13, B-1050 Bruxelles, Tel. (02) 6 48 52 82; *Frankreich:* Institut Géographique National, 107, Rue la Boétie, F-75008 Paris; *Deutschland:* Geo-Buch Verlag, Rosental 6, D-80331 München, Tel. (0 89) 26 50 30.

Kur und Erholung: In den Ardennen gibt es einige Heilquellen. Die Wässer der Thermalquellen von *Chaudfontaine* helfen gegen Gicht im Anfangsstadium und gegen Rheuma. Die alkalisch-eisenhaltigen Wässer der Quellen von *Spa,* einem der berühmtesten Kurorte der Welt, helfen bei Blutarmut, Gicht, Herzbeschwerden, Kreislaufstörungen, Rheuma und Stoffwechselkrankheiten.

Naturparks: Deutsch-Belgischer-Naturpark, Größe: etwa 2485 Quadratkilometer, davon 722 Quadratkilometer in Belgien, Träger: Parc Naturel Hautes Fagnes-Eifel (1970), Robertville. Deutsch-Luxemburgischer-Naturpark, Größe: etwa 785 Quadratkilometer, davon 360 Quadratkilometer in Luxemburg, Träger: Section Luxembourgeoise du Groupement Européen des Ardennes et de l'Eifel.

Notdienste und Pannendienste: Deutsche Rettungsflugwacht Stuttgart, Tel. (07 11) 70 10 70; Deutsche Flugambulanz Düsseldorf, Tel. (02 11) 43 17 17; DRK-Flugdienst Bonn, Tel. (02 28) 23 00 23; ADAC-Notrufzentrale München, Tel. (0 89) 22 22 22.
Belgien: Touring Club Royal de Belgique (TCB), Rue de la Loi 44, B-1000 Bruxelles, Tel. (02) 5 13 82 40; Royal Automobile Club de Belgique (RACB), Rue d'Arlon 53, B-1000 Bruxelles, Tel. (02) 7 36 59 59; Unfallrettung: Tel. 9 00; Polizei: Tel. 9 01 (im Großraum Bruxelles 9 06); Pannenhilfe: Tel. (02) 7 36 59 60 oder (0 41) 32 58 10 (Liège) oder (0 81) 43 33 63 (Namur) oder (0 62) 21 33 33 (Ardennes).
Frankreich: Automobile Club de France (ACF), 6–8, Place de la Concorde, F-75008 Paris, Tel. (1) 42 66 43 00; Notruf: Tel. 17.
Luxemburg: Automobile Club du Grand-Duché de Luxembourg (ACL), Route de Longwy 54, L-8007 Luxembourg, Tel. 45 00 45; Notruf: Tel. 0 12.

Soldatenfriedhöfe: In den Ardennen liegen viele Schlachtfelder des Ersten und Zweiten Weltkriegs. Dementsprechend zahlreich sind Soldatenfriedhöfe. Nähere Auskünfte hierzu erteilt der Volksbund Deutsche Kriegsgräberfürsorge, Werner-Hilpert-Str. 2, 34117 Kassel, Tel. (05 61) 7 00 90.

Sport:
Flugsport: In den Ardennen besteht die Möglichkeit, an Ballonfahrveranstaltungen teilzunehmen oder Segelflugzeuge zu mieten. Informationen sind erhältlich in: *Frankreich:* Fédération Française d'Aérostation (FFA), 6, Rue de Galilée, F-75016 Paris, Tel. (1) 46 33 56 82; Fédération Française de Vol à Voile (FFVV), 29, Rue de Sèvres, F-75006 Paris, Tel. (1) 45 44 04 78. *Luxemburg*: Compagnie Aéronautique du Grand-Duché de Luxembourg, B. P. 2, L-6101 Junglinster, Tel. 78 90 75; Fédération Aéronautique Luxembourgeoise, B. P. 131, L-2011 Luxembourg; Cercle Luxembourgeois de Vol à Voile, Tel. 8 56 82.
Golf: Der Golfsport ist in Belgien und vor allem in Frankreich weiter verbreitet als in Deutschland. Dementsprechend häufig sind Golfclubs und Golfplätze. Informationen hierüber sind zu erhalten bei folgenden Institutionen: *Belgien:* Fédération Royale Belgique de Golf, Château de Ravenstein, B-1980 Tervuren. *Frankreich:* France Golf International, Ministère du Tourisme, 2, Rue Linois, F-75040 Paris (Cédex 15), Tel. (1) 45 75 62 16. *Luxemburg:* Golf-Club Grand-Ducal de Luxembourg, L-1736 Sennigerberg, Tel. 3 40 90.
Kanu und Kajak: An vielen Orten in den Ardennen kann man Kanus oder Kajaks ausleihen. Nähere Informationen hierzu erhält man in *Belgien:* Koninklijk Belgisch Kanoverbond, Geerdegemvaart 79, B-2800 Mechelen, Tel. (0 15) 41 54 59. *Frankreich:* Fédération Française de Canoë Kayak, 17, Route de Vienne, F-69007 Lyon, Tel. 78 61 28 06. *Luxemburg:* Fédération Luxembourgeoise de Canoë Kayak, 6, Rue de Pulvermuhl, L-2356 Luxembourg, Tel. 43 21 22.
Ein »Flußführer der Ardennen« in deutscher und niederländischer Sprache ist für ca. 500 bfrs erhältlich beim Autor: Gilbert Hasendonck, Engreux 93, B-6663 Houffalize, Tel. (61) 28 83 25. Bei der gleichen Adresse kann eine »Flußkarte der Ardennen« mit Einteilung der Flüsse nach Schwierigkeitsgraden für ca. 300 bfrs bezogen werden.

Klettern: In den Ardennen kann man eine Vielzahl von Kletterfelsen finden. Informationen hierzu sind erhältlich in *Belgien:* Club Alpin Belge, Square Ambiorix 37, B-1040 Bruxelles, Tel. (02) 7 34 70 04. *Frankreich:* Club Alpin Français, 7, Rue la Boétie, F-75008 Paris, Tel. (1) 47 42 36 77. *Luxemburg:* Groupe Alpin Luxembourgeois, 1, Rue Kahnt, L-1851 Luxembourg.
Reiten: Möglichkeiten zum Reiten sind in den gesamten Ardennen gegeben. Informationen sind erhältlich in *Belgien:* Fédération Belge des Sports Equestres, Avenue Hamoir 38, B-1180 Bruxelles, Tel. (02) 3 74 47 34. *Frankreich:* Association Nationale pour le Tourisme Equestre et l'Equitation de Loisir (ANTE), 15, Rue de Bruxelles, F-75009 Paris, Tel. (1) 42 81 42 82. *Luxemburg:* Fédération Luxembourgeoise des Sports Equestres (FLSE), 90, Route de Thionville, L-2610 Luxembourg.
Wintersport: In den belgischen Ardennen bestehen im Winter in der Regel gute Wintersportmöglichkeiten. Vor allem im Hohen Venn und um die Baraque de Fraîture herum befindet sich ein Großteil der insgesamt 2000 km Langlaufloipen. Hinzu kommen noch einige alpine Skipisten mit jedoch nur geringen Höhenunterschieden. Nähere Informationen sind erhältlich bei: Ardenne et Meuse Tourisme, Rue de l'Eglise 15, B-6980 La Roche-en-Ardenne, Tel. (0 84) 41 19 81. Über die Wintersportmöglichkeiten in den französischen und luxemburgischen Ardennen erteilen die lokalen Fremdenverkehrsämter gerne Auskunft.

Telefon: *Telefon-Ländernetzkennzahlen:* Von Deutschland: nach Belgien: 00 32; nach Frankreich: 00 33; nach Luxemburg: 0 03 52 (Frankreich und Luxemburg sind nicht in Ortsnetze aufgeteilt); nach Deutschland: von Belgien: 00 49; von Frankreich: 19 49; von Luxemburg: 00 49. Ab Oktober 1996 wird das Telefonsystem in Frankreich geändert: vor die achtstelligen Rufnummern wird dann eine Vorwahl gesetzt (1 bis 5, je nach Region).

Unterkunft:
Camping und Caravaning: In den Ardennen steht eine große Anzahl von Campingplätzen zur Auswahl. Informationen zu Preisen und Ausstattungen gibt es in *Belgien* bei: Commissariat Général au Tourisme (CGT). *Frankreich:* Französisches Fremdenverkehrsamt. *Luxemburg:* Office National du Tourisme (Adressen siehe Auskunft).
Hotels und Gasthöfe: Eine Unterkunft in Hotels oder in den billigeren Gasthöfen (Auberges) zu finden, bereitet in den Ardennen keine Schwierigkeiten. Vor allem in der Hauptsaison sollte man jedoch vorbestellen. Adressenlisten mit Preisen kann man bei den Fremdenverkehrsämtern erhalten.
Jugendherbergen: Bei Jugendherbergen ist zu beachten, daß teilweise Altersbeschränkungen bestehen. Außerdem kann die Aufenthaltsdauer beschränkt sein. In der Hauptsaison ist eine Voranmeldung erforderlich. Außerdem muß man über einen Jugendherbergsausweis verfügen. Nähere Informationen gibt es in *Belgien* bei: Centrale Wallone des Auberges de la Jeunesse, Rue van Oost 52, B-1030 Bruxelles, Tel. (02) 2 15 31 00. *Frankreich:* Fédération Unie des Auberges de Jeunesse (FUAJ), 27 Rue Pajol, F-75018 Paris, Tel. (1) 42 45 59 00 oder Ligue Française pour les Auberges de Jeunesse (LFAJ), 38 Boulevard Raspail, F-75007 Paris, Tel. (1) 45 48 69 84. Luxemburg: Centrale des Auberges de Jeunesse Luxembourgeoises, Place d'Armes 18, L-1136 Luxembourg, Tel. 2 55 88.

Wallfahrtsorte in den Ardennen: *Bistum Liège:* Banneux, Pepinster, Schönberg, Stavelot, Vaux-sous-Chèvremont, Verviers, Walhorn; *Bistum Luxembourg:* Echternach, Girsterklaus, Hachiville, Rindschleiden, Steinsel; *Bistum Namur:* Annevoie, Arlon, Bastogne, Beauraing, Berzée, Crupet, Foy-Notre-Dame, Habay-la-Neuve, Malonne, Mariembourg, Namur, Nassogne, Onhaye, Sainte-Cécile, Saint-Hubert, Saint-Léger, Walcourt; *Bistum Reims:* Charleville-Mézières, Fumay, Glaire-Iges, Les Hauts Buttés, Margut, Neuvizy.

Weitwanderwege: Seit der Einrichtung des ersten Weitwanderweges in Belgien im Jahre 1959 knüpfte hier die »Association Sentiers de Grande Randonnée (SGR)« mittlerweile ein dichtes Netz von Rund- und Streckenweitwanderwegen. Hierbei wurden gleich zwei europäische Fernwanderwege in des Netz miteinbezogen - so der Weg E2, der von den Niederlanden zum Mittelmeer führt (innerhalb Belgiens mit G.R. 5 bezeichnet) und der Weg E3 vom Böhmerwald nach Frankreich (G.R. AE in Belgien).
Im Gebiet der Ardennen zählt man inzwischen vierzehn Weitwanderwege (Grandes Randonnées = G.R.) mit zahlreichen Verknüpfungspunkten. So wird es dem Weitwanderer ermöglicht, sich seine ganz persönliche Fernroute zusammenzustellen. Sehr hilfreich hierbei sind die zu jedem Weitwanderweg von der SGR herausgegebenen Führer in französischer und niederländischer Sprache, die neben der reinen Routenbeschreibung auch Informationen zu Unterkünften und öffentlichen Verkehrsmitteln bieten. Die Routenbeschreibung erfolgt mit ausführlichem Text und Karten im Maßstab 1:50000. Die sogenannten »Topo-Guides« kann man bei der *Association Sentiers de Grande Randonnée, BP 10, B-4000 Liège,* beziehen.
Unter der gleichen Adresse erhält man einen »Guide du Randonneur«, eine Hilfe für Neulinge auf den Grandes Randonnées sowie die dreimal

jährlich erscheinende Broschüre »G.R. Infos Sentiers« mit den neuesten Informationen für Wanderer in Belgien. Ein Testexemplar dieses Bulletins kann kostenfrei bestellt werden - das Abonnement kostst 300 bfrs pro Jahr.

Derzeit können folgende Topo-Guides bei der SGR gegen ein geringes Entgelt bezogen werden:

G.R. 5: Sentier Hollande - Méditerranée
G.R. 14: Sentier la »Transhubertine« Bouillon – La Roche
G.R. 56: Sentier des Cantons de l'Est
G.R. 57 und 57a: Sentiers de la Vallée de l'Ourthe et Transfamenne
G.R. 126: Sentier Bruxelles – Membre sur Semois
G.R. 129: Sentier Meuse – Escaut
G.R. 571/572: Sentier de l'Amblève et de la Salm
G.R. 573: Sentier de la Vesdre
G.R. 575: Sentier de la Guerre de la Vache
G.R. 576: Sentier du Condroz
G.R. 577: Sentier de Lesse et Lomme
G.R. 578: Sentier de la Lienne
G.R. AE: Sentier Ardennes – Eifel
G.R. O-A: Liaison Ourthe – Amblève

Weiterführende Literatur

Anhäuser, Uwe: Richtig reisen, Belgien und Luxemburg. DuMont-Buchverlag, Köln
Arens, Detlev: Die Ardennen. DuMont Kunst-Reiseführer, Köln
Baedekers Allianz Reiseführer: Großherzogtum Luxemburg. Karl Baedeker Verlag
Cipolla, C. M., und Borchardt, K.: Europäische Wirtschaftsgeschichte, Band 4: Die Entwicklung der industriellen Gesellschaften, und Band 5: Die europäischen Volkswirtschaften im zwanzigsten Jahrhundert. Gustav Fischer Verlag, Stuttgart, New York
Delfos, Leo: Kulturgeschichte von Niederland und Belgien. Sammlung Dieterich, Band 245. Carl Schünemann Verlag, Bremen
Dericum, Christa, und Rast, Josef: Belgien, Luxemburg. Walter-Verlag, Olten, Freiburg im Breisgau
Dumont, Georges H.: Belgien, Brüssel und das südliche Belgien. Verlag Andreas Zettner, Würzburg, Wien.
Gillard, Roger: Ardenne, mon village. In: Etudes ardennaises, Vol. 1
Großherzogtum Luxemburg Staatsministerium Informations- und Pressedienst: Die Stadt Luxemburg kurz dargestellt
Hetzel, Helmut: Belgien, Schroeder-Reiseführer. Bruckmann-Verlag, München
Lemaire, Guy: Liebenswerte Ardennen und andere Gebiete in Wallonien. Ouest France
Naumann, Hans: Kompass-Wanderführer Hohes Venn. Deutscher Wanderverlag Dr. Mair & Schnabel & Co., Stuttgart
Wendt, Christoph: Reisebuch Ardennen. Meyer & Meyer Verlag, Aachen

Register

Die gerade stehenden Ziffern verweisen auf die Textseiten, die *kursiven* auf die Seiten mit den Abbildungen.

Ortsregister

Personenregister

Bildnachweis

Bavaria Bildagentur (Foto: Merten): Einband-Vorderseite
Domaine des Grottes de Han, Han-sur-Lesse: 93
Verlag Erich Justra, Heimbach: 2/3, 9, 10, 54, 56
Alle übrigen Fotos: Renate Matzke-Karasz und Michael Karasz, Kassel.
Die Kartenskizzen zu den Touren erstellte Annelie Nau, München, die Übersichtskarte das Ingenieurbüro für Kartographie Heidi Schmalfuß, München.